Deutsch als zweite Fremdsprache
an japanischen Universitäten

日本の大学における
第二外国語としての
ドイツ語教育

コミュニカティブな初級教科書で学ぶ
学習者の動機づけと学習観を中心として

Fokus auf Motivation und Einstellung von Lernenden
mit kommunikativ orientierten Lehrwerken

FUJIWARA Mieko
藤原三枝子

三　修　社

まえがき

本書は、大学で第二外国語として提供されることの多いドイツ語教育の現状と今後を考える目的で、2014～2017年度および2017～2021年度に実施した日本学術振興会科学研究費助成事業（科研費）による調査の結果を主な内容としています。調査は、日本の英語教育が近年とくに、「言語を用いて何ができるか」（can-do）という行動中心に向う中で、ドイツ語の運用能力の育成を目的とする教科書で初級ドイツ語を学ぶ大学生を対象として行いました。また、学習者の動機づけや学習観の形成に大きな影響を与えると思われる教師の教育観についての調査も含んでいます。研究は質問紙による量的な調査を中心として、聴き取りによる質的な調査を補足する形で実施しました。

調査の分析結果は、これまで諸学会での口頭発表に加えて、大学の紀要や日本のドイツ語関連の学会誌、ドイツ語圏のDaF（Deutsch als Fremdsprache）学術誌に発表してきましたが、本書は、それらの論文を基に、筆者のそれ以前の研究およびその後の文献講読などによって得た新たな知見を補足したものです。また、最後の章は、ベルリンの州立学校で行われている多言語・異文化教育と、難民の児童・生徒のためのドイツ語教育をテーマとしています。ここではベルリン州の２つの教育制度について記述していますが、これらの調査研究は、筆者がこれまで半年ずつ３回、ベルリンにおける研究滞在から生まれたものです。グローバル化が加速度的に進む日本の外国語教育を展望する際に、少なからず、参考になると考えています。こうした視点も含めて、これまでの研究を一冊の書籍としてまとめました。各章は以下のようなテーマと内容から構成されています。

第１章「日本の大学における第二外国語としてのドイツ語と教科書」では、まず、1991年の大学設置基準の大綱化以前と以後で、ドイツ語履修者数（推定）がどのように変化したかを記述しました。その後、DaF教科書の発展傾向を、ドイツで出版されたものと日本で出版されたものとに分けて概観しました。日本で出版された、いわゆる地域的教材は、運用能力の育成を目的とした教科書を対象としています。

第２章「ドイツ語学習者の動機づけ・学習観」が、本書の中心となります。本章では、はじめに、質問紙調査の理論的土台としている教育心理学の「自己決定理論」の概要を記述しています。その後に、まず、ドイツ語学習者の動機づけの状態を、日本の大学でドイツ語と同様に初修外国語として学習されることの多い言語との比較によって示しています。これは、筆者がドイツ語部門調査担当者の一人として参加した、2012年度の科研費調査（西山教行研究代表）によるものです。それに続く論文は、筆者の２つの科研費課題「コミュニケーション中心の教材がドイツ語学習者の動機づけに与える影響に関する研究」(2014〜2017年度）と「コミュニカティブな初級ドイツ語授業に参加する大学生の「外国語学習観」に関する研究」(2017〜2021年度）に基づいています。内容は、ドイツ語の運用能力の育成を目的とする教科書の学習者による評価、動機づけと学習環境に対する認知、ドイツ語に関する学習観とその変化、英語の学習経験とドイツ語学習との関連、学生の学習観と教師の教育観の相違、そして、ドイツ語使用者としての自己像（理想自己）についてです。

第３章「外国語教育の目的と初級ドイツ語学習者を対象としたプロジェクト授業」では、CEFR（*Common European Framework of Reference for Languages: Learning, teaching, assessment*）の４つのsavoirおよび経済協力開発機構（OECD）のキー・コンピテンシーの考え方を土台に、ドイツ語教育の目的を考えました。その後、外国語教育の目的に合致し、同時に、ドイツ語を使う自己像の育成にとって有効な授業形態として、初級ドイツ語クラスで実施した２つのプロジェクト授業を紹介しています。

第４章「ドイツ・ベルリン州にみる言語教育」では、「ベルリン州立ヨーロッパ学校」で行われている多言語・異文化教育と、難民の児童・生徒のドイツ語教育を担っている「ウエルカム・クラス」(Willkommensklasse）を紹介しました。

上述のように本研究書は、主に、2012年度および2014年度〜2021年度に実施した科研費調査に基づく論文から構成されています。これらの調査では、たくさんのドイツ語学習者と、その授業の担当の先生方に大変お世話になりました。私の研究は、みなさまのご理解によってはじめて可能となり、本書を出版することができました。ここに改めて、ご協力に感謝申し上げます。なお、本書の刊行にあたっては、甲南大学伊藤忠兵衛基金出版助成を受けました。

2022年9月

筆者

もくじ

1章

日本の大学における第二外国語としてのドイツ語と教科書

はじめに

第1章では、最初に、日本の大学におけるドイツ語教育について、1991年の大学設置基準の大綱化の前と後で、学習者数がどのように変化してきたかを中心に振り返る。その後、授業において教師と学習者を繋ぐ役割を果たし、事実上のカリキュラム的役割を担っていると言える教科書について述べる。まず、教授法の変遷とともに、ドイツ語圏における教科書のコンセプトがどのように変化してきたか、とりわけ欧州評議会が2001年の欧州言語年に公表したCEFR（*Common European Framework of Reference for Languages: Learning, teaching, assessment*）、また、2020年に公式発表されたCEFRの増補版（Companion volume）が教科書作成にどのような影響を与えているか、加えて、かなり早い段階から言語使用の実際を考慮し、ノンバーバル・コミュニケーションやパラ言語によるコミュニケーションの視点を教材化していることを実例で示す。

後半では、日本の大学教育で使用されている、日本の学習者向けに作成された教科書、いわゆる地域的教材について論述する。その際には、Slivensky（1996）の包括的な調査研究の後の発展傾向について、とりわけドイツ語を実際に使うことを目的とするコミュニカティブ・アプローチの教科書を中心テーマとして、これまで筆者が発表した論文：Fujiwara（1999）、藤原（2014）、Fujiwara（2016）を基に論述する。

この研究書の題名が表しているように、本書は、コミュニカティブ・アプローチの教科書で初級ドイツ語を学ぶ学習者の動機づけや学習観が中心テーマとなる。本章で示すように、日本のドイツ語教育においても、ドイツ語の使用を重視する教材が増えている。ドイツ語による言語行動能力を養成することを目的とするならば、日本のDaF（Deutsch als Fremdsprache）の教科書はどのようなコンセプトで設計されるべきかについて、開かれた意見交換が必須と考えている。第1章はそのための土台となる章である。

1　日本の大学におけるドイツ語教育

外国語の授業は、それを取り巻く多くの要因によって影響を受ける複合体である（Boeckmann 2006: 44-46; Edmondson & House 2000: 26-29; Neuner & Hunfeld 1993: 8-13; Rösler 2012: 5-14）。外国語を学ぶことがその社会でどのように位置づけられているか、また、学習言語がその社会の中で持つ位置づけは、学習者の動機づけや関心にも直接的な影響を与えると思われる。

日本の大学におけるドイツ語教育は、1991年の大学設置基準の大綱化以降この30年間で、実際の教室場面のことはさておき、制度的には大きく変化した。戦後、1949年に新制大学が発足し、教養教育が導入され外国語科目が必修化されると、英語を第一外国語とし、第二外国語としてドイツ語とフランス語を提供する大学が多かった。ドイツ語教育の歴史については上田（1989）にまとめられているが、1991年の大綱化前までは、ドイツ語が果たして本当に必要かどうか、ドイツ語を学ぶことの社会的・個人的意義についての議論がなされないままに、選択必修科目という制度上の理由から学習者が非常に多くなり、大人数で授業が行われていた。こうした状況においては、教授法や教材などの教育内容について話し合う余裕もなかったと思われる。轡田他（1986）によると、1980年代半ばの推定ドイツ語学習者数は、１学年につき300,000人程度と見られ、これに対応した授業時間をカバーするために、2,500人程度の教員が大学と短期大学でドイツ語を教えていたと考えられている。大綱化以降、当時の文部省によるそれまでの詳細な規定に代わって、各大学の自主的判断により教育の中身を決めることができるようになり、外国語を提供するのかどうかも大学の判断に委ねられるようになった結果、第二外国語の選択必修を廃止する大学も増え、ドイツ語学習者も激減するようになる。日本独文学会ドイツ語教育部会が1997・1998年度に全国的規模で行った「ドイツ語教育の現状と課題」（1999）によると、当時、１年生のドイツ語学習者数は推定221,000人、２年生の学習者の推定総数は124,000人で、大学１・２年生のドイツ語受講者は合わせておおよそ345,000人と推定されている。この１年次のドイツ語学習者数を、１学年につき300,000人程度としている轡田他（1986）の推定数と比較すると、大綱化以降大きく減少したことがうかがえる。

この1997・1998年度の調査以降、大規模な調査は長い間行われなかったが、2012年11月～12月に、日本独文学会の「ドイツ語教育・学習者の現状に関する調査委員会」が、日本でドイツ語が開講されているすべての教育機関（大学、短期大学、高等専門学校、高等学校）に対して、カリキュラム、履修者数などに関する質問紙調査を実施した。この調査には筆者も委員として関わったが、できるだけ実際に近い学習者数の推定値を求めるために採った方法や結果が、学会ホームページに公開されている[1]。調査段階での全国の教育機関におけるドイツ語履修者の推定数は229,558人で、その内、大学における履修者数は219,274人、短期大学では1,639人、高等専門学校は5,011人、高等学校は3,634人となった（日本独文学会 2015: 50-55)。大学教育における履修者の推定値は、すべての学年の総計であることを考えると、大学１・２年生のドイツ語受講者を345,000人と推定している1997・1998年度の調査と比較して、この15年の間に－大学数が増え、進学率も上昇したにもかかわらず－ドイツ語履修者数がさらに激減したことが分かる。こうした減少には、大学で初修外国語として学習できる語種が増えたことも影響していると思われる。

高等学校において英語以外の外国語を開設する学校は増えている。「平成29年度高等学校における国際交流等の状況について」（文部科学省初等中等教育局国際教育課報告）[2]によると、平成5年度で英語以外の外国語を開設していた高等学校は国・公立私立合わせて454校であったが、平成30年5月段階では677校に増加している。言語数は18言語とある。言語別の開設学校数の推移を見ると、平成5年度は、中国語154校、韓国・朝鮮語42校、フランス語128校、ドイツ語73校、スペイン語39校、その他18校であったが、平成30年5月段階で中国語497校（履修者数19,637人)、韓国･朝鮮語342校（同11,265人)、フランス語201校（同6,782人)、スペイン語96校（同2,863人)、ドイツ語96校（同2,860人)、その他69校（同1,346人）となっている。文部科学省が公表している数値を見ると、英語以外の科目を設置している高等学校数は、平成19年（2007年）の790校をピークに下降傾向を示しているものの、高等学校で中国語や韓国・朝鮮語を学ぶ機会はドイツ語に比べて

1　学会のホームページの長期掲載情報に公表されている：https://www.jgg.jp/mod/page/view.php?id=129（2022年9月3日確認）

2　文部科学省該当ホームページ：https://www.mext.go.jp/a_menu/koutou/ryugaku/koukousei/1323946.htm（2022年9月3日確認）

格段に増えていることが分かる。このように、ドイツ語教育は、徐々に制度的な支えを失い、何のためにドイツ語を教えるのかという教育の目的が一層問われていると言えよう。

2　授業における教科書とドイツ語教科書の発展傾向

1　はじめに

Slivensky（1996: 219）が指摘しているように、教科書は正式なカリキュラム（de-jure-Curriculum）の代用にはなり得ないが、事実上、カリキュラム的機能を果たす（de-facto-Curriculum）。Bausch（1999: 17）も教材は、「教授と学習のペースメーカー（Lehr- und Lernschrittmacher）の役割を持つ、つまり、上位の意味において授業のプロセス全体をコントロールし影響を及ぼす」と述べている。また、社会人を対象とした英語の授業に関するQuetz（1976）の調査によれば、授業時間の３分２から82%が教科書での学習に充てられていた（Krumm 1994: 24）。日本人大学生を対象とした、授業における教科書の位置づけに関する調査（Slivensky 1996）でも、授業時間の85%以上を教科書での学習が占めていると認識している学生が83.5%に上った。日本独文学会調査（2015: 87）では、大多数の教員（91%）が市販の教科書を使っていることから、シラバスを見る限りにおいても学習内容や進度のかなりの部分を教科書が定めている場合が多いと思われる。

Neuner（1994: 8）も、教科書は、授業の目的を決定し、学習材料の選択、重点、進み具合を決め、授業方法や授業の展開、形態、教師と学習者の授業行動にまで影響を与えるので、教科書ほど外国語の授業を規定する要因は他にはない、としている。確かに、日本独文学会ドイツ語教育部会の調査（1999: 62）では、ドイツ語の授業を通じてどのような感想を持ったか、さらにそのような感想を抱いた主な理由や原因について尋ねた結果として（有効標本数2,831人、105大学）、「途中で学習意欲を失ってしまった」あるいは「難しい」と感じた原因、「楽しい」や「刺激を受けた」理由としても「教材」を挙げた学生が少なくなかった[1]。

1　日本独文学会教育部会の質問紙調査（1999: 62）に提示されたグラフを見る限り、「これまでのドイツ語授業に対する感想」（設問13）に一番影響を与えたのは「文法や構造」（39%）で、教材は8%にとどまっているが、「刺激を受けた理由」については教材が33%、「意欲を喪失した理由」では教材が22%を示している（複数回答可）。

2　ドイツ語の教科書の発展傾向

2.1　1945年以降のドイツ語圏のDaF教材の発展傾向

1945年以降のドイツ語圏における「外国語としてのドイツ語」(Deutsch als Fremdsprache) 教材の歴史的な流れをGötze (1994: 29-30) は以下のように5世代に分けて概観している。1950年代に中心的であった文法・訳読法 (Grammatik-Übersetzungsmethode) による第1世代の教材では、目標言語でのコミュニケーション能力はテーマとはならず、文法のマスターが外国語のマスターを意味すると考えられていた (Wer die Grammatik beherrscht, beherrscht die fremde Sprache!) (Neuner & Hunfeld 1993: 19) (代表的な教材は、*Deutsche Sprachlehre für Ausländer*, Dora Schulz & Heinz Griesbach)。60年代の構造主義と、学習を刺激と反応による習慣形成と見なす行動主義心理学の影響を受けたオーディオ・リンガル法 (Audiolinguale Methode) およびオーディオ・ビジュアル法 (Audiovisuelle Methode) による第2世代の教材では、文法・訳読法で重要であった言語知識 (Sprachwissen) ではなく、言語使用 (Sprachkönnen) が学習目標となり、厳格な目標言語のみでのモノリンガル主義と、模倣と反復によるパターン練習が重要視された (代表的な教材としては、*Deutsch 2000*, Roland Schäpers)。さらに70年代後半から80年代にかけては、「プラグマティックへの転換」(pragmatische Wende) の時代である。言語使用を社会的行為と見なして言語の機能と概念に基づいたコミュニカティブ・アプローチが登場する。このアプローチに基づいてコミュニケーション能力、とりわけ口頭でのコミュニケーションスキルの習得を目標とする第3世代の教材が出版されるようになる (代表的な教材としては*Deutsch aktiv*, Gerd Neuner et al.や*Themen*, Hartmut Aufderstraße et al.[2])。90年代になると教材の受け手の地域や母語を考慮し、同時に「他者の見方」(Fremdperspektive) をコンセプトに盛り込み自文化中心主義からの脱却を図る、異文化間コミュニケーションを中心テーマとする第4世代の教材が出版される (代表的な教材としては、*Sichtwechsel*, Saskia Bachmann et al.や*Sprachbrücke*, Gudula Mebus et al.)。加えて、90年代半ばからは第5世代に属する教材が出版される。コミュニカティブ・ア

2　*Themen* は 1983 年の出版から「日常生活でのコミュニケーション」にフォーカスし、1992 年に改訂版として *Themen neu*、2003 年にはさらに *Themen aktuell* が出版されている。筆者も長年、Themen シリーズを使って授業を行った。多くの教員によって使用され、全言語圏型の教材の中でもっとも成功した教材の一つと言えるだろう。

プローチは、４技能の習得の中でも口頭表現に重点が置かれていたが、この世代の教材はとりわけ「読む・書く」の言語技能を重視し、大脳生理学（人はどのように情報を受け取り、処理し、記憶するのか）などの新しい研究結果を取り入れた教材である（代表的な教材は*Die Suche*, Volker Eismann et al.)。

教科書作成・出版における大きな革新は、2001年のCEFR（*Common European Framework of Reference for Languages: Learning, teaching, assessment:* ドイツ語バージョン：*Gemeinsamer Europäischer Referenzrahmen für Sprachen: Lernen, lehren, beurteilen.* 日本語バージョン『外国語の学習、教授、評価のためのヨーロッパ共通参照枠』）の登場によってもたらされた。以降、ドイツ語圏で出版される教科書はCEFRをかなり考慮していると言える。CEFRの目的については、以下のように記述されている:「CEFRの目的はヨーロッパの言語教育のシラバス、カリキュラムのガイドライン、試験、教科書、等々の向上のために一般的基盤を与えることである。〈中略〉CEFRはさらに学習者の熟達度のレベルを明示的に記述し、それぞれの学習段階で、また生涯を通して学習進度が測れるように考えてある」（吉島・大橋『共通参照枠』2004: 1)。CEFRのこの目的が、2001年の発表時点で、世界的にこれほどの影響を与えると予想されたかどうかは別として、CEFRは現在40言語で公表され、教科書の作成に大きな影響を与えている。ドイツ語圏で出版された教科書には、「共通参照レベル」のどの段階を学習目標としているかが示されているのが普通である。例えば*Themen*シリーズはCEFRが発表されるかなり前に出版されたが、改訂版の*Themen aktuell*でもCEFRのレベル表記がなされている。*Schritte International, Tangram aktuell, Lagune, Berliner Platz, Menschen*など、手元にあるどの教科書にもレベル表示がされている。CEFRは、人が社会的存在として、状況に応じて言語的に行動することができる能力を目指している。つまり行動志向（Handlungsorientierung）であり能力志向（Kompetenzorientierung）である。2001年のCEFRでは、 言語の4技能5領域においてA1～C2の各レベルでできること・期待される行動が能力記述文（Kann-Beschreibungen: Deskriptoren）によって明示されている。Goethe-Institut等の公的なドイツ語の資格試験もCEFRに準じて整備され、教育機関のカリキュラムも言語講座もCEFRを柱としていることから、ドイツ語圏のDaF（Deutsch als Fremdsprache）やDaZ（Deutsch als Zweitsprache）の教科書はCEFRを作成の基盤としながら発展してきたと言えるだろう。

本章の最初に述べたように、外国語の授業はそれを取り巻く多くの要因によって影響を受けるが、教科書も同様である。近年のインターネットを活用したコミュニケーションの発展、Eメールやブログ、LINEあるいはヨーロッパで主流のWhatsApp、Facebook、Instagramといった情報発信やユーザー同士の繋がりを作るSNS（Social Networking Service）の拡大は、コミュニケーションのあり様、人と人との繋がり方を大きく変えてきた。また、近年、ドイツは多くの難民を受け入れ、加えてEU内での人の移動も活発になる中で、ドイツ語圏で出版される教科書はこうしたデジタル化の進展や社会の変化を反映している。教科書は紙媒体だとしても、アプリケーションのインストールによって出版社が提供するビデオや音声、副教材に容易にアクセスできるようになっているものが多く、教科書に登場する人物も多様な言語文化圏の出身者である場合が多い。

例えば、2020年出版の*Das Leben*（Hermann Funk et al.）は国内・国外でドイツ語を学習する成人を対象とし、6冊で最終的にB1に到達することを目指すシリーズである。手元にある最初の段階*Das Leben* A1.1は、スマートフォンに無料のPagePlayer-Appをダウンロードし、本の表紙を携帯電話のカメラでスキャンするだけで、教科書の音声、ビデオ、練習問題を自分のスマートフォンに取り込み、いつでもどこでも学習が可能である。また、出版社の提供するWeb上の課題で、インタラクティブに自分で学習状況の確認をすることができる。教科書のまえがきには、2018年に暫定版、2020年に公式版が発表されたCEFRの増補版（*Companion volume*）で補足されている観点を考慮していると述べられ、教科書の中でCEFRに直接関連したタスクについては特定のシンボルが付与されている。

増補版のコンセプトを反映していると思われる項目として創造的なテクストを挙げることができる。*Das Leben* A1.1にある一例（68-69頁）としては、Literaturの表題で、CEFR関連のシンボルがつけられ、数字や冠詞類をGedichteとして使用することが目指されている。意図されている能力として、次のように示されている：

Das kann ich mit den Gedichten machen

- das Gedicht hören　　- das Gedicht laut lesen　　- das Gedicht ergänzen

- das Gedicht sortieren　　- das Gedicht variieren

図1は、増補版で言語活動がどのように考えられているかを示している。一般的な言語能力（allgemeine Sprachbeherrschung）に関するモデルで提示されているコミュニケーション言語活動（kommunikative Sprachaktivitäten）は、従来の4技能（聞く・話す・読む・書く）に基づく伝統的なモデルに変わって、実生活におけるコミュニケーションにより近いモデルとして、受容（聞く活動・読む活動）・産出（話す活動・書く活動）・インターアクション（相互作用）・メディエーション（仲介）に分類されている。インターアクション（口頭によるインターアクション・文字によるインターアクション）についてはすでに2001年版で記述されてはいるが、この概念の中に新しく入ってきたのは、オンライン・インターアクションである（増補版: 26）。

例えば、オンラインでの会話とディスカッションのカテゴリーのPre-A1の能力記述文は、以下のようである（増補版: 106）：

Kann einfache Online-Grüße posten und dabei elementare formelhafte Wendungen und Emoticons benutzen.
初歩的な定型句や顔文字を使って、簡単なオンライン挨拶文を投稿できる。

Kann kurze, einfache Angaben über sich selbst online posten (z.B. Beziehungssatus, Nationalität, Beruf), sofern sie/er diese aus einem Menü auswählen und / oder ein Online-Übersetzungstool zu Hilfe nehmen kann.
メニュー画面から選択するか、あるいは／加えて、オンライン翻訳ツールを使用すれば、短い簡単な自己紹介（例：婚姻等に関する状況、国籍、職業）をオンライン上で投稿することができる。

上記のPre-A1と同様に、A1段階でも翻訳ツールの使用を前提とした記述となっている。また、「目的志向型のオンライン取引・コラボレーション」（zielorientierte Online-Transaktionen und -Kooperation）ではオンライン・ショッピングについてPre-A1から能力記述がなされている。こうした記述は、現在の言語使用の実態を考慮したものと言える。

増補版では、2001年版における仲介（Mediation）の概念を大幅に拡大している。これまでの「テクストの仲介」（Mediation von Texten）にとどまらず、「概念の仲介」（Mediation von Konzepten）と「コミュニケーションの仲介」（Mediation von Kommunikation）が補足され、能力記述が精緻化された。例えば、「概念の仲介」の一つとして重要な能力と考えられている「意味内容を協働で構築する」（gemeinsame Konstruktion von Bedeutung）力や、「コミュニケーションの仲介」の中に提示されている、異文化間での交流に必要な「複文化空間を構築する」力は、これからの教科書にどのように考慮されていくのか興味深い。

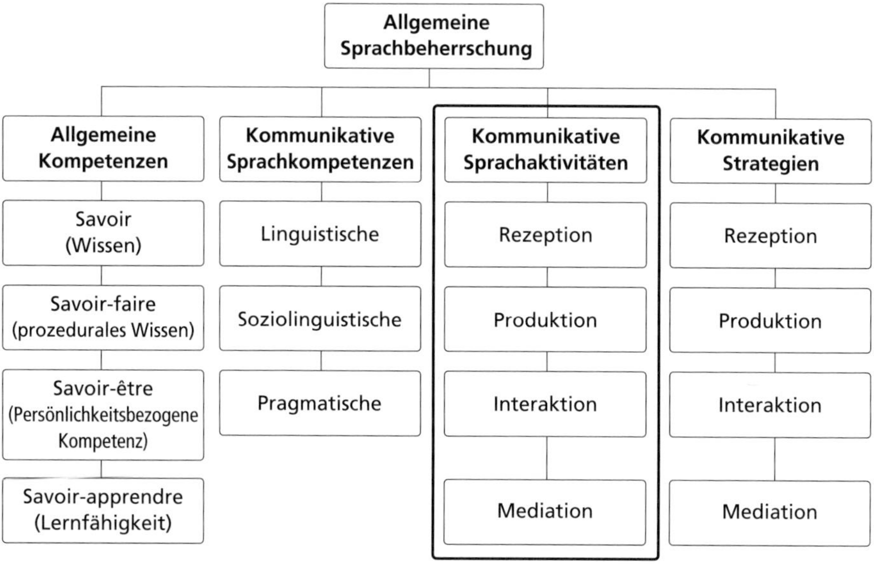

図1　一般的言語能力を構成する要素（増補版のドイツ語版：38を基に作成，四角の囲みは筆者による）

コミュニケーション言語能力の中の言語能力として、2001年版でも音声能力が提示されているが、増補版では、調音とプロソディーの特徴に焦点が当てられている。上述の*Das Leben* A1.1でも、単語のアクセント、文のアクセントなど発音は段階的に練習されている。

ドイツ語圏で出版される教科書の近年の発展傾向を見ると、人間の意思疎通の実際に基づいて、コミュニケーションを言語による手段（バーバル・コミュニケーション）だけでなく、非言語的な手段（ノンバーバル・コミュニケーション）およびパラ言語によるコミュニケーションを教材化している教科書も少なくない。例えば、*Schritte international* 1 Lektion 7のZwischenspielでは、喜怒哀楽、驚きなど、人間のさまざまな感情を表現する間投詞を口頭や聴き取りで学習し、その際には表情やしぐさ、とりわけイントネーションが重要であることから、インターネット上で音声や表情を実際に見て聴いて真似ることができる仕組みになっている[3]。こうした感情表現は文化によって異なり、学習者の母語での表現との比較も考えられる。このような指導上の要点やヒントは教師用ガイドブックに豊富に提示され（上記の間投詞については教師用ガイドブックの71頁）、ガイドブックは教員養成の重要なツールになっていると言える。当該のガイドブックは2006年に出版されていることから、教科書作成者たちは、かなり早い段階から、コミュニケーションの実際を構成する諸要素を教科書の中に盛り込んでいると言えよう。

2.2　日本のDaF教材の発展傾向[4]

DaF教材の分析および教材研究が学問分野として確立したのは1970年代に入ってからと言える（Slivensky 1996: 13）。評価基準の体系としては、Engel et al.（1977, 1979）の *Mannheimer Gutachten* や Kast & Neuner（1994）の *Zur Analyse, Begutachtung und Entwicklung von Lehrwerken für den fremdsprachlichen Deutschunterricht* を挙げることができるだろう。ドイツ語教材の分析・評価の歴史に関する参考文献は、Vögel（Vögel & Morita 2005: 74-88）に詳しくまとめられている。

2.1で述べたようなドイツ語圏におけるDaF教材の発展は、日本におけるドイツ語教育にはほとんど影響を与えず（ナロック 2000）、新しい教材のあり方が真剣に検討されることもなかった（Grünewald 2005: 112）。1980年代半ば頃のドイツ語の授業に関して、轡田他（1986: 2, 6）は、試験などでチェックしやすいからという理由もあり、教員は文法と変化形を好んで教え込もうとしたため、学生は「最初の1年間、ABCから接続法までのドイツ文法との悪戦苦闘を強いられ、数多い変化や規則に頭を悩まさざるをえない。2年目になると、学生は突如として難しいテクストに直

3　https://www.hueber.de/sixcms/media.php/36/oje.mp3（2022年9月3日確認）
4　本テーマは、『言語と文化』3（1999), 18（2014), 20（2016）に発表した論文を基に執筆した。

面する。ゲーテ、トーマス・マンからギュンター・グラスまで、ニーチェ、ヤスパースからヴァイツゼッカーまで」と記述しているように、当時日本で出版されていたドイツ語の教科書は「初級文法」と、細かい注をつけた「読本」が主流であった。その後、大学の大衆化に伴い、「伝統的なルーチンに基づいて課せられるドイツ語授業に何らの意味も見出すことのできない大量の学生たち」（轡田他 1986: 5）に対応するための一策として、教材に変更が加えられ、文法規則の簡素化（とにかく最低限の文法）、読物の水準を下げ、作り物のドイツ旅行や日常生活を載せた教科書が出版されるようになったとしている。Morita（Vögel & Morita 2005: 89）も、「1980年代の終わり頃まで、日本の大学におけるドイツ語教育は、ほとんど「文法」と「読本」に分かれていた。教科書の市場規模は現在の2倍以上あったが、当時はドイツ語教師の間に、教科書研究を発展させることを可能にする共通の教育的・理論的基盤はなかった」（筆者訳）と述べている。

日本で大学での使用のために出版されたドイツ語教材に関する研究は、Slivenskyの*Regionale Lehrwerkforschung in Japan*（1996）[5]によってはじめて体系的に行われたと言える。本書では、教材自体の分析にとどまらず、教師の視点や出版社の見解、そして学習者の視点と、多角的な調査が試みられている。研究の前半では、1989年出版の「代表的な教材の分析」に、それ以降の、改革論の中で生まれた「オルターナティブの教材の分析」を対置させることで、ドイツ語教材の発展傾向を探っている。調査の結果、1989年に多くの大学で使用されたいわゆる代表的なドイツ語教材は、従来の文法・訳読法の知識偏重の影響を強く受け、文法やリーディングの実際的な運用の養成にも異文化間対話の養成にも供しないこと、さらに、1990年から1993年までの間にドイツ語教育の改革論の中で生まれてきたいくつかの教材を分析した結果、確かに見やすくなり、オーディオ・ビジュアルになり、コミュニケーション中心にはなっているものの、相変わらず文法シラバスであるという点や、学習者の主体的な言語使用を促すコンセプトにはなっていないという点で、1989年に出版された教材と大きな変化はない、という結論に至っている。

研究の最後に提案された、以下の「日本における教材開発の5つのテーゼ」

5　regionale Lehrwerke（地域的教材）とは、例えばドイツで出版されたDaF教材のように、どの言語文化圏にも対応する教材ではなく、特定の言語文化圏に照準を合わせた教材を言う。ドイツでの教材分析および教材研究はまだ歴史が浅く、学問分野として確立したのは1970年代に入ってからのことである（Slivensky 1996: 13）。

(Slivensky 1996: 219-224) は現在でもなお有効であろう：1. 教育課程の基準がなければ教材のコンセプトは決まらない。2. 教材開発には外国語教育の専門知識が必要。3. 学習者中心の発想が不可欠。 4. 新しいコンセプトの中に伝統的方法の長所を建設的に統合する。 5. 異文化コミュニケーションを能動的に言語行動として学習する教材の開発。

1998年度に日本の大学で広く採用された教材を分析したものにFujiwara (1999) がある。教科書出版社4社[6]に協力を依頼し、初心者を対象とした教科書で1998年度に多くの大学で採用されているもの17点を対象とした。出版社のカタログによる分類にはよらずに、教科書のまえがきや教授用資料のまえがきに述べられている内容から分類した結果が以下の表である。

表1　1998年度に広く採用された教科書の分類（教科書の「はじめに」などから）

教科書の力点	教科書数	割合
文法	1	6%
文法読本	7	41%
ランデスクンデ	2	12%
コミュニケーション	7	41%
総数	17	100%

当時は担当教師が教科書を自分で選択することが主流であったとを考えると、この分類結果から、文法読本と同じ程度でコミュニケーションを目的とする教科書が支持されていたことが分かる。コミュニケーション能力の養成を学習目的としている7点の教科書[7]について、そのコンセプトがとくによく表れる要素と考えられる文法（扱われている項目と順序)、テクスト（種類、構成)、練習問題（問題のタイプと順序)、発音ならびにランデスクンデの扱いに関する要素について分析した。

分析の結果、文法については、多くの教科書が項目を網羅的に扱っているのではなく、とりわけ発話意図がコンセプトの柱になっている教科書4点においては実際の使用が優先されていた。格については主格と目的格が最初に導入され、所有格は扱われていない。ほとんどの教科書では、過去形よりも現在完了形が先に導入され

6　朝日出版社、郁文堂、三修社、白水社の4社であった。
7　調査対象となった教科書についてはFujiwara (1999) を参照。

ている。テクストについては、コミュニカティブな教科書の特徴として、ダイアログが中心で、イラストや写真によって日常が表現されている。また、教科書のために作られた不自然に感じさせる文章は見受けられないが、生の文章ではなく、著者たちによって教材化された文章が使われている。発話意図が十分に考慮されてはいるものの、体系的に導入されている教科書はなかった。練習問題については、たいていの教科書が再生的な伝達能力（reproduktive Mitteilungsfähigkeit）が中心となり、練習問題の体系的なシークエンスは確認できなかった。その一方で、学習者の協働作業形態（パートナー練習・グループワーク）やゲームの要素を盛り込んだ練習問題が多く見られた。発音については、リズム・アクセント・メロディーなどのプロソディーもテーマ化しているなど、学習者が発音を段階的に習得できるように工夫されている教科書が2点あったが、他の教科書では、はじめに発音が一括してまとめられている。社会・文化的視点の扱いについては、概して客観的なインフォメーションの提供にとどまっていると言える。

上記の分析結果から、文法が中心ではなく、言語の伝達的機能・語用論的観点を一つの柱とした教材は、日本のドイツ語教育においても1998年の段階ですでに教師からかなりの支持を得ていたと言えよう。この点は、1993年までに出版されたDaF教材を分析したSlivensky（1996）の研究とは異なっている。ただ、ドイツ語教育の改革論の中で、異文化間コミュニケーションの視点を、コミュニカティブな教材の中に体系的に取り入れていくことが課題であった。Morita（Vögel & Morita 2015: 89-93）は、日本のドイツ語教育における教科書研究の歴史を1980年代から概観し、2000年前後に日本で出版されたにドイツ語教科書について、従来の「文法」と「講読」への分離を乗り越えて、4技能を統合的に学習するコンセプトの教材が出版され始めたことを例示している。

藤原（2014）では、2008年～2010年度使用に向けて、日本のドイツ語教科書出版社5社[8]が大学1年生用に出版した新刊書（改訂版を含む）3年分を、出版社のカタログの分類に従って整理している。その結果は以下のようにであった。

表2　2008年度～2010年度出版のドイツ語教科書新刊書の分類

総合教材	文法読本	文法	ドイツ事情
21	26	25	1

8　朝日出版社、郁文堂、三修社、同学社、白水社の5社。

日本の大学で使われる教科書の出版傾向は当時、依然として、文法中心あるいは文法訳読が中心ではあるものの、総合教材の割合が全体の28%を占めかなり増加していることが分かる。また、2014年度用に出版された各出版社のカタログで、大学で初めてドイツ語を学習する学生を対象にして出版された新刊書（改訂版を含む）を見ると、以下の表3のように、「総合教材」に分類される教科書が多い。その一方で、2010年頃までは一番多かった「文法読本」の出版が少ない。教科書に各種メディアを併用した総合教材への移行が進んでいると推測される。ただし、初級文法の出版も依然として少なくない。

表3　2014度用に出版されたドイツ語教科書新刊書の分類

総合教材	文法読本	文法	ドイツ事情
9	3	5	0[9]

ドイツ語教育の目的を、「ことばを使うこと」に置くのか、「構造を効率的に理解すること」に置くのかに分かれてきていること、出版傾向から見る限り、ドイツ語の運用に力点が移ってきていることがうかがえる。

Fujiwara（2016）は、1990年代以降に出版された、コミュニケーション能力の養成を目的とする教材を分析し、Slivenskyの調査研究以降、どのように発展してきたかを分析した。その際、2013年から2015年の3年間の出版社のカタログに基づく分析などにより、三修社がコミュニケーション中心の教材を重点的に出版していることから、この出版社が1990年、1998年、2009年に初版を出した3教科書『コミュニケーションのためのドイツ語』（1990, 1994）、『スツェーネン1－場面で学ぶドイツ語－』（1998, 2002, 2006）、『スタート！－コミュニケーション活動で学ぶドイツ語－』（2009, 2015）とその改訂版を対象とし分析した。

その結果、1970年代から1980年代にヨーロッパで生まれた「プラグマティックへの転換」は、日本のDaF教科書のコンセプトにも影響を与えていることが分かった。実際、『コミュニケーションのためのドイツ語』は、当時の日本の大学におけるドイツ語教育の要請に応じて、文法項目を柱にして構成されてはいるが、その目

9　朝日出版社の新刊教科書の中に、「ランデスクンデ付き初級文法」というカテゴリーに分類されている教科書が1点存在したが、初級文法を覚えることを最優先したという説明文から、文法のカテゴリーに入れた。

的は、実際の場面での口頭でのコミュニケーション能力を育成することにあった。この学習目標を達成するために、練習問題やタスクの多くは学習者自身の世界に向けられ、学習者の自己表現を促している。本書は、当時一般的だった教育のフレームワークの中で、コミュニケーション志向という新しいコンセプトを実現しようとしていた。この方向性は、後に出版された2種類の教科書『スツェーネン１－場面で学ぶドイツ語－』と『スタート！－コミュニケーション活動で学ぶドイツ語－』に、よりはっきりと表れ、日常的な場面での言語活動が練習問題やタスクの中核をなしている。実際のコミュニケーションと同様に、教科書の練習問題やタスクは、ペアワークやグループワークのインタラクティブな授業形態で行われている。1990年代に日本で出版されたDaF教科書の多くは、現在形から接続法II式までの動詞の活用を教授内容としていたが、分析した2種類の教科書では文法学習については完全性を求めず、コミュニケーションという学習目標を実現するための副次的な役割を果たしている。また、新しい科学的知見や外国語教育における議論の中で生まれてきた概念：発見的学習、学習方略、学習者の自律性、コンピテンシー志向などが教科書に反映されている。

語彙学習と意味の理解（Semantisierung）に関しては、調査対象とした3種類の教科書のコンセプトには大きな違いがあった。学習者の母語（ここでは日本語）を文脈化や意味理解の助けとしてどの程度使用するかという観点である。『コミュニケーションのためのドイツ語』では、ほとんどすべてのダイアログの場面がごく短い日本語による説明で文脈化され、練習問題やタスクの指示も同様に日本語だけで書かれている。実際、既習言語の英語や文脈からすぐに理解できるような新出語（das Foto, der Garten, das Haus）にも、同じ小ダイアログの中で日本語訳が補足されている（第4課: 39）。辞書の使用を前提としない語彙学習のコンセプト（Slivensky 1996: 109）は、教科書『スツェーネン１－場面で学ぶドイツ語－』にも踏襲されている。本教科書では、ダイアログやテクストの導入に先立ち、キーセンテンスや場面の説明が、まずドイツ語、その後に日本語で示されている。練習問題やタスクの指示文は、最初に日本語、次にドイツ語で書かれ、新出語は、ページの欄外に日本語訳とともに提示されている。このように、新出語彙をドイツ語と日本語の語彙コーナーやボックスを使って導入する方法は、当時の日本のDaF教科書によく見られる。他方、『スタート！－コミュニケーション活動で学ぶドイツ語－』は、日本語訳はダイアログであろうと文章であろうと限られた範囲内に限定し、ドイツ語使用を原則としている。課題の指示文は一貫して目標言語で行われ、理解を助ける意味で8種類のアイコンが使用されている。また、たくさんの写真や、ドイツ語を理解する日本人アーティストが描いた多くのイラストは、語彙の意味やテクストの文脈化に役立っている。ドイツ語圏で作成された全文化圏型の教科書が、日本人ドイツ語教師によってあまり選ばれない（日本独文学会ドイツ語教育部会1999: 30; 日本独文学会 2015: 88）理由のひとつとして、ドイツ語圏で出版された教科書を使用する場合、多くの部分を日本語に翻訳しなければならないという懸念や、日本で出版された教科書では文法が日本語で説明されているので、こちらの教科書の方が安心だという思いがあるのかもしれない（Grein 2013: 8)。

上に述べたように、日本の教科書市場では、コミュニケーションを考慮した教科書が増えている。こうした傾向にもかかわらず、日本のドイツ語教育研究の分野では、総合教材のカテゴリーに属する教科書が実際にコミュニカティブな学習目標を追求しているかどうかについての研究は非常に少ない。同様に重要なのは、伝統的な学習文化を持つ日本人学習者に、コミュニカティブな教科書がどのように受け入れられるかという実証的な研究である。文法や読解に重点を置いた教科書を望む学習者が依然として多い（日本独文学会 2015: 124)。そして、文法知識を教えるためのクラスも多い（日本独文学会 2015: 86-87）ことから、このテーマに関しても実証的研究が望まれる。

日本の大学教育という文脈において、ドイツ語教育がどのような学習目標を追求すべきか、また、ドイツ語による言語行動能力を養成することを目的とするならば、そのために地域的教材としての日本のDaF教科書はどのようなコンセプトで設計されるべきかについて、開かれた意見交換が必要である。

おわりに

本章で示したように、ドイツ語圏で出版される教科書では、4技能の習得だけでなく、コミュニケーションの実際を考慮して、ノン・バーバルコミュニケーションやオンライン・インターアクションなどをテーマ化し、CEFRの共通参照レベルに基づいてcan-doにより言語レベルの透明化を図っている。日本の外国語教育においても、グローバル化の進展に伴い、英語を中心として外国語教育においては実践的なスキルの養成を目的とする社会的要請が強まってきた。ドイツ語教育においても、たとえ初歩的な言語レベルであっても、目標言語を実際に使う力の養成を目的とする教科書も増えてきている。外国語の学習を学校教育に限定せずに、生涯学習と捉えると、大学のドイツ語教育の目的や方法、使用する教材も変わってくる。限られた授業時間を文法などの言語知識の習得を目的として費やすよりも、学習者が社会的存在として状況に応じて言語的に行動することができる能力を得るための第一歩として、基礎的なレベルでも言語活動を中心とした授業が望まれる。そのための教材・教科書の作成には、CEFRの言語能力の考え方やそれを反映したドイツ語圏の教科書が参考になる。

しかし、外国語の授業は、それを取り巻く多くの要因によって影響を受ける。日本の大学教育における第二外国語としてのドイツ語教育において言語活動中心の授業を行う場合に、学習者の高等学校までの外国語（英語）の学習経験や、いわゆる伝統的な教育方法も考慮する必要があるだろう。教科書は、教師と学習者を繋ぎ、授業のプロセス全体をコントロールし影響を及ぼす重要な役割を果たす。そして、どのクラスにもどの学習者にもぴったりと合うような理想的な教科書は存在しない。それだけに、実際の授業では、そのクラスごと、その授業ごとに、教師が副教材などを作成し、学習者中心の授業運営を心掛けることが大事だと考える。

教科書は、学習者に刺激を与えることもあれば学習意欲を喪失させる原因にもなることは、これまでの調査が示している。それだけに教科書の役割は大きい。その意味でも、Slivensky（1996）が提案する教材開発のためのテーゼ、とりわけ、学習者中心の発想が不可欠であること、新しいコンセプトの中に伝統的方法の長所を建設的に統合すること、そして、異文化コミュニケーションを言語行動として能動的に学習する教材を開発することは、現在でもその重要性を失っていない。

参考文献

Bausch, Karl-Richard (1999): Zur Funktion von Lehr- und Lernmaterialien beim Lernen fremder Sprachen: Erkenntnisstand und Forschungsperspektiven. In: Bausch, Karl-Richard et al. (Hg.), 17-22.

Bausch, Karl-Richard; Christ, Herbert; Königs, Frank Gerhard & Krumm, Hans-Jürgen (1999): *Die Erforschung von Lehr- und Lernmaterialien im Kontext des Lehrens und Lernens fremder Sprachen*. Tübingen: Gunter Narr Verlag.

Boeckmann, Klaus-Börge (2006): *Kommunikativer Fremdsprachenunterricht und regionale Lehr- und Lernkultur. Eine empirische Untersuchung zum Deutsch-als-Fremdsprache-Unterricht in Japan*. Innsbruck: Studienverlag.

Council of Europe (2001): *Common European Framework of reference for languages: Learning, teaching, assessment.* Cambridge: Cambridge University Press.（吉島茂、大橋理枝（訳）(2004)：『外国語教育 II －外国語の学習、教授、評価のためのヨーロッパ共通参照枠』朝日出版社.）

Council of Europe (2020): *Common European Framework of Reference for Languages: Learning, teaching, assessment: Companion volume*. (Quetz, Jürgen & Camerer, Rudi: *Gemeinsamer Europäischer Referenzrahmen für Sprachen: lernen, lehren, beurteilen. Begleitband.*) Stuttgart: Ernst Klett Verlag.

Edmondson, Willis & House, Juliane (2000): *Einführung in die Sprachlehrforschung*. (2.Aufl.) Tübingen: A. Franke Verlag.

Engel, Ulrich; Halm, Wolfgang; Krumm, Hans-Jürgen; Ortmann, Wolf Dieter; Picht, Robert; Rail, Dietrich; Schmidt, Walter; Stickel, Gerhard; Vorderwülbecke, Klaus & Wierlacher, Alois (1977, 1979): *Mannheimer Gutachten zu ausgewählten Lehrwerken Deutsch als Fremdsprache*. Band 1 und Band 2. Heidelberg: Julius Groos Verlag.

Fujiwara, Mieko (1999): Regionale Lehrwerkforschung: Entwicklungstendenzen japanischer DaF-Lehrwerke unter besonderer Berücksichtigung kommunikativ orientierter Lehrwerke. *Sprache und Kultur* 3, 85-101.

Fujiwara, Mieko (2016): Entwicklung japanischer DaF-Lehrwerke mit kommunikativer Orientierung von 1990 bis zur Gegenwart - Analyse von drei Lehrwerken. *Sprache und Kultur* 20, 21-38.

Götz, Lutz (1994): Fünf Lehrwerkgenerationen. In: Kast, Bernd & Neuner, Gerhard (Hg.), 29-30.

Grein, Marion (2013): Lernbiografie als Einflussgröße für Lernmethoden — die Grammatik-Übersetzungs-Methode heute. *Deutsch als Zweitsprache* 1, 5-13.

Grünewald, Matthias (2005): *Bilder im Kopf: Eine Longitudinalstudie über die Deutschland- und Deutschenbilder japanischer Deutschlernender*. München: iudicium Verlag.

Kast, Bernd & Neuner, Gerhard (1994): *Zur Analyse, Begutachtung und Entwicklung von Lehrwerken für den fremdsprachlichen Deutschunterricht*. Berlin/München u.a.: Langenscheidt.

Krumm, Hans-Jürgen (1994): Zur Situation der Lehrwerkkritik und Lehrwerkforschung Deutsch als Fremdsprache. In: Kast, Bernd & Neuner, Gerhard (Hg.), 23-29.

Neuner, Gerhard (1994): Lehrwerkforschung – Lehrwerkkritik. In: Kast, Bernd & Neuner, Gerhard (Hg.), 8-22.

Neuner, Gerhard & Hunfeld, Hans (1993): *Methoden des fremdsprachlichen Deutschunterrichts. Eine Einführung* (*Fernstudieneinheit* 4). Berlin: Langenscheidt.

Quetz, Lother (1976): Untersuchungen zum Einfluss eines Lehrbuches auf die kommunikative Struktur des Englischunterrichts. *Zielsprache Englisch* 1, 20-28.

Rösler, Dietmar (2012): *Deutsch als Fremdsprache: Eine Einführung*. Stuttgart: Metzler.

Slivensky, Susanna (1996): *Regionale Lehrwerkforschung in Japan*. München: iudicium Verlag.

Vögel, Bertlinde & Morita, Masami (2005): Lehrwerkforschung, Lehrwerkanalyse, Lehrwerkkritik, Lehren ohne Lehrwerk – Kommentierte Leseempfehlungen zum 9. DaF-Seminar. *Doitsubungaku* 126, 74-93.

上田浩二（1989）：日本におけるドイツ語教育の歴史．In: 日本ドイツ学会（編）『日本におけるドイツ語教育』成文堂，16-22.

轡田収、三島憲一、上田浩二（1986）：日本におけるドイツ語教育の状況をめぐって．『ドイツ語教育部会会報』30（別冊），1-11.

ナロック ハイコ（2000）:語学教育における教授法、教材とカリキュラム－北海道大学で行われるドイツ語教育を例に－．『高等教育ジャーナル－高等教育と生涯学習』8，67-78.

日本独文学会ドイツ語教育部会（1999）：ドイツ語教育に関する調査研究委員会（編）『ドイツ語教育の現状と課題－アンケート結果から改善の道を探る－』.

日本独文学会（2015）：ドイツ語教育・学習者の現状に関する調査委員会（編）『ドイツ語教育・学習者の現状に関する調査報告書』.

藤原三枝子（2014）：基礎ドイツ語学習者における教材評価と動機づけおよび学習成果との関係についての量的研究.『言語と文化』18, 103-123.

文部科学省初等中等教育局国際教育課報告（2019）：『平成29年度高等学校における国際交流等の状況について』.

引用教科書

佐藤修子、伊藤祐紀子（1998）：『スツェーネン1－場面で学ぶドイツ語－』三修社.（改訂版2002, 2006）

関口一郎（1990）：『コミュニケーションのためのドイツ語』三修社.（改訂版1994）

藤原三枝子、桂木忍、本河裕子、ポラー・アニャ、リタ・ザクセ・トゥサーン、柳原初樹（2009）：『スタート！－コミュニケーション活動で学ぶドイツ語－』三修社.（改訂版2015）

Aufderstraße, Hartmut; Bock, Heiko; Gerdes, Mechthild & Müller, Helmut (1983): *Themen* 1. Ismaning: Max Hueber Verlag.

Bachmann, Saskia; Gerhold, Sebastian; Müller, Bernd-Dietrich & Wessling, Gerd (1995): *Sichtwechsel neu* 1. München: Ernst Klett Verlag.

Eismann, Volker; Enzensberger, Hans-Magnus; Eunen, Kees van; Helmling, Brigitte; Kast, Bernd; Mummert, Ingrid & Thurmair, Maria (1993): *Die Suche. Das andere Lehrwerk für Deutsch als Fremdsprache*. Berlin/München/Leipzig/Wien/Zürich/New York: Langenscheidt.

Funk, Hermann; Kuhn, Christina; Nielsen, Laura & von Eggeling, Rita (2020): *Das Leben*. Berlin: Cornelsen.

Mebus, Gudula; Pauldrach, Andreas; Rall, Marlene & Rösler, Dietmar (1987): *Sprachbrücke* 1. Stuttgart: Ernst Klett Verlag.

Neuner, Gerd; Scherling, Theo; Schmidt, Reiner & Wilms, Heinz (1979): *Deutsch aktiv* 1. Berlin/München: Langenscheidt.

Niebisch, Daniela; Penning-Hiemstra, Sylvette; Specht, Fran; Bovermann, Monika & Reimann, Monika (2006): *Schritte international* 1. Ismaning: Hueber Verlag.

Schäpers, Roland (1972): *Deutsch 2000*. Ismaning: Hueber Verlag.

Schulz, Dora & Griesbach, Heinz (1955): *Deutsche Sprachlehre für Ausländer*. Ismaning: Hueber Verlag.

2章

ドイツ語学習者の動機づけ・学習観

はじめに

第1章では、日本の大学におけるドイツ語学習者数の推移、DaF（Deutsch als Fremdsprache）教材の変遷をドイツ語圏で出版された全言語圏型のものと、日本の大学での使用を目的とした地域的教材とに分けて概観した。その結果として、日本のドイツ語教育においても、ドイツ語を使うことのできる学習者の養成を目的とする教材が増えていることを示した。

本章は、そうした教材でドイツ語を学ぶ学習者にフォーカスを当て、主に、これまでに甲南大学国際言語文化センター紀要『言語と文化』、日本独文学会『ドイツ文学』および研究叢書、日本独文学会ドイツ語教育部会『ドイツ語教育』および *Info DaF*（*Informationen Deutsch als Fremdsprache*）（DAAD/fadaf）に発表したものを編集し補足して収録している。論文ごとに、すでに発表しているどの論文を基にしているのかを脚注に明記している。

本章の中心をなしているのは、質問紙による調査を分析した論文である。これらの調査は、日本学術振興会科学研究費助成事業（科研費）による研究「コミュニケーション中心の教材がドイツ語学習者の動機づけに与える影響に関する研究」（基盤研究C：研究課題番号 26370646）（2014-2017年度）および「コミュニカティブな初級ドイツ語授業に参加する大学生の「外国語学習観」に関する研究」（基盤研究C：研究課題番号17K02913）（2017-2021年度）に基づいている。また、ドイツ語を含む6言語（ドイツ語、フランス語、スペイン語、中国語、韓国・朝鮮語、ロシア語）に関する論文「初修外国語における動機づけ－6言語調査から－」は、同様に科研費による研究（西山教行研究代表）「新しい言語教育観に基づいた複数の外国語教育で使用できる共通言語教育枠の総合研究」（基盤研究A：研究課題番号 23242030）（2011-2014年度）に、ドイツ語分野の担当の一人として参加した調査に基づく。これらの調査にご協力いただいた多くの先生方とその学生のみなさまに心から感謝を申し上げたい。本章で掲載したほとんどの論文が実証的研究であり、調査へのご協力によってはじめて執筆が可能となった。

第1章で言及したように、日本の高等学校、大学におけるドイツ語教育に関する大規模な実態調査としては、日本独文学会ドイツ語教育部会が1997・1998年度に全国的規模で行った「ドイツ語教育の現状と課題－アンケート結果から改善の道を探る－」（日本独文学会ドイツ語教育部会　ドイツ語教育に関する調査研究委員会1999）および日本独文学会「ドイツ語教育・学習者の現状に関する調査委員会」が、日本でドイツ語の授業が開講されている全国の教育機関を対象とした第1回調査（2012年11月～12月実施）とドイツ語教員およびドイツ語学習者を対象とした第2回調査（2014年6月～7月実施）（日本独文学会2015）がある。これらの調査は、本章におけるさまざまな分析結果を理解するための土台としても是非参照していただきたい。

1　教育心理学における動機づけ理論
－Deci & Ryanの自己決定理論－

1　はじめに

第2章では、これまでに実施した質問紙調査結果を中心とした論文を掲載している。その調査の理論的枠組みとしたのは、主に、教育心理学の動機づけ理論であるDeci & Ryanの自己決定理論（Self-Determination Theory）である。本節では、この理論について概観することを目的とする。

第二言語習得において、学習成果と動機づけとの関係が研究されるようになったのは、1950年代後半からカナダで行われたGardnerらの研究（e.g. 1959, 1985, 1991, 2001）による。公用語として英語とフランス語を使用するカナダで、英語を話すカナダ人とフランス語を話すカナダ人がお互いの言語を習得する際、その習熟度に違いがある理由を目標言語の社会に対する心理的な要因から解明しようとした。統合的志向と道具的志向はよく知られている動機づけの区別である。統合的志向とは、目標言語の社会や人々に対する関心や、彼らとのインターアクションを望んだり、そのコミュニティーの一員になりたいという思いから外国語を学ぶような場合を指し、道具的志向は、良い職業を得たりキャリアアップをしたいなどの実利的な理由から外国語を学ぶ場合を言う。Gardnerらは、多数の研究から得られたデータを統計的に分析した結果として、統合的理由から言語を習得した者の方がより高い言語能力に到達するという結論に至った。

彼らの社会心理学的アプローチによる動機づけ研究は、1990年頃までこの分野において圧倒的な影響を与えたが、カナダのような多言語社会の第二言語習得における動機づけは、学校で外国語を学ぶような外国語教育における動機づけとは質的に異なること、したがって、統合的・道具的の2変数によってのみ動機づけを理解することには無理があるということが、時を同じくして多くの研究者によって指摘されるようになる（e.g. Crookes & Schmidt 1991; Dörnyei 1990; Skehan 1991）。以来、動機づけ研究は、現場で外国語を教える教師たちのニーズに合った形で教育実践と結びつき、より具体的・実用的な方向に進んでいった（Dörnyei 2001b）。

ドイツ語圏における動機づけ研究はRiemerが中心となり、習熟度に影響する個別要因として研究が進んだ（e.g. Riemer 2003, 2005, 2011）。Gardnerらの研究に見られるように、動機づけは質問紙を使って収集したデータを統計的に分析する量的研究が中心となって発展してきたが、ドイツでの研究はRiemer（2005）に代表されるように、学習者が自分の外国語学習歴を記述する学習ヒストリー法やインタビュー法、授業観察などをデータとして、より質的・解釈的な研究が中心となっていると言えるだろう。

2　教育心理学の枠組みに基づく研究：自己決定理論

第二言語習得の動機づけ研究は、外国語の学習特有の枠組みに基づくものだけでなく、教育心理学の動機づけ理論を基盤とするものも増えてきた。この分野の動機づけ研究にも影響を与えている主要な理論については、Dörnyei（1998: 118-121; 2001a: 20-28）に簡潔にまとめられているが、筆者がこれまで実施した調査において理論的土台とした「自己決定理論」（Self-Determination Theory、以下SDT）（Deci 1980; Deci & Ryan 1985, 2000; Ryan & Deci 2002）も、心理学の動機づけの包括的な理論である。Maslow（1954）の「欲求階層説」に代表される欲求論的アプローチに属するが、行動主義心理学に対する批判から認知心理学の分野で発展した理論で、よく知られた区別である内発的動機づけと外発的動機づけがその中心概念である。

SDTは、第二言語および外国語を学ぶ動機づけ研究にも徐々に浸透してきたように思われる。Dörnyei（1998: 124）は、第二言語習得研究の動機づけ研究にSDTを援用する利点として、1. 外国語学習に見られる多様な動機を体系的にまとめることができる包括的な理論であること、2. 動機づけを自己決定の連続体として捉えることにより、変化のプロセスを考慮できること、3. 多様な統計的手段による実証的研究に基づいて、内発・外発の下位タイプを使うことで外国語学習者の動機づけを記述することが妥当であることが示されたこと、を挙げている。

SDTの中心概念である内発的動機づけと外発的動機づけは、もっとも一般的でよく知られた区別の一つとなっている。それ自体が目的で、それをすることにより喜びや満足を経験するような行動に関わる動機づけが内発的動機づけである。他方、外発的動機づけは、外から褒美を得たり、処罰を免れるために手段として行う行動に関わる動機づけである。また、後に詳しく述べるように、SDTでは、内発的か外発的かの二項対立的に動機づけを捉えるのではなく、外発的に動機づけられている行動であっても、それを個人がどの程度内在化（internalize）しているかによって、管理的（controlled = extrinsic）から自己決定的（self-determined = intrinsic）の連続体で考えている。つまりその行動の原因がもともとは自分の外にあったとしても、内在化（internalization）と統合（integration）の過程を通じて自己決定的になる場合もあると考えられている。

SDTでは、人間は本来的に自己実現化傾向を持っており、生まれながらにして自律的でありたい（自己決定したい）、有能でありたい、周囲の人と温かい人間関係を持ちたい、というような気持ちに支えられている存在として捉えられている。しかも、有能さ（competence）と自律性（autonomy）に関して本当に重要なのはその人自身の認知であり、内発的に動機づけられているためには、自分は効果的に行動する能力を持ち、自己決定できると自分自身で実感している必要がある（Deci & Flaste 1995, 桜井監訳1999: 116-117）。しかし、人は効果的で自由でありたいと願うだけではない。他者と結びついていたいとも願っている。SDTではこれらの欲求を人間の本源的な欲求と考えている。

SDTは、心理学において20世紀前半まで支配的であった行動主義の機械論的人間理解から、以下で述べるWhiteの「コンピテンス」（competence）（1959）やdeCharmsの「自己原因性」（self-causality）（1968, 1976）などを経て、研究対象を、外部から客観的に観察可能な人間の行動から、「個人の内部」に移した現代の認知理論に至るプロセスの中で重ねられてきた研究を踏まえた理論と言える。

3　自己決定理論に影響を与えた理論：White（1959）とdeCharms（1968, 1976）

1950年代までのアメリカ心理学会で全盛であった行動主義から、後の認知的なアプローチに向かう転機となった重要な論文として、人格心理学者のWhite, R. W.のMotivation Reconsidered: The Concept of Competence（1959）を挙げることができるだろう。Whiteは、動機づけ理論にコンピテンス（competence）の概念を導入した。コンピテンスとは、人間が環境と効果的に関わっていく能力を指している。動機づけにおいては、環境がもっとも基本的な要因であり、「環境と効果的に相互作用する（interact effectively with this environment）」（White 1959: 329）という能力は人間に共通した特性であるとしている。この能力は効力（effectance）と名づけることのできる動機づけによって促進され、効力感（feeling of efficacy）として体験されることにより形成されると主張している。その人が本当に有能かどうかということよりも、有能と感じるかどうかが大事であるとし、人間の認知面から動機づけを理解しようとした。このWhiteのコンピテンスの理論は、環境と有能感に関するSDTの考え方に影響を与えたと言える。

その一方で、その名前に表れているようにSDTにおいてもっとも重要な概念である自己決定性・自律性は、deCharmsの自己原因性（self-causality）の概念に影響を受けたものと言える。deCharmsは、チェスの一番弱いコマである「歩（ポーン：Pawn[1]）」を比喩的に用いて、これを状況や他者によって動かされている状態と呼んだ。一方、他人によって動かされるのではなく、自分の目標を追求して行動する人は、自分の行動の起源となっていると言える。このように、自分の行動の起源を自分自身の中に持つ人のことを、「コマ」に対して「指し手（Origin）」と呼んだ。deCharmsは、人間がつねにこのコマと指し手とを結ぶ軸上のどこかの地点に自らを置いて考えているものであり、人の動機づけと深く関わりあっていると考え、この発想が彼の研究の出発点となった（deCharms 1976, 佐伯訳1980: 5）。彼は、この「コマと指し手」の理論を教育問題に適用する可能性を見出し、4年間にわたる動機づけプロジェクトによって、生徒が教師の指示通りに動くコマと化している伝統的な授業形態の中で、自己の学習行動を自分で始発するように励ますことでもっと指し手に近くなる可能性を探っている。

deCharmsは、人間の行為は多くの場合、外部で生じた事象であるかもしれないが、その人が個人的な決意に基づいて決定した行為は、その人自らがその原因となっていること、これが自己原因性であり、動機づけについての基本的な仮説と考えている。上述したWhiteのコンピテンスの基本概念と同じように、彼も動機づけにおいては環境が基本的な要因であることを認め、「人間の第一次的動機傾向は、彼を取り巻く環境に変化をもたらすことにある。人間は彼の行動に対して原因主体であろうとし、第一原因であろうとする。つまり、指し手であろうとする。要するに、彼は自己原因性のために努力するのである」（deCharms 1968, 1976, 佐伯訳1980: 7）と述べている。また、Whiteが、本当に重要なのはその人の有能さよりも有能と感じるかどうかであると考えたように、「指し手とコマ」の理論においても重要なのは、「そ

1　古いフランス語で歩兵を意味するpaonやpeonからきたことばで、比喩的に用いられると、他人の意志で引きまわされたり、他人の目的の達成のために使われる人間のことを指す（deCharms 1976, 佐伯訳 1980: 5）。

の個人がどのように感じているか－つまり、自己の可能性に対するきわめて個人的な反応形式－に依存したもの」(deCharms 1976, 佐伯訳1980: 8）であった。

deCharmsは1968年の*Personal causation*において内発的動機づけ対外発的動機づけに関して、「人が行為の原因を自己の内部に位置づけていると実感しているときには、彼は自分が内発的に動機づいていると考えるであろう。逆に、もし人が自己の行為の原因を自己の外部にあると感じるならば、彼は自らを外発的に動機づけられていると考えていることになる」(deCharms 1968, 1976, 佐伯訳1980: 14）と述べたことを、後の*Enhancing Motivation. Change in the Classroom*（1976）では、この論述が単純化しすぎているきらいがあったとして､以下のように補足している。「人は時には（外的な）目標達成を欲し、そのためにつらい作業でも喜んで選択し、それでも、彼はその行為が自分で選んだ、つまり、彼自身が行為を始めた原因であると感じることがある」(deCharms 1976, 佐伯訳1980: 14)。これは、外発的な動機もそれを自分で選んだと感じられる場合には、自己決定的な動機づけに向かうというDeciらの理論に対応する理解と考えられる。

また、deCharmsの自己原因性の理論では、Maslow（1954）の欲求階層説に言及して、SDTにおいて有能感と自己決定性（自律性）と並びもう一つの重要な概念である「関係性」についても以下のように述べられている。「他者から受け入れられ、暖かい社会的相互関係（愛）をもつことができれば、人は新しい広がりをもつ世界を発見する。そこでは、互いの関係は利害の対立ではなく、互いに促進しあうことのできる世界である。〈中略〉目標が人間相互の関係であり、相互に促進しあうことのできるものであれば、指し手は、他者の目標を促進することによって自分の目標をも達成することができ､すなわち他者をも指し手として扱うことができる」(deCharms 1976, 佐伯訳1980: 242、中略は筆者による)。

以上のように、deCharmsの自己原因性の理論の中に、自己決定性（自律性）と関係性というSDTの中核となる概念を見てとることができる。

4　自己決定理論を構成する概念

SDTは、いくつかの下位理論（ミニ理論）から構成されている。上述したことと重なる部分もあるが、以下では、SDTの基本的アプローチと、とりわけ理論の骨格をなすと思われる、「基本的欲求理論（Basic Needs Theory)」、「認知的評価理論（Cognitive Evaluation Theory）」、「有機的統合理論（Organismic Integration Theory）」について、主にRyan & Deci（2002）を参考にして述べる。

4.1 基本的アプローチと基本的欲求理論（Basic Needs Theory: BNT）

人間は機械ではなく生命体（organism）であるという前提が、Deci & Ryanの研究の原点となっている。この有機論的アプローチでは、人間を、環境の統制下に置かれている受動的存在と見なす行動主義のような機械論的アプローチとは異なり、WhiteやdeCharmsと同様に、環境に働きかける能動的な存在として捉えている。「環境との絶えざる相互作用において、人間は環境の側に変化を招来すべく行動し、同時に、環境に対する順応をはかっている」（Deci 1975, 安藤他訳1980: 15）。SDTでは、人間を「主体的に周囲の世界に参加していく中で、生命としての統合プロセスを経て発達する」存在として、つまり、「自分の内部世界を組織化していく中で、より大きな一貫性と統合性へと向かって移行していこうとする基本的な傾向をもつ」存在と見なしている（Deci & Flaste 1995, 桜井監訳1999: 107）。この人間に内在する統合化傾向（integrative tendency）は、生命体個体としての内的な統合（intrapersonal）と同時に、自分自身を他者や他者のグループと統合しようとする人間相互間での統合（interpersonal）の両面を持っており、この個体内での統合と人間相互の統合がうまくいった場合に、心理的な統一性や幸福感が得られると考えられている（Kirk 2010: 36-37; Rigby et al. 1992: 169）。

上述のように、有機論的な見方では、人は、生まれながらにして能動的で、成長を志向する（growth-oriented）有機体であり、自己実現化傾向を持っていると見なされているが、この本来的な傾向も、その人を取り巻く社会的現境によって促進されることもあれば、萎えることも麻痺してしまうことも、場合によっては破壊されてしまうこともある（Ryan & Deci 2002: 8）。したがって、人間の能動的で主体的な本来の統合化傾向を促進する環境の役割が重要となってくるが、SDTでは、本来的な統合化傾向を促進したり阻害したりする環境を、基本的な心理的欲求（basic psychological needs）の観点から記述している。それらは、有能さ（competence）、関係性（relatedness）、自律性（autonomy）の３つの欲求で、パーソナリティや認知的構造の成長と健康のためにはこの基本的な欲求が重要であり、この欲求は、どのような文化でもどのような発達段階であっても普遍的な欲求であるとしている

(Ryan & Deci 2002: 7, 26-27)。

有能さの欲求（need for competence）は、社会的環境との相互作用において効果的に働くことができるという感覚を得たいという欲求であるが、この欲求に導かれて、人はさまざまな活動に積極的に取り組もうとする。しかも、ここで言われている有能さとは獲得されたスキルとか能力ではなく、行動に対する自信や効力の感覚を表している（Ryan & Deci 2002: 7）。関係性の欲求（need for relatedness）は、他者と結びついているという感覚に関する欲求である。他者と結びつき、統合し、他者によって承認されたいという人間の傾向を表し、自分が他者と安定した交流や調和の関係にあるという心理的な知覚を指している（Ryan & Deci 2002: 7）。自律性の欲求（need for autonomy）は、自分自身の行動の源がどこにあると知覚するか、に関する欲求である（deCharms 1976; Deci & Ryan 1985; Ryan & Connell 1989; Ryan & Deci 2002）。自立（independence）は外からの影響を受けないことを意味するが、自律はそうではない。SDTは、たとえ外から要求されたり勧められたりした行為であっても、人がその行いを自分にとって価値あるものとして是認するならば、自律的に行うものだ、という立場に立っている（Ryan & Deci 2002: 8）。

4.2　認知的評価理論（Cognitive Evaluation Theory: CET）

CETは、内発的動機づけに関わる理論である。Deciは、内発的動機づけについて、なんら明白な外的報酬がないにもかかわらず、そのことに従事しているならば、彼はその活動に内発的に動機づけられている、と定義している（Deci 1975, 安藤他訳1980: 25）。この内発的動機づけに対して外的な報酬が与える影響を知るために、パズルを使って興味深い実験を行ったが（その実験については、Deci 1975, 安藤他訳 1980: 148-155を参照）、金銭的な報酬が与えられたことにより内発的動機づけが下がった現象を説明するために、Deciは上述のdeCharmsの構想を用いて説明している。人は内発的に動機づけられて行動しているときには、知覚された因果の所在（perceived locus of causality）は自分の中にあり、有能でかつ自己決定的であることを感じるためにその行為を行っているが、いったん報酬が投入されると、自分が金銭のために行っていると知覚し始める。そうすると知覚された因果の所在が外的なものに変化し、内発的動機づけが低下すると解釈している（Deci 1975, 安藤他訳 1980: 155-156）。櫻井（2009: 87）は、「デシは、ここで自らが自らの行動の原因でありたいという「自己決定（自律性）の欲求」（need for self-determination）を内発的動機づけ（意欲）の中核においたものと考えられる」としている。

さらに、Deci（1975）では報酬の持つ２つの側面について述べられている。（フィードバックを含む）すべての報酬が、人の行動を統制するような制御的側面（controlling aspect）と、報酬の受け手に対してその有能さと自己決定についての情報を与える情報的な側面（informational aspect）の２つの側面を持ち、この２つの側面のうち、制御的側面が現れると、報酬を与えられた人の知覚された因果の位置が内部から外部へと移行し、情報的側面が現れると、その人の有能感と自己決定感に変化が生じる、としている（Deci 1975, 安藤他訳 1980: 159-160）。それまでの研究結果では、金銭的報酬や罰の回避の報酬は制御的側面がより強く内発的動機づけを低下させるが、言語的な正のフィードバックや賞賛のような報酬は意欲を高めるように作用する可能性が高くなると述べられている（Deci 1975, 安藤他訳 1980:160-169）。

先に述べた３つの人間の基本的な心理的欲求の中で、自律性と有能感が内発的動機づけに直結した欲求と考えられている。自律性に関しては、自分の行動の原因が自分の外にあると感じると、人は統制されていると感じるので、自律性の感覚が低下し、内発的動機づけは減少することになる。逆に、自分の行動の源が自分の内部にあると知覚されるときには、自己決定感・自律感が高まり、その結果、内発的動機づけが高まる。有能感については、人が環境に対して効果的に働きかけることができると感じるほど、内発的動機づけが向上するが、そのような有効性（effectiveness）が欠乏すると減少すると考えられている（Ryan & Deci 2002: 11-12, 14）。他方、関係性と内発的動機づけとの関係は間接的なものと見なされている。ある活動への内発的動機づけが他の活動へ汎化できるかどうかについて、Deciは、「内発的動機づけは、ある特定の活動との関連において定義されているけれども、それは、ある程度、汎化可能である」「人の内発的動機づけは、ある一つの活動に特有なものではあるが、類似の活動に対しても、ある程度は汎化しうる」としている（Deci 1975, 安藤他訳 1980: 176）。この点は、英語の次に学習する第二外国語としてのドイツ語学習について考えるとき、すでに英語の学習に対して内発的動機づけを持っている学生の場合には、ドイツ語の学習にも肯定的な動機づけを持っている可能性を仮定させるものとして興味深い。

4.3　有機的統合理論（Organismic Integration Theory: OIT）

CETが内発的動機づけに関する理論であったのに対し、OITは外発的動機づけに関わる理論である。自己原因性の概念を導入したdeCharms（1968）は、はじめ、内発的動機づけと外発的動機づけを相対するものとして位置づけていたが、上述したように、後に、外発的に動機づけられた行為に対しても自己決定的に取り組むことができることを示唆している。

有機的統合理論では、認知的評価理論と同様に自律性の概念が重要な役割を果たしている。人は、現在進行中の活動を、それが内発的動機づけに基づいたものでなくても、それを自己決定的（自律的）に行う、つまり内在化[2]（internalization）する傾向があるという仮定に基づいて、それまでは一元的に捉えられていた外発的動機づけを、もっとも他律的なものからもっとも自律的なものまで、以下に述べる4つに区別し、段階的・連続的に捉えることができることを示した。内在化・自己調整の程度がもっとも低い「外的調整（external regulation）」、内在化が少し進んでいるがまだ自律的ではない「取り入れ的調整（introjected regulation）」、内在化が進み自律的段階と見なされる「同一視的調整（identified regulation）」、内在化が完了し自律的段階が強い「統合的調整（integrated regulation）」の4段階である。これは、外発的動機づけの中にも、自律的な段階が存在することを示すと同時に、手段的な動機づけであったとしても同時に自律的であり得ることを示している。

「外的調整」は、外発的動機づけの中でもっとも自律性の低い他律的状態で、内発・外発という伝統的な二元論的理解における典型的な外発的動機づけを表す。これは報酬や罰などの外部からの圧力によって行動させられている状態を指し、例えば、「単位を取らないと卒業できないからしかたなく勉強する」といった場合の動機づけとその行動である。

「取り入れ的調整」は、価値の自己調整が少し進んだ段階であるが、その行動はまだ自律的ではない。この段階では活動に対する価値が自分の中に「取り入れ」ら

2　Deci & Ryan（1985: 130）によれば、内在化とは、外的に動機づけられた行為に対して、個人が態度や信念、行動の調整（behavioral regulation）を獲得し、それを次第に、自分の価値やゴールあるいは秩序（organization）に変容させていくプロセスをいう。また、この内在化の過程は、「自己調整（self-regulation）」と呼ばれる。Deci & Flaste（1995: 92-93, 桜井監訳 1999: 125）は、この内在化を「外的統制を使って人々の行動をプログラムしていくもの」としての社会化と見ているのではなく、「人間には、自らの心理的欲求と調和しながら成長し発達する傾向と、そのためのエネルギーが備わっていると考える。」

れ始めているが、まだ統合された自己（integrated self）（Ryan & Deci 2002: 17）の一部にはなっていない。例えば、「勉強ができなければ恥ずかしいからやる」というように、活動そのものではなく、それができるとかできないという結果の方が重要で、「自分に価値があると感じられるかどうかが、特定の結果に依存している」自我関与（ego involvement）の状態である（Deci & Flaste 1995, 桜井監訳: 160）。

「同一視的調整」は、価値の自己への内在化がかなり進んだ段階である。外的調整や取り入れ的調整と比べて、この段階の動機づけは、比較的自律的・自己決定的であるので、この段階から自律的な動機づけと考えられる（Ryan & Deci 2002: 17-18）。当該の活動が自分にとって重要だと認識し、活動に積極的に取り組もうとする段階で、例えば「自分にとって大事だから」とか「自分の将来のために重要だから」というように、取り入れ的調整よりも自己決定度の高い理由が挙げられる。

「統合的調整」は、外発的動機づけにおいてもっとも自律的・自己決定的な段階を表す。活動の価値が十分に内在化され、自分の価値観と一致し統合された自己の一部となっている段階である。したがって、自律的にその活動をやりたいと思っている状態を示す。しかし、この段階は、その活動自体が純粋に楽しいからとか面白いから行うのとは異なり、自分にとって重要だと思われる結果を得るために手段として行うことから、内発的動機づけとは区別されている（Ryan & Deci 2002: 18）。SDTでは、これらの外発的動機づけの４つの段階は、発展の連続体として捉えられている。

上述のように、内在化・自律性の度合いによって4段階に区別した外発的動機づけに対して、無動機（amotivation）は、行動しようという意図がまったくない状態を指す。無動機状態の人は、行動を起こさないか、行動してももっぱら受け身である。無動機は、報酬とか罰という随伴性（contingency）もないので、結果を出すことはできないと感じるか、あるいは、その活動自体や活動によって得られるだろう結果に価値を見出していないことによって起こると考えられる（Ryan & Deci 2002: 17）[3]。理論が仮定する無動機と４つの外発的動機づけおよび内発的動機づけを、行動の自

3　有機的統合理論の実証的研究として、Ryan & Connell (1989) がある。小学生を対象として、学習に関して、外的、取り入れ、同一視の各調整、内発的動機づけの段階を表す理由を尺度化して、理論の妥当性を検討した結果、各尺度には、段階の隣り合うものの相関が高く、離れるほど相関が低くなる、あるいは負の相関になるというシンプレックス・パターン (simplex pattern) が認められたことにより、段階性はほぼ確認されたとしている（櫻井 2009: 104-105）。第二言語習得関連の先行研究においても、理論の適用可能性を検証するプロセスにおいて、このパターンが確認されるかどうかを判断基準としているものが少なくない（e.g. Yashima et al. 2009; 林 2006; 廣森 2005）。

己決定性を基準として以下のような連続軸上に位置づけることができる。

動機づけのタイプ	無動機	外発的動機づけ				内発的動機づけ
調整のタイプ	無調整	外的調整	取り入れ的調整	同一視的調整	統合的調整	内発的調整
行動の質	非自己決定的					自己決定的

図1　自己決定性の連続体（Ryan & Deci 2002: 16を日本語訳）

価値の内在化はとくに気の乗らないことをするとき、つまり外発的に動機づけられているときに機能すると言われているが、このときに重要な役割を果たすのが関係性の欲求の充足と考えられている。例えば、親や先生、友人などと良い関係を得るために、あまり面白くない活動をするようになる場合があるだろう。したがって、関係性の欲求ははじめは自己決定的でなかった行動の内在化に移るときに、重要な役割を演じるとされている。内発的動機づけを維持するためには有能感と自律性が重要となるが、関係性は内在化に入るときに中心となるものである（Ryan & Deci 2002: 19）。

以上、SDTを構成するいくつかの下位理論について記述した。有機論的アプローチをとるSDTでは、人間は本来、積極的で能動的な存在であり、かつ、自分自身の成長と発達を目指す志向性があると捉えられている。人間に基本的に内在している「有能さの欲求」「自己決定性の欲求」「関係性の欲求」の3つの欲求を満たすような環境において、人はより自律的な動機づけを持つようになり、成長と発達が促進されると考えられている。Deci & Ryanは、彼らが行ったすべての研究において、外から動機づけられるよりも自分で自分を動機づける方が、創造性、責任感、健康的な行動、変化の持続性において優れているという結果を導き出している。そうすると、教師の任務は、「他者をどのように動機づけるか」、ではなく、「どのようにすれば他者が自らを動機づける条件を生み出せるか」（Deci & Flaste 1995, 桜井監訳1999: 12）を考えることにある。したがって、教師の本当の仕事は、学習者が「自分自身の意志で自主的に活動に取り組むように促すことであり、それによって将来、われわれが側についていて援助の手をさしのべなくても、彼らが自由に活動できるようにすることである」(Deci & Flaste 1995, 桜井監訳1999: 124)と述べている。学習者の自律性の養成を日々の授業の中でどのように取り入れていくべきかが、大学教育においても大きな目標として設定されるべきであろう。

5　日本の大学における外国語教育にSDTを適用する意義

大学における外国語学習者の動機づけは必ずしも内発的であるわけではない。たとえ自由選択で履修している場合でも、それが就職活動に有利に働くと考えて学習し始める学生も多いだろう。近年とくに、英語科目ではTOEICのクラスが人気を集めていることからもそうした外発的動機づけの学習者が多いことがうかがえる。ドイツ語をはじめ、いわゆる「初修外国語」と呼ばれる第二外国語は選択必修科目として提供されている場合が少なくない。やりたくないけれど単位のために学習し始めたという外的調整の動機づけタイプの学生もかなりいると思われる。また、新しい外国語を学習することに感じる刺激や楽しさは、タスクが複雑になり語彙や文法項目が増えるにつれて、急速に減退していく。こうした現実に対して、SDTの有機的統合理論は教育上の有用なヒントを与えてくれる。内発的動機づけが減少しても、その言語の学びが自分にとって重要であると感じるようになると、つまり自己決定的な動機づけタイプを持つようになると、学習への意欲は継続される。また、もっぱら「単位のため」という外的調整段階から、動機づけをより自己決定的なタイプに導くためには、教師と学習者そして学習者間の関係性を向上させることが効果的であることが示されている。また、SDTの認知的評価理論は、教師が学習者にどのようなフィードバックを与えるかによって、内発的動機づけが影響を受けると述べている。つねに「正解・不正解」に基づく評価的・統制的なフィードバックを与えると学習者の内発的動機づけを低下させかねない。学校教育における外国語学習には試験がつきものである。評価を目的とした試験の存在は、学生たちの内発的動機づけを減退させ、動機づけを外発的なものにする可能性が高いことを十分理解し、授業では、努めて、学習者一人ひとりが自分の弱点を克服できるような情報的なフィードバックに心がけることが必要であることを、理論は語っている。

SDTの基本的な心理的欲求の重要な点は、学習者の動機づけを考える際に、「どのようにしたら学習者を動機づけることができるか」ではなく、どのような社会的環境・教室環境を提供すれば、学習者が自分で自分を動機づけることが可能になるのか、を教師に考えさせることにあるだろう。deCharmsがすでに1976年に述べているように、伝統的な授業形態の中で、教師の指示どおりに動くコマと化している学習者を、自分の学習行動を自分で始発することができるように導くことが教師の役割と言える。

2　大学におけるドイツ語学習者の動機づけ
－6言語を対象とした質問紙調査から－[1]

1　はじめに

外国語の授業において、学習者はどのようなときに学ぶ意欲を高めるのだろうか。こうした問いは、大学における第二外国語としてのドイツ語教育にとって、近年、ますますその重要性を増しているように思われる。第1章1節「日本の大学におけるドイツ語教育」で述べたように、大学教育の制度的な改革や大学生の言語選択の動向等から、ドイツ語学習者数は1991年の大学設置基準の大綱化以降、激減した。加えて、日本では外国語教育の英語偏重に一層拍車がかかってきたように思われる。上述の大綱化以降、第二外国語の必修化を廃止する大学が増え、グローバル人材育成という標語のもとに、英語を身につけることの重要性が叫ばれるようになり、「いわゆる大国でありさえすればその国の言語が望ましい」（大谷 2007: 3）と考える傾向がますます強まったように感じる。日本社会全体が「英語さえできればよい」と考える風潮が強くなる中、大学で英語以外の外国語の教育に携わる教員が、語種の垣根を越えて、外国語学習者の動機づけの現状をともに理解し、今後の教育の方向性を模索することには大きな意味がある。

本論文は、科学研究費助成事業基盤研究（A）による「新しい言語教育観に基づいた複数の外国語教育で使用できる共通言語教育枠の総合研究」（課題番号：23242030、研究代表：西山教行）の一環として、2012年度に実施した外国語学習の動機づけに関する質問紙調査の結果とその分析を目的とする。本調査には、ドイツ語、フランス語、スペイン語、ロシア語、中国語、韓国・朝鮮語の6言語で、合計17,000人余りの学生が、そのうち、ドイツ語では2,700人余りの学生が調査に協力した。本論文は、動機づけのあり様と同時に、人を学びに動機づける環境について

1　本論文は、『ドイツ語教育』19（2015）（藤原 2015a）および『新しい言語教育観に基づいた複数の外国語教育で使用できる共通言語教育枠の総合研究』（2014）（藤原・境・平高 2014）に発表した論文を編集して掲載したものである。藤原（2015a）は、日本独文学会第68回春季研究発表会（2014年5月24日）でブース発表した内容に基づいている。また、同発表会および調査自体には境一三、平高史也が共同研究者として関わった。藤原・境・平高（2014）の基になっている科研調査全体の発表は、2013年3月17日および2014年3月9日に、早稲田大学において開催された「言語教育エキスポ」の中で行われた。

も重要な知見を与える、心理学の包括的理論である「自己決定理論」に基づく調査と、動機づけの強さを課題達成に成功する期待とその課題を達成することに対する価値から考える「期待価値理論」に基づく調査を、分析と考察の対象とする。

2　調査の理論的枠組み：自己決定理論と期待価値理論

本章1節「教育心理学における動機づけ理論－Deci & Ryanの自己決定理論－」で述べたように、外国語学習の動機づけ研究は、教育心理学の理論を土台とするものも増えてきた。本質問紙調査で使用した「自己決定理論」も「期待価値理論」も、人の行動を、条件と反射、強化から機械論的に見る行動主義的立場に対する批判から、人の内面に視点を移して理解しようとする認知主義的立場への発展の中で生まれた理論である。

2.1　自己決定理論と6言語調査での研究課題

自己決定理論（Self-Determination Theory: SDT）は、その名称のように、人がどれほど自己決定的・自律的に行動に関わっているか、つまり、その行動の原因がどれほど自分の中にあるのか、によって動機づけが決まってくるという考え方である。従来の内発的動機づけ・外発的動機づけを二項対立的に理解するのではなく、また、外発的動機づけの中にも異なる段階があると考え、まったく動機づけられていない段階（無動機）から外発的動機づけの諸段階そして内発的動機までを、自己決定度による連続体と捉えている。

SDTでは、人間は本来、環境に能動的に働きかけ、それによって自分の成長と発達を目指す志向性があると捉えられている。この本来の発展傾向の促進のためには、基本的心理的欲求が充足される環境が必要である。つまり、環境に対して効果的に働きかけることができると感じたいという「有能さの欲求」、自分の行動の原因は自分の中にあると感じたいという「自律性の欲求」、同時に、他者と良い関係で結びついていたいという「関係性の欲求」である。これらの心理的欲求が満たされる環境であれば、たとえ外発的動機づけで始めた行為であったとしても、人は自己決定的に行うようになる、と考える。SDTについては本章の前節に詳しく紹介しているので、ここでは、動機づけを自己決定度に従って表している図を、以下に再度、提示しておくにとどめる：

動機づけのタイプ	無動機	外発的動機づけ				内発的動機づけ
調整のタイプ	無調整	外的調整	取り入れ的調整	同一視的調整	統合的調整	内発的調整
行動の質	非自己決定的					自己決定的

図１　自己決定性の連続体（Ryan & Deci 2002: 16 を日本語訳）

Noels et al.（Noels et al.1999; Noels et al. 2000）は、外国語学習特有の学習理由や学習一般にとって重要と思われる変数と、SDTの動機づけタイプとの関連性を質問紙調査によって分析した結果、SDTは、第二言語の学習に見られる多様な動機づけを体系的にまとめることができる包括的な理論であることを統計的に示し、加えて、動機づけを自己決定性の連続体として捉えることにより、変化のプロセスを示すことがきるとしている。日本の英語教育の分野では、SDTの適用可能性や質問紙の作成、実践的研究と長期間にわたる廣森の研究（e.g. 2005, 2006）が、SDTをこの分野の動機づけ研究に定着させるために多大な貢献をしたと言えるだろう。

６言語調査において、SDTを理論的枠組みとする調査では、以下の点を探ることを目的とする：

1. 本調査でも、SDTを理論的枠組みとして適用できるか
   適用可能と見なすことができれば、理論に基づき、
2. 日本の英語以外の６言語およびドイツ語学習者の動機づけのあり様
3. 日本の英語以外の６言語およびドイツ語学習者の基本的心理的欲求の充足度のあり様

2.2　期待価値理論と６言語調査での研究課題

「期待価値理論」（Expectancy-Value Theories）は、「成功の期待」（自分はあるタスクをうまくこなすことができると思う）と「価値」（そのタスクをやり遂げることに価値を見出している）の２つの要因が基礎となっている動機づけの理論一般をいう（八島 2019: 86-89）。例えば、アメリカの心理学者Atkinson（1964）の有名な期待―価値モデルでは、目標を達成しようとする「達成動機づけ」の強さを「達成

欲求」、「主観的成功確率」（成功の見込み＝期待）、「成功の誘因価」（成功したときに感じられるだろう誇り＝価値）の積から考えている。彼のモデルでは、「価値」＝1－「期待」になるとしているので、成功の可能性（期待）が高すぎるとその活動に対する価値は低くなり、逆に、成功の期待が低い場合には成功したときに感じる価値が高くなる。したがって、成功と失敗の可能性が半々のときに、達成しようとする動機づけがもっとも高くなる（上淵 2012: 59-60）。

期待価値理論の根本にある考え方は、人は成功の見込みがまったくないことをしようとは思わないし、たとえ成功の見込みが高くても、そこに価値を見出さないことにはやる気が起こらない、ということである。6言語調査で使用した質問項目では、価値を「達成価値」（課題をうまくやることに対する個人的な重要性）、「内発的価値」（課題遂行から得られる個人的な楽しさや課題に対する興味）、「実用価値」（課題遂行が現在または将来の個人的な目標にとって役立つ）の3つの側面から捉え、加えて、やる気を損なわせる要因としてコスト（課題従事に伴う負の側面として、成功に必要な努力量、成功・失敗に関する不安やおそれ）を考慮している（大木 2014）。例えば、ドイツ語学習に関して考えると、自分がドイツ語の学習に成功するだろうという期待は大きいとしても、その活動自体に意味を見出していなかったり、楽しさを感じていなかったり、勉強の負担が大きいと感じたりする場合には、学習意欲が低くなる。

期待価値理論に関する調査については、以下の点を探ることを目的とする：

1. 日本の英語以外の6言語およびドイツ語学習者の期待価値理論に基づく動機づけのあり様
2. 英語とドイツ語の比較における動機づけのあり様

3 研究の方法

3.1 研究の方法論と調査の実施および大学生参加者の概観

本研究は、英語に続く第二番目の外国語としてドイツ語、フランス語、スペイン語、ロシア語、中国語、韓国・朝鮮語（以下、韓国語）を学ぶ学生たちの、通常の授業での動機づけについて情報を得ることを目的とする調査的研究である。調査方法としては、動機づけ理論に基づく質問紙による調査とその分析を行った。

調査は、第1回目が2012年5月～6月に、第2回目が2012年12月～2013年2月に実施された。本論文の対象である1回目調査には表1が示すように、6言語全体で17,055人の学生と400名の教員から協力を得ることができた。ドイツ語に関しては参加学生数が2,711人、教員数は70人であった[2]。

表1　言語別調査参加者

	西語	仏語	独語	露語	中国語	韓国語	合計
学生数	3,477	3,024	2,711	1,114	4,951	1,778	17,055
教員数	50	78	70	50	113	39	400
クラス数	140	172	130	100	252	65	859

表2　学系別学生参加者人数と割合[3]

6言語全体								
	人文科学	外国語学	社会科学	教育学	自然科学	芸術	医療看護	その他*
人数	4,118	934	6,477	787	3,198	136	1,081	324
%	24.1	5.5	38.0	4.6	18.8	0.8	6.3	1.9
ドイツ語								
人数	552	0	795	111	924	45	281	3
%	20.4	0	29.3	4.1	34.1	1.7	10.4	0.1

(* その他には、高校・高専の学生、分類が難しいケースおよび欠損値を含む)

表3　大学生の学年別参加者人数

6言語全体						
	1年生	2年生	3年生	4年生	5年生以上	その他*
人数	12,539	2,952	855	362	81	45
%	74.5	17.5	5.1	2.2	0.5	1.5
ドイツ語						
人数	2,516	123	48	17	2	5
%	92.8	4.5	1.8	0.6	0.1	0.2

(* その他は欠損値)

2　このデータは、2014年4月28日時点の集計に基づくものである。なお、調査への協力依頼は、各言語ごとに実施された。ドイツ語では、調査担当者3名が担当地域を決め、個人的に依頼した。したがって、学系のバランスなどを考慮してはいない。

大学生参加者の学系を見ると、6言語全体でもドイツ語でも社会科学系、人文科学系、自然科学系で参加者全体の80%を超えている。学年別人数は、表3が示すように1年生の割合が非常に高く、全体の75%程度に上る。ドイツ語では、6言語全体に比べて自然科学系の割合が高く（全体18.8%：ドイツ語34.1%）、医療看護系でも高い（全体6.3%：ドイツ語10.4%）。ドイツ語では外国語学部所属の学生の参加はなかった。ドイツ語ではとくに1年生の割合が高いので（92.8%）、本論文では6言語の1年生を分析対象とする。

3.2　質問紙の作成と分析方法

本調査の質問項目は、Noels et al.（2000: 84-85）の *Language Learning Orientations Scale* や先行研究（Ohki 2011）等で使用されている項目を参考に作成された。自己決定理論の動機づけタイプについては全体で25項目、基本的心理的欲求に関しては12項目を設定した。また、期待価値理論については、全体で17項目であった。本論文の分析に使用した質問項目をドイツ語質問紙から以下に示す。回答方式は「そう思う」を5、「そう思わない」を1とする1～5の5件法を用いた。分析には、社会科学系の統計ソフトで言語教育でもよく用いられているSPSS 18.0を使用した。分析は研究テーマに沿って、記述統計、相関分析、分散分析、多重比較を中心に行った。

≪自己決定理論関連：動機づけタイプ項目≫（番号は質問紙の番号）

1.　内発的動機づけ　「楽しいから」（合計6項目）

(1)　ドイツ語が他の外国語より面白そうな気がするから。

(10) ドイツ語に限らず、もともと外国語を勉強するのが好きだから。

(11) ドイツ、あるいはドイツ語圏の文化に興味があるから。

(19) 英語以外の言語を勉強するのも面白いから。

(22) ドイツ語を実際に読んだり、話したりするのは楽しいから。

(25) ドイツ語を通して新しい発見をするのが楽しみだから。

2.　外発的動機づけ（1）同一視的調整　「私にとって重要だから」（合計6項目）

(2)　ドイツ語の学習を通じてドイツ語圏の文化や考え方を学びたいから。

(5)　英語以外の外国語を学ぶことは重要なことだと思うから。

(6)　ドイツ語の学習を通じて英語圏以外の文化や考え方も知ることが大切だと思うから。

(12) ドイツ語をマスターすることは、自分にとって価値のあることだと思うから。

3　学系の分類は文部科学省の分類を土台に、分類が明確でない場合には大学ホームページで調べるなど分析班全体で検討し、複数の学系に属するなど判断が難しい場合には「その他」に振り分けた。

(14) 小説や映画などを原語（ドイツ語）で理解したいから。
(23) ドイツ語圏の人々とはドイツ語でコミュニケーションを図りたいから。

外発的動機づけ（2）取り入れ的調整 他者からどのように見られるかが重要。「～しないと恥ずかしいから、格好いいから」(合計5項目)

(4) 英語しかできないのは恥ずかしいことだと思うから。
(8) 英語以外の外国語も大学生としては勉強した方がよいと思うから。
(17) 英語以外の外国語を学習するせっかくの機会を活かさなければもったいない気がするから。
(18) ドイツ語ができるとなんとなく格好がいいと思うから。
(20) 英語以外にも外国語ができると知的な感じがするから。

外発的動機づけ（3）外的調整 「～しないと叱られるから」(合計5項目)

(3) ドイツ語の検定試験に合格して、資格を持っていると就職のとき有利だから。
(9) ただ卒業に必要な単位をそろえるため。
(13) 学部の規定で英語以外も勉強しなければいけないから。
(16) ドイツ語は将来の自分の仕事（研究）に必要だと思うから。
(21) 特にドイツ語が勉強したかったわけではなく、なんとなく選択してしまったから。

3. 無動機 「～する意味がない」(合計3項目)

(7) ドイツ語を勉強するのは時間のむだだと思う。
(15) ドイツ語は勉強したくない。
(24) なぜドイツ語勉強しなければいけないのかわからない、はっきりいってどうでもいい。

≪自己決定理論関連：3つの基本的心理的欲求項目≫ (番号は質問紙の番号)

1. 有能さへの欲求 (合計4項目)

(2) 授業で習ったことはマスターできていると思う。
(4) 教科書や先生の説明を理解しているかどうか、練習問題などで確認してみる機会がある。
(7) 授業では達成感が得られる。
(12) 授業中にドイツ語を話して、通じるかどうか試してみる機会がある。

2. 自律性への欲求 (合計4項目)

(3) 授業では、自分がしたいと思っていることをする機会がある。
(6) 授業において、学生にはほとんど自由な部分がないように感じる。(逆転項目)
(9) 授業には、ドイツ語を使ったり、練習問題をしたり学生が中心になってする活動がある。
(11) 授業では、勉強させられているという感じがする。(逆転項目)

3. 関係性への欲求 (合計4項目)

(1) 授業では、ペアー、グループあるいはみんなでいっしょになって考えたり、練習したりする機会がある。
(5) 授業にくると、クラスメイトといろいろ話をすることができる。
(8) 授業では、一人で孤立して勉強しているような感じがする。(逆転項目)
(10) 担当の先生は学生のことをいろいろと考えてくれているような気がする。

《期待価値理論関連項目》（番号は質問紙の番号）

1　期待（成功する可能性）（合計5項目）

(2)　他のクラスメイトと比べて、私は英語（ドイツ語）ができる方だと思う。

(5)　英語（ドイツ語）の授業で学習したことはマスターしていると思う。

(6)　英語（ドイツ語）をマスターできると思う。

(8)　英語（ドイツ語）の期末試験でいい成績をとれると思う。

(9)　私は私の英語（ドイツ語）学習の目標を達成できると思う。

2　達成価値（個人的重要性）（合計4項目）

(1)　英語（ドイツ語）の授業でいい成績をとることは、私にとって重要である。

(10) 英語（ドイツ語）的な物の見方ができるような人になることは私にとって大事である。

(14) さまざまな場面で英語（ドイツ語）がうまく使えるようになることは私にとって重要なことだ。

(15) 英語（ドイツ語）をマスターするために努力することは私にとって価値のあることだ。

3　内発的価値（楽しい・興味深い）（合計2項目）

(3)　英語（ドイツ語）を学習するのが好きだ。

(13) 英語（ドイツ語）を学習するのは楽しい。

4　実用価値（役に立つ）（合計2項目）

(16) 英語（ドイツ語）の授業で学んでいることは、将来、役に立つだろうと思う。

(17) 英語（ドイツ語）ができるようになることは、将来、私のしたいことをするのに役に立つ。

5　コスト（つらい、むずかしい、時間のむだ）（合計4項目）

(4)　私にとって英語（ドイツ語）はむずかしい。

(7)　授業時間外には、他にしたいことがあるので、英語（ドイツ語）を勉強するのはつらい。

(11) 英語（ドイツ語）の授業で、私がいい成績をとるにはかなり努力しなければならない。

(12) 英語（ドイツ語）を学習するのは、いろいろな意味で私の重荷になっている。

4　分析結果

4.1　動機づけタイプ間の相関および基本的心理的欲求との相関

参加者の割合が一番多かった大学1年生のみを分析対象とした（6言語全体：74.5%；ドイツ語：92.8%）。本調査がSDTの理論が想定する傾向を示しているかを検証するために、5つの動機づけタイプ間の相関および動機づけタイプと3心理的欲求との相関関係を分析した。

表4　動機づけタイプと心理的欲求の相関

	内発	同一視	取り入れ	外的	無動機	有能感	自律性	関係性
内発	−					.439**	.394**	.276**
同一視	.803**	−				.407**	.338**	.242**
取り入れ	.624**	.653**	−			.340**	.265**	.212**
外的	-.472**	-.465**	-.229**	−		-.254**	-.293**	-.141**
無動機	-.597**	-.580**	-.434**	.614**	−	-.401**	-.435**	-.298**

N=12377　**p<.01

動機づけタイプ間でシンプレックス・パターン（simplex pattern）[4]を示し、また、SDTが想定しているように、自己決定度の高い内発的動機づけと同一視的調整が有能感と自律性とより強い正の相関を、自己決定度の低い外的調整と無動機がどの心理的欲求とも負の相関を示した。

4.2　動機づけタイプに関する分析

≪6言語全体とドイツ語における各動機づけタイプの平均値≫

表5　6言語学習者とドイツ語学習者

	6言語1年生		ドイツ語1年生	
	平均値	標準偏差	平均値	標準偏差
内発的動機づけ	3.33	0.853	3.27	0.831
同一視的調整	3.44	0.839	3.32	0.837
取り入れ的調整	3.37	0.806	3.31	0.814
外的調整	3.03	0.994	3.21	0.964
無動機	2.00	0.932	2.11	0.959
	N=12377		N=2488	
	F(1.62, 4031.77)= 831.16, p<.001		F(1.65, 20417.59)= 5521.39, p<.001	

≪6言語全体≫

同一視的調整＞***取り入れ的調整＞***内発的動機づけ＞***外的調整＞***無動機

≪ドイツ語≫

同一視的調整＞取り入れ的調整＞*内発的動機づけ＞外的調整＞***無動機

*p<.05, ***p<.001

4　シンプレックス・パターンとは段階の隣り合う尺度との相関が高く、離れるほど相関が低くなるか負の相関になることを言い、SDTが想定する動機づけの段階性を確認することができる。

≪学系別での動機づけタイプの平均値≫

表6　6言語全体　　　（上段　平均値、下段　標準偏差）

N[5]	人文科学 4096~4102	外国語学 930~933	社会科学 6432~6453	教育学 780~786	自然科学 3180~3194	芸術 136	医療看護 1075~1079	分散分析
内発	3.62 0.804	3.87 0.725	3.27 0.873	3.44 0.820	3.19 0.859	3.61 0.716	3.24 0.841	F (6,16648) =164.53 p <.001
同一視	3.68 0.796	3.89 0.713	3.41 0.839	3.48 0.836	3.28 0.856	3.76 0.656	3.27 0.848	F (6,16632) =133.13 p <.001
取入れ	3.47 0.774	3.62 0.721	3.35 0.817	3.33 0.808	3.27 0.831	3.37 0.682	3.22 0.806	F (6,16637) =40.51 p <.001
外的	2.78 1.016	2.38 1.003	3.09 1.007	2.89 1.000	3.12 1.036	2.22 0.910	3.14 0.979	F (6,16663) =121.90 p <.001
無動機	1.76 0.836	1.52 0.742	2.09 0.964	1.88 0.875	2.16 0.977	1.60 0.676	2.12 0.956	F (6,16675) =121.84 p <.001

内発　外国語学＞*** 人文科学＞芸術＞教育学＞*** 社会科学＞医療看護＞自然科学
同一視　外国語学＞芸術＞人文科学＞*** 教育学＞社会科学＞*** 自然科学＞医療看護
取り入れ　外国語学＞*** 人文科学＞芸術＞社会科学＞教育学＞自然科学＞医療看護
外的調整　医療看護＞自然科学＞社会科学＞*** 教育学＞人文科学＞*** 外国語学＞芸術
無動機　自然科学＞医療看護＞社会科学＞*** 教育学＞* 人文科学＞芸術＞外国語学

*p<.05, ***p<.001

表7　ドイツ語　　　（上段　平均値、下段　標準偏差）

N	人文科学 547~551	社会科学 792~795	教育学 110~111	自然科学 919~924	芸術 45	医療看護 280~281	分散分析
内発	3.55 0.799	3.24 0.824	3.37 0.790	3.13 0.821	3.81 0.673	3.23 0.823	F (5,2696) =23.25 p < .001
同一視	3.61 0.814	3.34 0.835	3.31 0.807	3.20 0.829	4.01 0.636	3.17 0.810	F (5,2688) =25.84 p < .001
取入れ	3.41 0.805	3.33 0.829	3.34 0.852	3.25 0.825	3.35 0.764	3.23 0.764	F (5,2698) =3.59 p < .01
外的	2.94 0.965	3.24 1.003	3.10 0.916	3.25 0.959	1.72 0.603	3.45 0.817	F (5,2696) =34.34 p < .001
無動機	1.87 0.864	2.18 0.967	1.89 0.846	2.21 0.994	1.30 0.478	2.13 0.931	F (5,2700) =18.14 p < .001

内発　芸術＞人文科学＞教育学＞社会科学＞医療看護＞自然科学
同一視　芸術＞** 人文科学＞*** 社会科学＞教育学＞自然科学＞医療看護
取り入れ　人文科学＞芸術＞教育学＞社会科学＞自然科学＞医療看護
外的調整　医療看護＞** 自然科学＞社会科学＞教育学＞人文科学＞*** 芸術
無動機　自然科学＞社会科学＞医療看護＞教育学＞人文科学＞*** 芸術

5　N に幅がある場合には、変数：内発～無動機の度数が、欠損値数の異なりによりカテゴリー内で一致していないことによる。表7～表10も同様である。

6　各学系内の分散分析結果：人文科学 F (1.65, 893.85) = 394.19, p < .001，社会科学 F (1.59, 1247.16) = 230.45, p < .001，教育学 F (1.85, 201.69) = 61.12, p < .001，自然科学 F (1.64, 1497.400) = 217.03, p < .001，芸術 F (2.46, 108.14) = 217.13, p < .001，医療看護 F (1.64, 456.88) = 105.24, p < .001.

人文科学6　同一視的調整＞*内発的動機づけ＞***取り入れ的調整＞***外的調整＞***無動機
社会科学　同一視的調整＞取り入れ的調整＞***内発的動機づけ＝外的調整＞***無動機
教育学　内発的動機づけ＞取り入れ的調整＞同一視的調整＞外的調整＞***無動機
自然科学　取り入れ的調整＝外的調整＞同一視的調整＞内発的動機づけ＞***無動機
芸術　同一視的調整＞内発的動機づけ＞***取り入れ的調整＞***外的調整＞***無動機
医療看護　外的調整＞*内発的動機づけ＝取り入れ的調整＞同一視的調整＞***無動機

*p<.05, **p<.01, ***p<.001

≪6言語間の学系別動機づけタイプの平均値≫

表8　人文科学系　（上段　平均値、下段　標準偏差）

N	西語 744~748	仏語 546~549	独語 483~487	露語 157~158	中国語 567~569	韓国語 330~332	分散分析
内発	3.60 0.794	3.70 0.767	3.56 0.786	3.78 0.689	3.41 0.792	3.54 0.822	F (5,2832) =10.23 p < .001
同一視	3.70 0.790	3.73 0.779	3.62 0.801	3.74 0.761	3.54 0.765	3.66 0.829	F (5,2829) =4.257 p < .001
取入れ	3.49 0.821	3.50 0.740	3.44 0.789	3.57 0.736	3.48 0.771	3.38 0.720	F (5,2830) =2.00 *n.s.*
外的	2.91 0.961	2.78 0.975	2.93 0.957	2.64 0.988	2.84 0.997	2.90 1.017	F (5,2832) =3.40 p < .01
無動機	1.85 0.923	1.70 0.747	1.86 0.848	1.59 0.646	1.75 0.798	1.79 0.888	F (5,2834) =4.80 p < .001

内発　ロシア語＞フランス語＞スペイン語＞ドイツ語＞韓国語＞中国語
同一視　ロシア語＞フランス語＞スペイン語＞韓国語＞ドイツ語＞中国語
取り入れ　ロシア語＞フランス語＞スペイン語＞中国語＞ドイツ語＞韓国語
外的　ドイツ語＞スペイン語＞韓国語＞中国語＞フランス語＞ロシア語
無動機　ドイツ語＞スペイン語＞韓国語＞中国語＞フランス語＞ロシア語

表9　社会科学系　（上段　平均値、下段　標準偏差）

N	西語 817~822	仏語 661~666	独語 737~739	露語 110~111	中国語 1963~1969	韓国語 329~333	分散分析
内発	3.42 0.858	3.42 0.813	3.23 0.822	3.66 0.765	3.02 0.854	3.53 0.775	F (5,4628) =54.44 p < .001
同一視	3.46 0.843	3.47 0.855	3.33 0.829	3.63 0.839	3.30 0.801	3.71 0.840	F (5,4618) =20.20 p < .001
取入れ	3.39 0.837	3.48 0.802	3.34 0.824	3.52 0.788	3.33 0.810	3.34 0.752	F (5,4617) =4.47 p < .001
外的	3.10 0.989	3.01 0.996	3.28 0.989	2.80 1.087	3.20 0.904	2.82 1.050	F (5,4631) =17.19 p < .001
無動機	2.06 0.998	2.04 0.930	2.20 0.972	1.78 0.815	2.13 0.935	1.76 0.818	F (5,4635) =13.47 p < .001

内発　ロシア語＞韓国語＞フランス語＝スペイン語＞***ドイツ語＞***中国語
同一視　韓国語＞ロシア語＞フランス語＞スペイン語＞*ドイツ語＞中国語
取り入れ　ロシア語＞フランス語＞スペイン語＞韓国語＝ドイツ語＞中国語
外的　ドイツ語＞中国語＞スペイン語＞フランス語＞韓国語＞ロシア語
無動機　ドイツ語＞中国語＞スペイン語＞フランス語＞*ロシア語＞韓国語

$^{*}p<.05$, $^{***}p<.001$

表10　自然科学系　（上段　平均値、下段　標準偏差）

N	西語 425~426	仏語 657~661	独語 886~891	露語 184~185	中国語 4453~447	韓国語 229~230	分散分析
内発	3.29 0.810	3.39 0.838	3.12 0.826	3.33 0.883	2.77 0.860	3.24 0.749	$F(5,2828)=33.99$ $p<.001$
同一視	3.34 0.821	3.45 0.849	3.20 0.832	3.36 0.876	3.03 0.832	3.43 0.830	$F(5,2823)=17.53$ $p<.001$
取入れ	3.30 0.810	3.44 0.843	3.25 0.826	3.35 0.817	3.08 0.810	3.22 0.700	$F(5,2827)=11.13$ $p<.001$
外的	3.15 1.042	3.04 1.029	3.26 0.951	2.86 1.162	3.23 0.963	3.08 0.984	$F(5,2828)=7.68$ $p<.001$
無動機	2.17 0.949	2.05 0.962	2.22 0.997	1.97 0.969	2.27 0.926	2.20 0.991	$F(5,2833)=4.75$ $p<.001$

内発　フランス語＞ロシア語＞スペイン語＞韓国語＞ドイツ語＞***中国語
同一視　フランス語＞韓国語＞ロシア語＞スペイン語＞*ドイツ語＞**中国語
取り入れ　フランス語＞ロシア語＞スペイン語＞ドイツ語＞韓国語＞中国語
外的　ドイツ語＞中国語＞スペイン語＞韓国語＞フランス語＞ロシア語
無動機　中国語＞ドイツ語＞韓国語＞スペイン語＞フランス語＞ロシア語

$^{*}p<.05$, $^{**}p<.01$, $^{***}p<.001$

4.3　３つの基本的心理的欲求の充足に関する分析

≪６言語全体とドイツ語における各欲求の平均値≫

表11　６言語学習者とドイツ語学習者

	６言語１年生		ドイツ語１年生	
	平均値	標準偏差	平均値	標準偏差
有能さへの欲求	3.34	0.682	3.34	0.696
自律性への欲求	3.38	0.708	3.48	0.728
関係性への欲求	3.86	0.786	4.01	0.786
	$N=12432$ $F(1.94, 24109.78)= 4431.65$, $p<.001$		$N=2498$ $F(1.85, 4628.67)= 1277.31$, $p<.001$	

≪６言語全体≫　関係性＞***自律性＞***有能さ
≪ドイツ語≫　関係性＞***自律性＞***有能さ

$^{***}p<.001$

≪学系別での３心理的欲求の平均値≫

表 12　6 言語全体　　　　（上段　平均値、下段　標準偏差）

N[7]	人文科学 4084~4088	外国語学 913~915	社会科学 6432~6441	教育学 780~783	自然科学 3171~3173	芸術 135~136	医療看護 1076~1078	分散分析
有能	3.42 0.685	3.46 0.743	3.27 0.716	3.37 0.671	3.30 0.683	3.59 0.556	3.29 0.698	F (6,16597) =29.35 p <.001
自律	3.50 0.686	3.53 0.726	3.29 0.732	350 0.713	3.38 0.714	3.74 0.649	3.38 0.735	F (6,16586) =50.27 p <.001
関係	3.92 0.778	3.93 0.773	3.76 0.815	3.87 0.797	3.80 0.826	4.19 0.762	3.81 0.817	F (6,16603) =23.85 p <.01

有能感　芸術＞外国語学＞人文科学＞教育学＞自然科学＞医療看護＞社会科学

自律性　芸術＞*外国語学＞人文科学＝教育学＞***自然科学＝医療看護＞**社会科学

関係性　芸術＞**外国語学＞人文科学＞教育学＞医療看護＞自然科学＞社会科学

*p<.05, **p<.01, ***p<.001

表 13　ドイツ語　　　　（上段　平均値、下段　標準偏差）

N	人文科学 551~552	社会科学 792~793	教育学 109	自然科学 917	芸術 45	医療看護 280~281	分散分析
有能	3.36 0.732	3.27 0.697	3.40 0.645	3.33 0.700	3.72 0.639	3.43 0.735	F (5,2690) =5.17 p <.001
自律	3.52 0.708	3.40 0.763	356 0.684	3.47 0.711	4.01 0.603	3.48 0.801	F (5,2689) =7.21 p <.001
関係	3.97 0.812	3.95 0.813	4.08 0.739	4.00 0.797	4.66 0.640	3.96 0.851	F (5,2690) =7.03 p <.001

有能感　芸術＞医療看護＞教育学＞人文科学＞自然科学＞社会科学

自律性　芸術＞**教育学＞人文科学＞医療看護＞自然科学＞社会科学

関係性　芸術＞***教育学＞自然科学＞人文科学＞医療看護＞社会科学

すべての学系[8]：関係性＞***自律性＞(**)***[9]有能さ

**p<.01, ***p<.001

7　Nに幅がある場合には、変数：有能感・自律性・関係性の度数が、欠損値数の異なりにより、カテゴリー内で一致していないことによる。表 13 ～表 16 も同様である。

8　各学系内の分散分析結果：人文科学 F (1.92, 1055.66) = 247.46, p < .001，社会科学 F (1.87, 1478.93) = 399.60, p < .001，教育学 F(2,216) = 71.71, p < .001，自然科学 F (1.78, 1629.45) = 445.90, p < .001，芸術 F (1.74, 76.49) = 60.22, p < .001，医療看護 F (1.77, 492.68) = 82.92, p < .001.

9　自律性＞有能さでは、教育系と芸術系では **、医療看護系では有意な差ではなかった。

表 14　人文科学系　（上段　平均値、下段　標準偏差）

N	西語 739~745	仏語 545~546	独語 486~487	露語 157~158	中国語 565	韓国語 330	分散分析
有能	3.39 0.650	3.42 0.631	3.41 0.689	3.40 0.674	3.49 0.662	3.47 0.646	$F(5,2821)=1.95$ *n.s.*
自律	3.38 0.651	3.53 0.648	3.56 0.670	3.51 0.740	3.47 0.677	3.49 0.664	$F(5,2819)=5.35$ $p<.001$
関係	3.95 0.715	3.99 0.728	4.05 0.738	3.78 0.943	3.92 0.802	4.00 0.660	$F(5,2823)=4.03$ $p<.01$

有能感　中国語＞韓国語＞フランス語＞ドイツ語＞ロシア語＞スペイン語
自律性　ドイツ語＞フランス語＞ロシア語＞韓国語＞中国語＞スペイン語
関係性　ドイツ語＞韓国語＞フランス語＞スペイン語＞中国語＞ロシア語

表 15　社会科学系　（上段　平均値、下段　標準偏差）

N	西語 823~824	仏語 663	独語 737~739	露語 110~111	中国語 1961~1965	韓国語 330	分散分析
有能	3.25 0.699	3.32 0.713	3.26 0.693	3.30 0.726	3.34 0.680	3.37 0.689	$F(5,4625)=3.35$ $p<.01$
自律	3.28 0.678	3.36 0.726	3.40 0.755	3.34 0.743	3.23 0.705	3.50 0.692	$F(5,4622)=13.44$ $p<.001$
関係	3.82 0.763	3.85 0.804	3.97 0.796	3.61 0.967	3.74 0.771	3.93 0.772	$F(5,4628)=12.11$ $p<.001$

有能感　韓国語＞中国語＞フランス語＞ロシア語＞ドイツ語＞スペイン語
自律性　韓国語＞ドイツ語＞フランス語＞ロシア語＞スペイン語＞中国語
関係性　ドイツ語＞韓国語＞フランス語＞スペイン語＞中国語＞ロシア語

表 16　自然科学系　（上段　平均値、下段　標準偏差）

N	西語 424~425	仏語 653~654	独語 884	露語 185	中国語 443~446	韓国語 229	分散分析
有能	3.22 0.649	3.34 0.688	3.33 0.693	3.29 0.608	3.30 0.686	3.22 0.616	$F(5,2815)=2.52$ $p<.05$
自律	3.32 0.663	3.38 0.736	3.47 0.708	3.36 0.662	3.25 0.724	3.24 0.623	$F(5,2813)=8{,}35$ $p<.001$
関係	3.66 0.820	3.83 0.815	4.02 0.783	3.71 0.799	3.68 0.826	3.71 0.710	$F(5,2815)=18.47$ $p<.001$

有能感　フランス語＞ドイツ語＞中国語＞ロシア語＞韓国語＝スペイン語
自律性　ドイツ語＞フランス語＞ロシア語＞スペイン語＞中国語＞韓国語
関係性　ドイツ語＞*** フランス語＞韓国語＝ロシア語＞中国語＞スペイン語

*** $p<.001$

4.4　期待価値理論に関する分析

以下の表17は、6言語全体とドイツ語学習者の「期待価値」の視点から見た動機づけのあり様を、1年生のみを対象として分析した結果である。

表17　6言語学習者とドイツ語学習者：1年生

	6言語1年生		ドイツ語1年生	
	平均値	標準偏差	平均値	標準偏差
期待	2.66	0.767	2.57	0.752
達成価値	3.78	0.822	3.61	0.826
内発的価値	3.54	1.068	3.44	1.071
実用価値	3.57	1.010	3.39	0.997
コスト	3.61	0.718	3.66	0.716
	N=12539		N=2516	

《6言語全体》
達成価値＞***コスト＞*実用価値＞**内発的価値＞***期待
《ドイツ語》
コスト＞達成価値＞***内発的価値＞実用価値＞***期待

$^{*}p<.05$, $^{**}p<.01$, $^{***}p<.001$

6言語全体でもドイツ語でも、外国語学習に成功する期待は低く、ドイツ語は全体平均よりも低い。外国語学習に成功することの重要性は高めであるが、ドイツ語は全体平均を下回る。楽しさ・興味という内発的価値や実用的価値もドイツ語では全体平均を下回るが、学習に対する負担感を表すコストは全体平均でも高めであり、ドイツ語は全体平均をさらに上回っている。

次の表18は、ドイツ語学習者の学系別分析結果を示している。1要因分散分析と多重比較により、学系内での期待価値理論に基づく動機づけの値の順位、および各カテゴリー内の学系間の順位を分析した。

表18　学系別ドイツ語学習者　（上段　平均値、下段　標準偏差）

学系	期待	達成価値	内発的価値	実用価値	コスト
人文科学	2.60	3.75	3.72	3.53	3.59
N=552	0.782	0.818	1.028	0.983	0.693
社会科学	2.54	3.64	3.35	3.26	3.75
N=795	0.764	0.840	1.090	0.985	0.720
教育学	2.56	3.56	3.57	3.36	3.60
N=111	0.741	0.819	0.967	1.022	0.669
自然科学	2.57	3.56	3.31	3.43	3.67
N=924	0.736	0.806	1.067	0.987	0.716
芸術	2.96	4.04	4.05	4.33	3.22
N=45	0.691	0.572	0.688	0.715	0.670
医療看護	2.60	3.41	3.54	3.36	3.61
N=281	0.711	0.871	1.034	1.036	0.722

人文科学　達成価値＞内発的価値＞コスト＞実用価値＞*** 期待
社会科学　コスト＞達成価値＞*** 内発的価値＞実用価値＞*** 期待
教育学　コスト＞内発的価値＞達成価値＞実用価値＞*** 期待
自然科学　コスト＞達成価値＞*** 実用価値＞** 内発的価値＞*** 期待
芸術　実用価値＞内発的価値＞達成価値＞*** コスト＞期待
医療看護　コスト＞内発的価値＞達成価値＞実用価値＞*** 期待

期待　芸術＞* 人文科学＝医療看護＞自然科学＞教育学＞社会科学
達成価値　芸術＞* 人文科学＞社会科学＞教育学＝自然科学＞医療看護
内発的価値　芸術＞人文科学＞教育学＞医療看護＞社会科学＞自然科学
実用価値　芸術＞*** 人文科学＞自然科学＞教育学＝医療看護＞社会科学
コスト　社会科学＞自然科学＞医療看護＞教育学＞人文科学＞* 芸術

*p<.05, **p<.01, *** p<.001

ドイツ語に関して特徴的なことは、コストが自然科学系や医療看護系だけでなく、社会科学系や教育学系でも最初に位置することである。好ましい価値（達成、内発的、実用）は、芸術系、人文科学系で相対的に高く、一方、コストは、自然科学系、社会科学系、医療看護系で相対的に高いことは、6言語全体の分析結果と同じである。

ドイツ語学習者の英語学習に対する期待・価値のあり様とドイツ語学習に対する期待・価値のあり様を、平均値で示したのが以下の表19である。

表19　英語とドイツ語の比較

	言語	平均値	標準偏差	英語・独語
期待	英語	2.82	0.863	英語＞**独語
	独語	2.58	0.752	
達成価値	英語	4.02	0.776	英語＞**独語
	独語	3.62	0.830	
内発的価値	英語	3.27	1.172	英語＜**独語
	独語	3.45	1.068	
実用価値	英語	4.12	0.907	英語＞**独語
	独語	3.41	0.999	
コスト	英語	3.48	0.800	英語＜**独語
	独語	3.66	0.714	

N=2516　**p<.01

英語とドイツ語の両言語に対する成功期待と諸価値およびコストの相関関係を示したのが表20である。

表20　英語とドイツ語の相関関係

各カテゴリー	相関係数
期待	.592***
達成価値	.674***
内発的価値	.535***
実用価値	.526***
コスト	.585***

N=2516　***p<.001

英語でもドイツ語でも、外国語学習に対する成功の期待が低い。英語とドイツ語の比較では、成功期待、達成価値、実用価値は英語が高いが、言語の学習が好き・楽しいという内発的価値はドイツ語の方が高い。

英語とドイツ語の相関分析では、どのカテゴリーでも、英語とドイツ語にかなりの正の相関が見られるが、とくに達成価値や成功への期待の相関が高い傾向を示している。

5　ドイツ語学習動機：自由記述より

≪あなたはなぜドイツ語を勉強しているのですか。一番大きな理由から、順に3つ箇条書きしてください≫という質問項目について得られた回答を、テクスト型の質的データを量的および視覚的に分析できるソフトであるKH Coderによって解析した。ドイツ語の調査に参加した2,711人の大学生から、文単位で合計7,286の回答が得られた。表21は、頻出語彙（40位まで）を示している。

表21　ドイツ語学習理由：頻出語

概念	度数
ドイツ	1473
ドイツ語	1018
興味	894
英語	567
単位	549
思う	509
行く	472
言語	419
好き	397
必修	385
必要	334
かっこいい	321
学ぶ	298
文化	287
面白い	282
外国	271
将来	271
聞く	256
ヨーロッパ	250
選択	229
取る	221
似る	216
役に立つ	204
楽しい	202
科目	194
卒業	171
旅行	161
何となく	159
易い	150
知る	150
一番	147
勉強	142
国	138
話せる	138
簡単	132
少し	119
大学	114
多い	101
読む	97
サッカー	90

図2は、語彙と語彙の共起関係を、同様にKH Coderによって分析したものである。

堀（2014）の「6言語の学習動機の自由記述文の質的分析」による6言語全体の分析結果も踏まえてドイツ語の結果を以下で分析する。

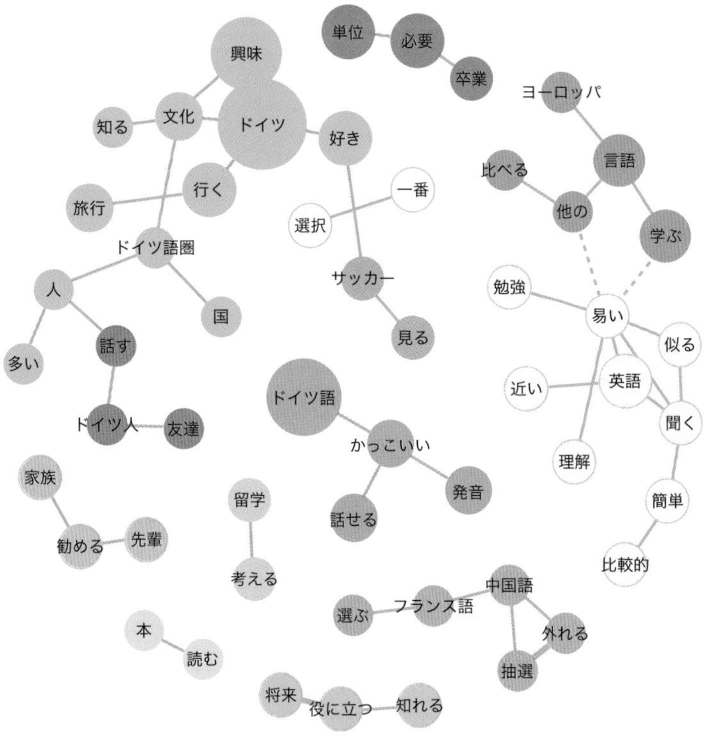

図2　ドイツ語学習理由：共起ネットワーク[10]

自由記述で頻度の多い語彙を見ると、調査対象の6言語のどの言語でも、「興味」、「好き」が頻繁に言及されているが、「かっこいい」という理由が、ドイツ語、フランス語、ロシア語ではかなり上位にあがっている。また、どの言語でも、「単位」「必要」が頻繁に言及されているが、ドイツ語で「単位」は（その国あるいは当該言語に関する言及を除くと）「興味」「英語」に次いで第3位である。他言語に比べて、ドイツ語学習の理由として単位取得が強いことがうかがえる。また、ドイツ語では、「中国語」「抽選」「外れる」の共起ネットワークが見られ、中国語からドイツ語に回された学生たちが多いこともドイツ語学習者の特徴と言えそうである。ドイツ語でも、その言語圏へ「行く」ことも、学習理由としてかなり頻繁に言及されている。ドイ

10　図2は、堀晋也氏が、2014年3月9日に共同発表を行った「言語教育エキスポ2014」の「シンポジウム：英語以外の外国語教育」で使用されたものを提供していただいた。

ツ語では、フランス語と同様に、「英語」「似る」「易しい」が連なって現れている。また、ドイツ語でも、「人」「話す」「ドイツ人」がネットワークとして現れ、外国語の学習理由が人と話すためであることが見て取れる。「何となく」という学習理由も上位に位置している。

6　分析結果のまとめ

研究テーマ1.「本調査でも、SDTを理論的枠組みとして適用できるか」：動機づけタイプ間の相関関係はシンプレックス・パターンを示し、動機づけの段階性が認められたこと、理論が想定するように、自己決定度の高い内発的動機づけと同一視的調整は、3つの基本的心理的欲求、とりわけ有能感と自律性とより高い相関を示したことにより、本調査にもSDTの適用が可能であると判断できる。

研究テーマ2.「日本の英語以外の6言語およびドイツ語学習者の動機づけのあり様」：6言語全体でもドイツ語学習者の平均値からも、学習者は、外国語を学ぶことを自分にとって重要なことだと認識(同一視)し、楽しさを感じている(内発)が、「しないと恥ずかしいから」など他者からどのように見られるか（自我関与：取り入れ的調整）や単位のためなど（外的調整）も決して小さくない。ドイツ語では、同一視的調整や内発的動機づけが6言語全体よりもやや低く、逆に外的調整や無動機がやや強い。学系別では、6言語全体では外国語学系、人文科学系、芸術系で内発的動機づけや同一視的調整が高く、医療看護系、自然科学系、社会科学系で自己決定度の低い外的調整や無動機が高い。また、どの学系でも同一視的調整が一番高い値を示し、外的調整と無動機は下位であった。ドイツ語の分析では、取り入れ的調整や外的調整が自然科学や医療看護系で上位を占めた。言語間比較では、参加者の多かった人文科学、社会科学、自然科学のどの学系でも、ドイツ語は中国語と同様、内発的動機づけや同一視的調整が低く、外的調整や無動機が高い傾向を示した。

研究テーマ3.「日本の英語以外の6言語およびドイツ語学習者の心理的欲求の充足度のあり様」：6言語全体でもドイツ語学習者の平均値でも、心理的欲求の充足度はどれも3.0以上の数値を示したが、関係性が一番高く、自律性が続き、有能感は一番低い。6言語全体とドイツ語を比較すると、ドイツ語の方が関係性と自律性でより高い数値を示した。学系別では6言語全体で、芸術系、外国語学系、人文科学系で心理的欲求の充足度がどれも高く、一方、自然科学系、医療看護系、社会科学系ではどれも低い。ドイツ語だけの分析では、有能感では医療看護系が芸術系に次ぎ、自律性や関係性では教育学系が芸術系に次ぐ値を示した。言語間の比較では、参加者の多い人文科学系、社会科学系、自然科学系のどの学系でも、ドイツ語は自律性や関係性でほぼ他の言語を凌いでいる。

≪期待価値理論≫

研究テーマ1.「日本の英語以外の6言語およびドイツ語学習者の期待価値理論に基づく動機づけのあり様」：6言語全体でもドイツ語でも外国語学習に成功する期待は低く、ドイツ語は全体平均よりも低い。6言語全体でもドイツ語でも、外国語学習に成功することの重要性（達成価値）を感じているが、ドイツ語は相対的に値が低い。ドイツ語は、楽しさ・興味という「内発的価値」や役に立つという「実用的価値」でも全体平均を下回っている。学習に対するコスト（負担感）は6言語全体で高めであるが、ドイツ語は全体平均をさらに上回っている。また、外国語学習の価値（達成、内発的、実用）は、芸術系、人文科学系で相対的に高く、一方、コストは、自然科学系、社会科学系、医療看護系で高い傾向が見られる。

研究テーマ2.「英語とドイツ語の比較における動機づけのあり様」：ドイツ語学習者は、ドイツ語だけでなく英語に対しても、外国語学習に対する成功の期待は低い。ドイツ語と比べて英語は、成功期待、達成価値、実用価値が高いが、「楽しい」という内発的価値はドイツ語の方が高い。また、外国語学習に対する成功期待、価値（達成、内発的、実用）およびコスト（負担感）のどのカテゴリーでも、英語とドイツ語に正の相関が見られる。最初に学習する英語に対する態度が、多くの場合2番目の外国語として学習するドイツ語に対する態度に影響を与えている可能性がうかがえる。

≪学習理由の自由記述≫

ドイツ語の学習理由としても、「人と話したいから」「文化に興味があるから」「行きたいから」「単位が必要だから」「英語と似ているから簡単」等が示された。また、ドイツ語学習理由として特徴的なことは、「単位に必要」「必修」が強く、「抽選で外れたから」「かっこいいから」等の言及が多いことである。

7　ドイツ語教育への提言

上記の分析結果から、今後のドイツ語教育のために以下の提言を行いたい。

1.　本調査のために作成・使用したSDTに基づく質問紙は、担当の学生たちの動機づけの状態やその変化を客観的に把握することに援用できると考える。

2.　ドイツ語履修者が多いと思われる自然科学系や医療看護系で、好ましい動機づけである同一視的調整や内発的動機づけが低く、外的調整および無動機が高い傾向を示したこと、加えて、ドイツ語は他言語と比べ、人文科学系でも社会科学系、自然科学系でも、内発的動機づけや同一視的調整が相対的に低く、外的調整や無動機が高いことから、ドイツ語では他の言語以上に、学生の意欲を高める授業の工夫が不可欠だという認識を持つことが必要である。

3.　その一方で、動機づけを高めると考えられる環境（有能感、自律性、関係性の欲求の充足感を高める環境）の分析では、ドイツ語では他言語と比較して、自律性や関係性の充足度がどの学系でも相対的に高い値を示した。SDTでは、自律性の充足感が高い環境では、自己決定度の高い動機づけが高まると考えていることから、単位取得など典型的な外発的動機づけで始めたドイツ語学習であっても、教師が自律性を育むような授業を継続することにより、内発的動機づけや同一視的調整を高め、ドイツ語の授業に価値を見出すようになることが期待される。

4.　日本人学生、とりわけドイツ語学習者は、クラス内の関係性がよいと感じているが、どの言語でも外国語学習に対する有能感が低い。SDTは動機づけにはとりわけ有能感が重要であると考えている。どうすれば「できる」という感覚を持ち、苦手意識を克服することができるのかが日本の外国語教育の大きなテーマである。SDTの理論的中核である自己決定性・自律の感覚は、有能感と同様に内発的動機づけに影響し両者の相関は高い。これまでの研究で、教師のコミュニケーション・スタイルを評価的、管理的と感じると、学習者の自律の感覚は低くなるが、自分の学習に対して有益な情報を与えてくれると感じると、自律性の知覚が高まり内発的動機づけが向上することが示されている。学習の進行に伴い語彙や文法事項が増え学習がスムーズに進まなくなるときこそ、学習者の自律性や挑戦心を養う機会と捉え、「できる・できない」の評価的コメントではなく、その課題を乗り越えるための具体的方略を提示することが重要となる。「ドイツ語は難しいけれどもやりがいがある」、学習者のそのような気持ちを育てたい。

今回の調査は学系や国公私立の大学タイプ、地域のバランスなどを考慮した調査ではない。外国語学習の動機づけをよりよく理解するために、今後、より綿密な研究デザインに基づいた調査が実施されることが期待される。

3　コミュニカティブな教科書でドイツ語を学ぶ学習者
－学習観と学習環境に対する認知を中心に－[1]

1　はじめに

外国語（英語）教育に対する文部科学省の方針は、実践的な運用能力の養成に向かっている。日本における英語教育の抜本的な改善のために2002年に策定された「『英語が使える日本人』の育成のための戦略構想」（文部科学省 2002）、それに基づいて、2008年を目指した英語教育の改善の目標や方向性を明示し、取り組むべき施策を具体的にまとめた「『英語が使える日本人』の育成のための行動計画」（文部科学省 2003）、ほぼ10年ごとに改訂されている「学習指導要領」が示しているとおりである。2008年・2009年の学習指導要領改訂の趣旨としては、中学校・高等学校を通じて4技能を総合的に育成する指導を充実するよう改善を図ること、教材の題材や内容については4技能を総合的に育成するための活動に資するものになるように改善を図ること、コミュニケーションを支えるものとして文法指導を言語活動と一体的に行うように改善を図ること、などとしている。また、「国際共通語としての英語力向上のための5つの提言と具体的施策」（文部科学省初等中等教育局 2011）では提言1を「生徒に求められる英語力について、その達成状況を把握･検証する」としたことにより､「中等教育の外国語学習目標」（文部科学省初等中等教育局 2013）で、「学習指導要領に基づき、各中・高等学校が英語力を達成するための学習到達目標を「言語を用いて何ができるか」を「CAN-DOリスト」の形で具体的に設定し、その達成度を検証する」こととしている。さらに、2017年・2018年の学習指導要領改訂では､外国語でコミュニケーションを図る力を着実に育成するために､小･中･高等学校での学習の接続に留意し､言語活動が一層重要視される傾向を示している。

英語教育における文部科学省の「4技能の総合的養成」､「行動中心主義」（action oriented）の方針は、本来2020年度から始まる予定であった「大学入学共通テスト」にも強く反映され、2017年5月16日付の新聞各社が報じているように、当時

1　本論文は、科学研究費助成事業基盤研究（C）による「コミュニケーション中心の教材がドイツ語学習者の動機づけに与える影響に関する研究」（研究課題番号：26370646）の一環として、日本独文学会研究叢書 125、藤原三枝子編(2017)『日本の大学におけるコミュニカティブなドイツ語の教科書－教師・学習者・使用の実践から考える－』に発表した論文を編集して掲載したものである。

のセンター試験が測定している「読む・聞く」能力に加えて、「話す・書く」能力も測定し、その際、行動中心主義をとるCEFR（*Common European Framework of Reference for Languages*）に基づく段階別評価を取り入れる方向性が示されている。大学入学試験が変われば、ウオッシュバック効果が働き、中学・高等学校の英語教育も実践的な能力を育成する方向への改革が進むと思われる[2]。2017年公示の小・中学校の外国語および2018年公示の高等学校学習指導要領外国語編においては、CEFRのカテゴリーにならい、スピーキングの領域が、インタラクティブな「やり取り」と自分で一定の分量のことを話す「発表」に分かれて設定され、総合的な言語活動をとおして4技能5領域の力をバランスよく育成することが目指されている。

大学で外国語を履修している学生は、中学・高等学校の教育の中で6年間は授業として英語を勉強している。2008年3月の小学校学習指導要領改訂（移行措置を経て2011年4月に完全実施）によって小学校5･6年において外国語活動によるコミュニケーション能力の素地の育成が目指され、2017年3月告示の小学校学習指導要領改訂（移行措置を経て2020年4月から全面実施）により、外国語活動が小学校3･4年生に前倒しとなった。同時に、小学校5・6年生の英語が教科化されたことにより、検定教科書を使った授業と成績評価が行われ、英語教育の改革にますます拍車がかかることが予想される。小学校では3･4年生で外国語活動として各35時間（1単位時間＝45分）、合計70時間、5・6年生で教科としての英語が各70時間、合計140時間、中学校では各140時間（1単位時間＝50分）、合計420時間が割り当てられ、義務教育段階ですでに合計630授業時数が英語関連の教育に使われている。

藤澤（2002: 41-42）は、「学習とはこんなものだ」という学習の仕組みに対する考え方を「学習観」と呼んでいるが、鹿毛（2009）は、授業によって知識やスキルだけでなく学びに対する「ビリーフ」（信念）も同時に学習されると述べている。藤原（2017b）がコミュニカティブな教科書でドイツ語を学ぶ学習者への聴き取り調査の分析で示したように、確かに大学生は、それまでの英語教育によって外国語を学ぶことに対する態度や考えを作り上げている場合が多い。英語の学習目標がコミュ

2　2021年1月の第1回共通テストでの導入を目指していた共通テスト改革は、本番の約1年前の2019年11月～12月に見送りが表明され、有識者会議によって新学習指導要領で学ぶ受験生が対象となる2025年1月以降の共通テストでの実施を検討したものの、英語については、民間試験導入による公平性の担保などの課題を最後まで払拭することができず、2021年7月30日に文科省が正式に断念を決めた（文部科学省2021年7月30日）。

ニカティブなものに進み、それに即した教員養成と教授法の開発、コミュニケーション能力の養成を目的とする教材による授業が浸透するにつれて、そうした英語学習経験を持つ大学生たちのドイツ語学習に対する期待や教材に対する評価も徐々に変わってくると思われる。

本論文は、上述のように日本の英語教育の方針が「言語を用いて何ができるか」という行動中心に移行する中で、たいていの場合大学ではじめて学ぶドイツ語を、コミュニカティブな教材で学ぶ大学生の学習観や、動機づけに影響を与える学習環境に対する認知を、1年間の学習における変化を中心に、量的に調査することを目的としている。

2　ドイツ語の教科書と教師・学習者：先行調査・研究

各課を順次進めていく教科書中心の外国語の授業であれば、教科書が教育の目標を方向づけ、学習の重点や順序、練習問題（Übung）やタスク（Aufgabe）の種類、授業における作業形態（Sozialform）、教師と学習者のインターアクションのあり方まで、授業の大枠を決定すると言っても過言ではないだろう。もちろん、学習者を能動的な言語使用に導くためには、インプットされた学習内容をインテイクに移行させる目的で適切な練習問題や応用課題など、教師が教科書を補う必要があることは論を待たないとしても（野村 2017）、第1章2節で述べたように、教科書は学習者と教師を繋ぎ、授業のあり方に決定的な影響を与える要因であることに間違いはない（e.g. Bausch 1999: 17; Edmondson & House 2000: 116; Neuner 1994: 8; Rösler 2012: 47; Slivensky 1996: 219）。

日本におけるドイツ語教育がどのような能力の養成に重点を置いているのかを考えるとき、日本独文学会が実施した「ドイツ語教育・学習者の現状に関する調査」の結果が参考になる（日本独文学会 2015）。2014年に実施した、教師と学習者を対象とする質問紙調査では、調査参加を依頼した教師の64.3%が調査対象クラスにおいて文法を重視しており、その一方で半数を超える教師（50.6%）は「日常的な会話」に重点を置いているという結果となった（複数回答可）（日本独文学会 2015: 86）。これを、1997・1998年度に日本独文学会ドイツ語教育部会（以下、ドイツ語教育部会）が実施した調査と比較すると（ドイツ語教育部会 1999）、教師が学習者の口頭コミュ

3　ドイツ語教育部会の教員対象調査（1999: 34-35）では、「どのような授業に関心があるか」の設問に対し、「ドイツ語圏の社会や文化を考える授業」(24%)、「読み書き話し聞く総合的授業」(21%)、「文法の基礎と読解重視の授業」(15%)、「能動的な言語活動を重視した授業」（13%）とあり、能動的な言語使用への関心は大きくはなかった。

ニケーション能力の養成も重要と見なすようになってきたことがうかがえる[3]。また、学習者は、以前の調査でも近年の調査でも、文法・訳読中心の授業よりも会話中心あるいは4技能の総合的な養成を目指す授業を希望しているという結果を示しているものの（e.g. Slivensky 1996; Terada & Holzer-Terada 2002; ドイツ語教育部会 1999; 日本独文学会 2015; 藤原 2010）、2014年の学会調査結果を見ると、望ましい教材として「日常会話が多い教材」（58.3%）と「文法を理解し、文章が読めるようになる教材」（54.1%）がほとんど同じ程度で支持されている（複数回答可）（日本独文学会 2015: 124）。とりわけ日本の学習者は、言語構造をとおして新しい言語を理解しようとする傾向が依然として強いのかもしれない（Slivensky 1996: 162）。

このように、教師も学習者も、言語知識を重んじる文法・訳読型の授業・教材と、言語の使用を重視するコミュニカティブな授業・教材の双方を同じように支持している状況は、近年の日本のドイツ語教科書の出版傾向と呼応しているように思われる。Fujiwara（2016b: 519-521）は、日本で出版されたDaF（Deutsch als Fremdsprache）教材を、出版社のカタログに基づき「文法、文法読本、総合、ランデスクンデ」の4つのカテゴリーに分類し、2008年～2010年と2013年～2015年の各3年間の出版総数を比較した結果として、文法・リーディングに加えて口頭コミュニケーション能力の養成も目的とする「総合教材」がかなり増えていることを示した。第二外国語としてのドイツ語の授業時間数が減少する中で、教える側と教えられる側の希望に即した出版傾向と言えるだろう。こうした総合教材のカテゴリーに収められている教科書がどの程度コミュニカティブ・アプローチの特徴を備えているかの判断には、どのような能力の養成が目指されているか、そのための練習問題とタスク、想定されている作業形態、文法の役割や語彙の導入などの観点から詳細な分析が必要となる。Fujiwara（2016a）は、1990年以降、ドイツ語教育改革のディスカッションの中で生まれてきた教材を分析し、言語体系の習得を第一の目的とせず、発話意図とその実現のための言語活動を中心に置く教材が日本のDaFの教科書にも徐々に生まれていることを示した。

英語教育の目的が実践的な運用能力の養成に向かい、ドイツ語教育においてもコミュニカティブな教科書の使用が徐々に増えている状況において、日本で出版されたものだけでなくドイツ語圏で出版されたものも含め、こうしたコンセプトの教科書を学習者はどのように受け入れているかを、体系的に調査研究することの意味は大きいと考えられる。

3　質問紙調査の概要と分析結果

3.1　質問紙調査の概要

コミュニカティブな教科書を学習者はどのように受け入れているかを調査する目的で、ドイツで出版されたもの、日本で出版されたもの各2種類、合計4種類のドイツ語教科書（*Menschen A1, Schritte international*（*Schritte plus*）*1, Szenen 1*（*integriert*）*, Start frei!*（*Neu*））を対象に、基礎ドイツ語を学習する大学生に対して、2015年度に2回の質問紙調査を実施した。教科書の選定については、ドイツ語の運用能力の養成を目的とし、練習問題やタスクに関してFunk et al.（2014: 17）で挙げられている特徴を示し、日本の大学において広く使用されているものとした。2015年6月～7月に実施した第1回調査には、20大学43人の教師とその1,535人の学習者から、2015年12月～2016年1月の第2回調査には、同大学の42人の教師とその1,367人の学習者から調査参加の協力を得た。第1回の学習者対象の調査では、教科書のコンセプト評価、学習開始動機、学習希望内容、学習観（文法、リーディング）、自己決定理論に基づく動機づけ（学習理由、学習環境の認知）、学習成果の自己評価について、第2回調査では、上記の第1回調査項目の中の、教科書のコンセプト評価、学習観、動機づけ、学習成果の自己評価について尋ねた[4]。

質問紙の中で、文法およびリーディングの質問項目の作成に際しては、Kutka et al.（2010）を参考にした。また、学習環境の認知に関する項目は、Deci & Ryanの自己決定理論の下位理論である「基本的欲求理論」（Ryan & Deci 2002）に基づいて作成した。この理論は、人間には「有能さへの欲求」、「自己決定（自律性）への欲求」、「関係性への欲求」の３つの基本的な心理的欲求が内在すると仮定し、環境がこうした欲求を満たしていると人が感じるかどうかが動機づけに影響するとしている（この理論については本章1節に詳しく述べている）。

次の表１は、第1回（前期）・第2回調査（後期）および両方の調査に参加した学習者の人数を調査対象教科書ごとに示している。

4　質問紙の関連部分は本論文の最後に《資料》として補足している。回答はすべて５（そう思う）～１（そう思わない）の５件法であった。

表1　教科書と調査参加学習者数

教科書	参加学習者数		
	前期	後期	両方
Schritte international (plus) 1	323	270	242
Menschen A1	248	236	195
Szenen 1 (integriert)	316	297	244
Start frei! (Neu)	648	564	510
合計	1535	1367	1191

3.2　これまでの分析結果の概要と本論文のリサーチ・クエスチョン

教科書のコンセプトに関する9項目について、2015年6月～7月の第1回調査に参加した1,535人の学生の回答を統計的に分析した結果、コミュニカティブなドイツ語教材は総じて肯定的に受け入れられているが、なかでも、「ドイツ語を使う活動が中心であること」、作業形態として「ペアワークやグループワークで取り組む課題が多くあること」に対する評価は高く、その一方で「発見的な文法学習」、「推量的な語彙学習」や全訳ではなく「ポイントを読み取るリーディングの学習」などの学習方略に関する項目の評価は相対的に低かった。ただし標準偏差の値がどれも高いことから、学習者間で各項目に対する評価にばらつきが大きいことが分かる。こうしたコミュニカティブな教科書のコンセプト評価に影響を与えている要因を重回帰分析によって調べた結果、主に、希望する学習内容については「対人コミュニケーションに関するスキルを学びたい」、学習観については「文法学習を重要とみなしているか」および「リーディングに際してオーセンティックなテキストを良いとみなしているか」、学習環境については「自律性への欲求」、「有能さへの欲求」、「関係性への欲求」の3つの基本的心理的欲求すべての認知に影響を受けていることが分かった。また、多くの調査と同様に（e.g. Boeckmann 2006; Kutka et al. 2010; Schart 2005; Terada & Holzer-Terada 2002）、「文法は先生に分かりやすく教えてもらいたい」という学習観がとりわけ高い平均値を示した。

調査への参加者が一番多かった*Start frei!*（*Neu*）を教材としてドイツ語を学習している学生648人の回答を分析した結果もほぼ同様であった。「ドイツ語を使う活動が中心であること」、作業形態として「ペアワークやグループワークで取り組む課題が多くあること」、「実践的な書く課題」に対する評価は高く、その一方で「発見的な文法学習」、「推量的な語彙学習」や全訳ではなく「ポイントを読み取るリーディングの学習」、「ポイントを聴き取るヒアリングの学習」など学習方略に関する項目は相対的に評価が低かった。全体の分析結果と同様に標準偏差の値がどれも大きいことから、学習者間で評価にかなりのばらつきがあることが分かる。専攻分野による教科書のコンセプト評価の差については、外国語学系が社会学系、人文学系、自然科学系のどの学系よりも評価が有意に高いが、それ以外の学系間では有意差は認められなかった。また、性別による差も有意ではなかった。教科書のコンセプトに対する評価に影響を与えている要因も全体の分析結果と同様に、「対人コミュニケーションに関するスキルを学びたい」という学習内容に対する希望、学習観では「文法学習を重要とみなしているか」、「オーセンティックなテキストを良いとみなしているか」、学習環境については「自律性」、「有能さ」、「関係性」の３つの基本的心理的欲求すべての認知が関わっていることが分かった（分析結果の詳細は、Fujiwara 2016bを参照）。

第1回（前期）調査の上記の分析結果を踏まえて、本論文では、第1回（前期）と第2回（後期）の両方の調査に参加した学習者1,191人の回答を対象とし、両調査を「比較」の観点から分析し、以下の４つのリサーチ・クエスチョンを立てる：

前期調査と後期調査を比較して、学習者について：

1. 教科書のコンセプトに対する評価に差はあるか
2. 文法に関する学習観に差はあるか
3. テクストのリーディングに関する学習観に差はあるか
4. 学習環境に対する認知の差と教科書評価の差には関係性があるか

3.3 分析結果[5]

3.3.1 教科書のコンセプトに対する評価：前期と後期の比較

前期・後期両方の調査に参加した1,191人の教科書のコンセプトに対する評価を平均値（*M*）と標準偏差（*SD*）で以下の表2に示す。回答はすべて5（そう思う）

5 本質問紙では５件法を採用しているが，こうしたリカート・スケールは厳密には順序尺度だが、心理学の分野では統計処理を行う際に通常、間隔尺度と見なすことから（竹内・水本 2012: 34）、本論文でも間隔尺度と見なして分析する。

～1（そう思わない）の5件法であった。

表2　教科書のコンセプト評価：前期と後期

	前期		後期	
	M	*SD*	*M*	*SD*
1. 各課の導入としてのタイトルページ	3.82	0.983	3.93	0.969
2. 発見・推量型の文法学習	3.48	1.056	3.49	1.054
3. コンテキストを通じての語彙学習	3.79	1.049	3.77	1.044
4. 内容のポイントを読み取るリーディングの学習	3.77	0.933	3.75	0.937
5. 実践的な書く学習	3.94	0.900	3.84	0.919
6. ポイントを聴き取るヒアリングの学習	3.80	0.929	3.71	0.951
7. ペアワークやグループワークでの活動	4.05	0.948	3.93	0.964
8. ドイツ語を使う活動が中心	4.06	0.882	3.95	0.900
9. 日常生活に即したテーマ	3.93	0.935	3.87	0.968

前期と後期の評価（平均値）に差があるかを検定すると、「導入としてのタイトルページ」については有意に上がり（$t(1182)=3.46, p<.01$）、「実践的な書く学習」（$t(1180)=3.41, p<.01$）や「ポイントを聴き取る学習」（$t(1178)=2.82, p<.01$）、「日常生活に即したテーマ」（$t(1178)=2.11, p<.01$）は有意に下がっている。また、前期で4.0以上の高い評価を得た「ペアワークやグループワークでの活動」（$t(1178)=4.04, p<.001$）や「ドイツ語を使う活動」（$t(1180)=3.84, p<.001$）は後期で有意に下がっている。しかし、後期の調査でも各変数の標準偏差は大きく、評価の散らばりが大きいことがうかがえる。

3.3.2　文法に関する学習観：前期と後期の比較　①

文法の重要性、難解さ、明示的説明についての質問に対する回答を前期と後期の平均値と標準偏差で比較した結果を表3に示す。各カテゴリーの信頼性係数を前期調査で示すと、外国語学習における文法の重要性（$\alpha=.867$）、文法学習の難しさ（$\alpha=.912$）、文法の明示的な説明の必要性（$\alpha=.763$）のどれも .70以上あるので各カテゴリーの内的整合性は高いと判断される（小塩 2004: 143）。

前・後期の平均値の差を検定したところ、前期において高い平均値を示した文法の重要性は後期で有意に高くなり（$t(1177)=4.19, p<.001$）、一方、文法に対する苦手意識は有意に下がる傾向を示した（$t(1162)=2.94, p<.01$）。文法の明示的な説

明に対する必要観は、後期も高い値を示したが、前期との間には有意な差はなかった。前・後期ともこのカテゴリーの標準偏差は相対的に小さい。

表３　文法に関する学習観　①：前期と後期

	前期		後期	
1. 外国語学習における文法の重要性	*M*	*SD*	*M*	*SD*
文法規則を授業で学習することは，外国語学習にとってプラス 文法の学習は外国語学習を支える柱の一つである 外国語を使えるようになるためには，文法は重要だ	4.13	0.80	4.23	0.73
2. 文法学習の難しさ	*M*	*SD*	*M*	*SD*
文法は苦手だ 文法はなかなか覚えられない	3.87	1.09	3.79	1.06
3. 文法の明示的な説明の必要性	*M*	*SD*	*M*	*SD*
テキストを「読んだり・書いたり」できるようになるためには， 文法の説明をしてもらうことが必要だ 「聞いたり・話したり」できるようになるためには， 文法の説明をしてもらうことが必要だ 文法は，先生に分かりやすく教えてもらいたい	4.16	0.76	4.14	0.72

前・後期の両調査で、「文法の明示的な説明の必要性」の値が高いことから、それは「文法は重要だ」という学習観と「文法は難しい」という学習観に関係性があるかを、後期調査の回答から相関分析で探った。その結果、「文法の明示的な説明の必要性」は「文法学習の難しさ」と弱い正の相関（γ =.178, p<.001）が、一方「文法の重要性」とにはかなりの正の相関（γ =.556, p<.001）が確認された。

3.3.3　文法に関する学習観：前期と後期の比較　②

文法は特化して学習する方がよいのか、言語活動の中で学習する方がよいのかの学習観に対する回答の平均値の比較を表4に示す。

表4　文法に関する学習観　②：前期と後期

	前期		後期	
	M	*SD*	*M*	*SD*
文法は，文法だけに特化して学ぶ方がよい	2.97	1.12	3.12	1.10
文法は実際にテキストを「読んだり・書いたり」することで学ぶ方がよい	3.90	0.92	4.01	0.85
文法は実際に「聞いたり・話したり」することで学ぶ方がよい	3.65	1.05	3.61	1.05

文法は「特化して学ぶ方がよい」($t(1171) = 3.95$, $p<.001$)、「読んだり・書いたりで学ぶ方がよい」($t(1180) = 3.42$, $p<.01$) は後期に有意に高くなったが、「聞いたり・話したりで学ぶ方がよい」に有意差はなかった。

3.3.4　リーディングに関する学習観：前期と後期の比較

リーディングに関する学習観を前期と後期で比較した結果を表5に示す。各カテゴリーの信頼性係数は、前期調査で示すと、「リーディングにおける日本語訳の役割り」(α =.803)、「テキストのオーセンティック性」(α =.869) のどれも .70以上あるので各カテゴリーの内的整合性は高いと判断される。

表5　リーディングに関する学習観：前期と後期

	前期		後期	
1.　リーディングにおける日本語訳の役割り	*M*	*SD*	*M*	*SD*
テキスト全体を日本語に訳す方がよい 一文ずつ文の構造を考えながら日本語に訳す方がよい 一文ずつ単語を調べながら日本語に訳す方がよい	3.32	0.96	3.44	0.92
2.　テキストのオーセンティック性	*M*	*SD*	*M*	*SD*
外国語を学ぶためには，学習用に作られたテキストよりも，自然で実際に近いテキストの方がよい 習っていない文法項目が入っていても，実際に近いテキストがよい 習っていない単語や表現が入っていても，実際に近いテキストがよい	3.45	0.94	3.42	0.92

前期と後期の平均値の差を検定したところ、「リーディングにおける日本語訳の

役割り」は後期に有意に高くなったが（$t(1174) = 4.02$, $p<.001$）、「テキストのオーセンティック性」への好みに有意差はなかった。

3.3.5　学習環境の認知と教科書のコンセプト評価：前期と後期の比較

3.1で述べたように、自己決定理論は自律性・有能感・関係性が促進されていると感じる環境が動機づけにとって重要だと考えている。質問紙のそれぞれの下位尺度の信頼性は、前期調査で示すと、自律性（α =.810)、有能感（α =.805)、関係性（α =.861）とどれも.70以上あるので各カテゴリーの内的整合性は高いと判断される。表6は、この3つの基本的な心理的欲求の充足を前期と後期の平均値で比較したものである。表7は、これらの心理的欲求の充足の前・後期の差と、教科書のコンセプト評価の前・後期の差の相関を示している。

表6は、3つの心理的欲求について、後期調査で値が高まっていることを示しているが、差を検定したところ、「自律性を促進する環境」（$t(1176) = 4.351$, $p<.001$）と「有能感を促進する環境」（$t(1171) = 6.627$, $p<.001$）が有意に上がっていることが確認できた。

また、表7のように、教科書評価の前・後期の差と3基本的心理的欲求の充足の差は正の相関を見せた。加えて、前・後期における自律性の充足の差と有能感の充足の差が強い相関にあり、それらと関係性の充足の差もかなりの相関関係にあることを示している。

表6　3基本的心理的欲求の充足：前期と後期

	前期		後期	
1. 自律性への欲求（自律性を促進する環境）	*M*	*SD*	*M*	*SD*
進め方などを相談してくれる すすんで勉強できる体制があると感じる 自分なりの勉強方法が徐々に身に付いてきていると感じる どんなことを勉強したいか，述べる機会がある 先生がいろいろなアドヴァイスや刺激を与えてくれる	3.26	0.79	3.36	0.77

2. 有能感への欲求（有能感を促進する環境）	*M*	*SD*	*M*	*SD*
教師や友達から褒（ほ）められることがある 自分の意見は重要視されていると感じる 達成感を味わうことができる 良い成績が取れると思う	3.08	0.86	3.24	0.84
3. 関係性への欲求（関係性を促進する環境）	*M*	*SD*	*M*	*SD*
授業を一緒に受けている友達とは，良い関係だと思う 授業では，友達と協力して勉強できていると思う 授業では，友達同士で学びあう雰囲気があると思う	3.79	0.90	3.80	0.86

表7　教科書評価と３基本的心理的欲求の充足：前期と後期の差の相関

		教科書評価の差	自律性認知の差	有能感認知の差	関係性認知の差
教科書評価の差	相関係数				
	有意確率（両側）	—			
	N				
自律性認知の差	相関係数	.408***			
	有意確率（両側）	.000	—		
	N	1155			
有能感認知の差	相関係数	.360***	.676***		
	有意確率（両側）	.000	.000	—	
	N	1149	1167		
関係性認知の差	相関係数	.356***	.501***	.449***	
	有意確率（両側）	.000	.000	.000	—
	N	1152	1169	1166	

***p<.001

3.4　分析結果のまとめ

前期調査と後期調査を比較して、1. 学習者の「教科書のコンセプトに関する評価に差はあるか」については、前期調査で4.0以上の高い値を示し、教科書のキー概念とも言える「言語活動中心」とそれに伴うインタラクティブな作業形態としての「ペアワークやグループワーク」に対する評価が、後期で有意に下がっていた。しかし、前期同様、後期においても標準偏差はかなり大きい。2. 学習者の「文法に関する学習観に差はあるか」では、「文法は重要である」という強い学習観は後期に有意に高くなり、「文法は明示的に説明してもらう必要がある」という学習観は前期も後期も高い値を示している。また、文法は「特化して学んだ方がよい」とともに「読み・書きで学んだ方がよい」という学習観も後期に有意に高くなった。3. 学習者の「テクストのリーディングに関する学習観に差はあるか」では、日本語訳の役割を重要視する学習観が後期に有意に高まる傾向を示した。4.「学習環境に対する認知の差と教科書評価の差には関係性があるか」に関しては、学習環境を、自律性と有能感を促進する環境と感じる傾向が後期に有意に高まり、教科書評価の前・後期の差は、3心理的欲求の充足感の差と正の相関を示した。また、3心理的欲求の充足感には前・後期の差に相互にかなりの正の相関が認められた。

4　分析結果の解釈と今後の研究に向けて

本章の「はじめに」で示したように、日本の英語教育の方針は4技能を総合的に養成し、文法を特化して指導するのではなく言語活動と一体化する方向に向かっている。今回の調査で、学習者が文法を重要と見なし、後期にその学習観が強くなること、また後期に、文法を読み・書きの言語活動で学ぶことに対する好みと同時に特化して学ぶ方がよいという考えも強くなる傾向が示されたが、これはコミュニカティブな教材を使用した授業においても、あるいはそうした授業であるために一層、言語構造の体系をとおして新しい言語を理解したいという日本人学習者の傾向が現れたのかもしれない（Slivensky 1996: 162）。コミュニカティブ・アプローチの教科書を評価する学習者は、文法学習が重要だとみなしている（Fujiwara 2016b）。おそらく、学習者は、文法の中にコミュニケーション機能を見出すときに、文法学習を正当化するのであろう（Chaudhuri 2009）。今回の調査では、学習者は前・後期ともに文法の明示的な説明の必要性を感じているが、この変数は、文法は困難だという学習観よりも文法は重要だという学習観との相関が強かった。確かに、日本の大学においても言語活動を中心としたコミュニカティブなドイツ語授業でドイツ語を学ぶことに楽しみを見出していく学生が少なくないことが実証的研究により示されているが（Boeckmann 2006; Waychert 2016）、日本人教師が担当するコミュニカティブな授業で、学習者の意欲を高め維持していくために、適宜、日本語による文法説明や学習者間での意味の確認などを取り入れ「分かった」を引き出し、運用能力を培うために十分な練習とタスクにより「使える」を促進することが考えられる。文法の発見的学習やリーディング・ヒアリングの際にポイントを理解する学習方法についての評価は前・後期とも相対的に低い。こうした外国語学習の方略は、生涯にわたり自律的に学習を継続していくために養成する必要があり、学生が求めている明示的な説明とのバランスを、その授業ごと、学習者グループごとに探っていくことが求められる。

コミュニカティブな言語能力を養成する目的の教科書をどのように評価するかは、学習環境の認知と正の相関があった。前期調査時と比べ後期調査時に、学習者が授業を自律性や有能感、関係性がより促進される環境だと感じている場合には教科書評価の値もより高く、逆の場合には下がっているという関係から、コミュニカティブな教科書の使用にはその特徴（Funk et al. 2014）をよりよく実現する学習環境が鍵となる。Fujiwara（2016b: 529-530）が示したように、同じ教科書で同じクラスサイズの授業でも学習環境に対する学生の認知はクラスにより大きく異なった。藤原（2017b）の聴き取り調査の分析は、外国語に対する学習観が、たとえ高等学校までの英語教育により暗記主義や結果主義であったとしても、大学でのコミュニカティブな授業体験により、文法学習が「フォーカス・オン・フォームズ」から「フォーカス・オン・フォーム」の態度へと柔軟に変わっていったことを示した。教師と学習者を繋ぐ教科書のコンセプトを学生がどのように評価するかは、その教科書を使う教師のビリーフと授業実践に大きく関わると考えられることから、聴き取り調査や同僚性に基づいた授業研究等による質的な教師研究が重要となる（森田 2017a, b）。

本調査の分析および解釈は限られたデータに基づくものであるので、一般化には慎重でなければならない。今後は学習者への聴き取り調査および教師への質問紙調査の分析を進め、日本の大学における第二外国語としてのドイツ語教育という文脈の中で、コミュニカティブな教科書を有効に使った授業のあり方に近づいていきたい。

調査の対象とした教科書

佐藤修子、下田恭子、Papenthin, Heike、Oldehaver, Gesa（2006）:『スツェーネン１　場面で学ぶドイツ語』三修社.
藤原三枝子、桂木忍、本河裕子、Poller, Anja、Sachse-Toussaint, Rita、柳原初樹（2009）:『スタート！　コミュニケーション活動で学ぶドイツ語』三修社.

藤原三枝子、桂木忍、本河裕子、Poller, Anja、Sachse-Toussaint, Rita、柳原初樹（2015）：『スタート！ベーシック　コミュニケーション活動で学ぶドイツ語』三修社.

Evans, Sandra; Pude, Angela & Specht, Franz (2012): *Menschen A1/1. Kursbuch*. Ismaning: Hueber Verlag.

Niebisch, Daniela; Penning-Hiemstra, Sylvette; Specht, Franz; Bovermann, Monika & Reimann, Monika (2006): *Schritte international 1. Kursbuch + Arbeitsbuch*. Ismaning: Hueber Verlag.

Niebisch, Daniela; Penning-Hiemstra, Sylvette; Specht, Franz & Bovermann, Monika (2009): *Schritte plus 1. Kursbuch + Arbeitsbuch*. Ismaning: Hueber Verlag.

調査時に改訂版を使用したクラスもあると思われるが，コンセプトが同一であることから第一版の記載にとどめる。

《資料》

質問紙（例：*Menschen A1* 対象）

以下の設問について，5（そう思う）～1（そう思わない）の該当する番号を○で囲んでください。

《教科書のコンセプトについての質問》（前期・後期調査）

I　使用している教科書『Menschen（A1）』についてお尋ねします

1）	各課の最初のページにある大きな写真は，その課のテーマを導入するためのものです。このページは各課のテーマの理解に役立っていますか？
2）	文法の学習では始めに説明するのではなく，できるだけ自分で発見する方法がとられています。この方法は，最終的に「文法の習得」につながると感じますか？
3）	重要な単語は，見開きページの上に絵や写真と一緒に挙がっています。このような語彙の学習方法は，最終的に「外国語のテキストを理解する能力」につながると思いますか？
4）	テキストを読む課題は，全部を和訳するのではなく，内容のポイントを読み取ることが目指されています。この方法は，最終的に「外国語のテキストを読む能力」につながると感じますか？
5）	書く課題は，「自分や他者について紹介する」，「日常生活について書く」など，実践的な活動が中心となっています。この方法は，最終的に「書く能力」を身につけることにつながると感じますか？
6）	聞く課題は，自然なスピードで収録され，分からない単語や表現があっても，ポイントを聞き取る課題が設定されています。この方法は，最終的に「聞く能力」を身につけることにつながると感じますか？
7）	教科書には，ペアやグループで取り組む課題が多く設定されています。ペアワークやグループワークは，「コミュニケーション能力」をつけるのに役立つと感じますか？

8）教科書は，写真や絵について，また各課のテーマについて話すなど，ドイツ語を使う活動が中心となっています。この方法は，「コミュニケーション能力」をつけるのに役立つと思いますか？
9）各課のエピソードは日常生活に即したものです。興味をもって学習することにつながりますか？

Ⅱ　ドイツ語学習について以下に質問をしています

《学習開始動機についての質問》（前期調査）

1. 大学でドイツ語を学び始めた理由は何ですか？

1）ドイツ語圏に関心を持っているから
2）ヨーロッパに対して憧れがあるから
3）英語以外の言語も学習したいから
4）以前，学習した経験があるから
5）専門の勉強に必要だと思うから
6）将来，仕事などに役立つと思うから
7）勧める人がいたから
8）履修が義務だからしかたなく
9）ドイツ語圏に旅行したいから
10）特別な理由なしに，なんとなく
11）希望する外国語を履修できなかったから

《学習内容に対する希望についての質問》（前期調査）

2. この授業に限らず、ドイツ語の授業では、どのようなことを学びたいと思いますか？

1）ドイツ語でのコミュニケーション（会話やメールのやり取り）
2）ドイツ人の日常生活のこと
3）ドイツ語で書くこと
4）ドイツ語の発音
5）ドイツ語圏の文化や社会のこと

6)	ドイツ語の文法
7)	ドイツ語を聞き取ること
8)	日本語に訳して読むこと
9)	ドイツ語で自分の言いたいことを話すこと
10)	単語や決まった表現
11)	ドイツ語を含む外国語の勉強の仕方
12)	テキストを読み，大体の内容を理解すること

《学習観についての質問：文法》（前期・後期調査）

3. 外国語を学ぶときの「文法」について、考えをお尋ねします

1)	文法規則を授業で学習することは，外国語学習にとってプラスである
2)	文法の学習は外国語学習を支える柱の一つである
3)	外国語を使えるようになるためには，文法は重要だ
4)	文法は苦手だ
5)	文法はなかなか覚えられない
6)	テキストを「読んだり・書いたり」できるようになるためには，文法の説明をしてもらうことが必要だ
7)	「聞いたり・話したり」できるようになるためには，文法の説明をしてもらうことが必要だ
8)	文法は，先生に分かりやすく教えてもらいたい
9)	文法は，文法だけに特化して学ぶ方がよい
10)	文法は，実際にテキストを「読んだり・書いたり」することで学ぶ方がよい
11)	文法は，実際に「聞いたり・話したり」することで学ぶ方がよい

《学習観についての質問：リーディング》（前期・後期調査）

4. 外国語を学ぶときの「テキストのリーディング」について、考えをお尋ねします

テキストを読むときには…

1)	テキスト全体を日本語に訳す方がよい
2)	一文ずつ文の構造を考えながら日本語に訳す方がよい
3)	一文ずつ単語を調べながら日本語に訳す方がよい
4)	外国語を学ぶためには，学習用に作られたテキストよりも，自然で実際に近いテキストの方がよい
5)	習っていない文法項目が入っていても，実際に近いテキストがよい
6)	習っていない単語や表現が入っていても，実際に近いテキストがよい

《動機づけに関する質問：学習理由》（前期・後期調査）

5. 現在、ドイツ語を勉強している理由についてお尋ねします

1)	ドイツ語の学習は自分にとって必要なことだから
2)	ドイツ語を身につけることは重要だと思うから
3)	大学卒業のためには，ドイツ語の単位を取る必要があるからしかたなく
4)	ドイツ語の勉強は興味をそそるから
5)	ドイツ語を勉強せずにいて，あとで後悔するのが嫌だから
6)	ドイツ語の知識が増えるのは楽しいから
7)	ドイツ語の何を勉強しているのか，よくわからない
8)	英語以外の外国語を勉強しなければ，大学生ではないような気がするから
9)	ドイツ語を勉強しても意味がないと思う
10)	英語以外の外国語を勉強しておかないと大学生として恥ずかしいから
11)	ドイツ語は勉強しても，何の成果もないような気がする
12)	ドイツ語を勉強するのは，決まりのようなものだからしかたなく
13)	将来使えるようなドイツ語の技能を身につけたいから
14)	周りの大人に勉強しろとうるさく言われるから
15)	ドイツ語でのコミュニケーションを学習するのは楽しいから

《動機づけに関する質問：学習環境の認知》（前期・後期調査）

6.　この授業の学習環境などについてお尋ねします

1）　ドイツ語の授業では，進め方などを相談してくれる
2）　ドイツ語の授業では，すすんで勉強できる体制があると感じる
3）　ドイツ語の授業では，教師や友達から褒《ほ》められることがある
4）　ドイツ語を学ぶに当たって，自分の意見は重要視されていると感じる
5）　ドイツ語の授業では，達成感を味わうことができる
6）　ドイツ語の授業を一緒に受けている友達とは，良い関係だと思う
7）　自分なりの勉強方法が徐々に身に付いてきていると感じる
8）　ドイツ語の授業では，友達と協力して勉強できていると思う
9）　ドイツ語の授業でどんなことを勉強したいか，述べる機会がある
10）ドイツ語の授業では，よい成績が取れると思う
11）ドイツ語の授業では，友達同士で学びあう雰囲気があると思う
12）授業では先生がいろいろなアドヴァイスや刺激を与えてくれる

《学習成果の自己評価》（前期・後期調査）

7.　これまでのドイツ語の学習成果を「自己評価」し，該当する数字を○で囲んでください

≪よくできた≫ 5　-　4　-　3　-　2　-　1 ≪できなかった≫

4　初級ドイツ語学習者の文法・リーディングに関する学習観とリーディングの方略を養成するための練習問題のシークエンス案[1]

1　はじめに

外国語教育において、文法・訳読法やオーディオ・リンガル法から、現在のコミュニカティブ・アプローチやその発展と見なされる異文化間アプローチへの教授法の変遷の根底にあるのは、教師中心から学習者中心への教育観の転換であると言える。現在、外国語教育にとっても重要と見なされている多様な概念：生涯学習、can-do、自律的学習者の養成、学習ストラテジー、学びを学ぶ、構成主義、協働学習、アクティブラーニングなどは、20世紀前半まで主流であった行動主義の機械論的人間理解から、人間を生命体として、環境と効果的に関わる能力を生来持っていると考える（e.g. White 1959）有機論的アプローチに基づいた、学びに関する理解の転換を土台に持つと言える。

本論のテーマである「学習観」あるいは「ビリーフ」（信念）[2]は、まさに学習者個人の内部に視点を向けたアプローチだが、本章5節で紹介するように、藤澤の「学習の機構」（2002: 41）は、この学習観が学習動機と相互に関係し合い、それが学習行動を決定し、学習成果に影響を与える一連の流れを示している。一般に、学習観はなかなか変化しにくいものと考えられていたが、後の5節で示すように、現在では「流動的で可変的なもの」と考えられるようになってきた（小林他 2018: 113）。そうであれば、日々の授業において、外国語習得にとって望ましいと思われる言語活動を取り入れ、その結果を分析し、次の活動に取り入れるというPraxiserkundungsprojekt（PEP）[3]（「実践的授業研究プロジェクト」筆者訳）の実施が学

1　本論文は、科学研究費助成事業基盤研究（C）による「コミュニケーション中心の教材がドイツ語学習者の動機づけに与える影響に関する研究」（研究課題番号：26370646）の一環として、『言語と文化』22号（2018）に発表した論文を編集したものである。

2　本論では、学習観、ビリーフ、信念を「学習とはこんなものだ」という学習の仕組みに対する考え方（藤澤 2002: 42）と見なし、同義語として使用する。

3　PEP（Praxiserkundungsprojekt）は、Goethe-Institutのドイツ語教員養成・研修のためのシリーズ*DLL*（*Deutsch Lehren Lernen*）（Klett-Langenscheidt）において中心的な活動である。当該の単元で学習した知識を基に、自身の授業の改善や新たな視点を授業に導入するために、特定の活動を複数で（原則3人で）計画し、授業で実践し、それを分析することを内容とするAktionsforschung（Action research）と言える（Ende & Mohr 2015）。筆者によるPEPの実践例は、藤原（2015b）に紹介している。

習者にとってもより望ましい学習観の形成にも繋がると考えられる。外国語の授業を担当する私たちにとって、Goethe-Institutのドイツ語教員養成・研修のためのシリーズ *Deutsch Lehren Lernen*（*DLL*）とPEPの根底にあると思われる考え：授業の実践者は同時に授業の研究者でもある、という自覚は、たとえDaF（Deutsch als Fremdsprache）を専門としなくても、学生の外国語学習観の形成に一役買っているという観点からも重要である。

本論は、大学における初級ドイツ語学習者を対象として2015年度の前期と後期に実施した質問紙調査の中で、文法およびリーディングについての学習観に関する調査結果から、2015年度の授業終了後に実施した聴き取り調査の分析をすることを目的としている。加えて、最後に、学習ストラテジー養成の観点から、教科書の課題を補足するような練習問題のシークエンスを提案することも目的としている。

2　外国語（ドイツ語）学習者の学習観

Bimmel & Rampillon（2000: 7, 196）は、学習観（Alltagstheorie）が関係するのは、学習者の自己評価、学習対象、教師に対する期待、授業に対する期待であるとし、次のように記述している。「自分の学習経験、学校での経験、他者から聞いた経験が主観的な像、人がそうだと信じるイメージを形成する。学習者の自己評価（「ドイツ語を学ぶ才能が自分にはまったくない」）、学習対象（「ドイツ語は難しい」）、教師に対する期待（「教師は授業では、（学習者が：本稿筆者が補足）できるだけ自分では何もしなくてよいように準備すべきだ」）、授業に対する期待（「ドイツ語学習」＝「文法と語彙の学習」）に関係する。学習観は、偏見になることがある。自分自身の学習能力に対する偏見は学習の阻害要因になったり、教師の才能のなさや言語の難易度に帰属させることに繋がる（筆者訳）」。

Grein（2013）は、授業の教授法が学習者にどのように受け入れられるかは、学習歴（Lernbiografie）に少なからず影響を受けているとし、日本を含めアジア諸国では文法・訳読法が依然として広まっていること、科学的な研究から言語習得にとってコミュニカティブ・アプローチが有効であることが分かっていることから、授業法を徐々に望ましい方向に変えていくことを提案している。その一方で、日本の大学におけるドイツ語の授業実践に関する研究で、日本における伝統的な外国語学習経験にもかかわらず、コミュニカティブなドイツ語の授業が学生たちに受け入れられていることを実証的に示した研究も少なくない（e.g. Boeckmann 2006; Waychert 2016）。教育一般において、学習者がどのようなことに価値を置くかは、－とりわけ学齢が低い場合には－教師の影響を強く受ける傾向があり（安藤・岡田 2006: 49-50）、またアジア文化圏では、教師主導型の授業形態を好む傾向（小林他 2018: 110）や、ペアワークやグループワークなどの授業における作業形態（Sozialformen）に対する認知が性別によって異なる可能性も示されている（藤原 2015b）。

学習者だけでなく教師も、学習者としての長期にわたる授業経験や教師としての授業実践等によって、授業方法や教育のあり方などについてのビリーフを無意識に作り上げていることも指摘されている（秋田 1997; 森田 2011, 2017a, b）。そうした教師のビリーフは、例えば教科書の選定に際して、コミュニケーション中心か明示的な文法学習中心か、日本で作成された教科書かドイツで出版されたものか、にも影響を与えている可能性がある（Bachmaier 2017; 梶浦 2017）。

加えて、外国語の授業において、教師の考える外国語学習の目標や授業観と、学生たちの学習観や期待が必ずしも一致するとは限らない。多様な学習経験を持って初級ドイツ語の授業に集まってくる大学生のすべての学習観と担当する教員の授業観が同じであることは考えにくい。例えば、Burgess & Etherington（2002）は、EAP（English for Academic Purposes）の教師を対象として質問紙調査を行い、こうした相違はとりわけ文法に関して存在し、教師は、「言語形式の焦点化」（Focus on Form）（小柳・迫田 2006）を好む傾向があるが、学習者側はより明示的な文法学習を望む傾向があることから、教師は授業では言語活動の中に文法を明示的に取り入れていることを示した。英語教育に対する日本人大学生と教師のビリーフについての調査に Matsuura et al.（2001）があるが、この調査でも、学生は教師中心の伝統的なスタイルを好む傾向があるが、教師の好みは、学習者中心のアプローチに移行していることが示されている。小林他（2018: 109）は、教師と学習者の外国語学習に対する考えが異なることは多々あり、その際の選択肢としては、学習者の考えに教師が合わせるか、学習者の考えの変化を促すような取り組みを行う、の二つがあるとしている。

欧米で発展したコミュニカティブ・アプローチによる教材や授業に対しては、日本人学習者間だけでなく、日本でドイツ語教育に携わる教師間でも考えに大きな差があることが推測されることから（Bachmaier 2017; 梶浦 2017）、日本の大学のドイツ語の授業でコミュニカティブ・アプローチを採用する場合には、Dörnyei（2013）のPCA（Principled Communicative Approach）が示唆に富む。これは、明示的・暗示的な学習の双方を最大に調和させる方向性である。よい授業の特徴として、「ダイナミックな授業というコンテクストにおいて、意味中心の活動と形式焦点の活動をうまくミックスする授業運営をとおして、暗示と明示の最適なバランスを探すこと」と述べている（Dörnyei 2013: 169）。

以下では、2015年度の前期・後期に実施した質問紙調査の中で、上述のBimmel & Rampillon（2000: 196）の定義に従えば、「授業に対する期待」に該当する「文法」と「リーディング」に関する学習者のビリーフの量的分析結果を示し、そうした結果になる背景を聴き取り調査の分析によって理解しようと試みる。

3　学習観に関する調査結果

3.1　質問紙によるデータの量的分析結果

初級ドイツ語の授業においてドイツ語の運用能力の養成を目的とするコミュニカティブ・アプローチの教科書4種類（*Menschen A1, Schritte international*（*Schritte plus*）*1, Szenen 1*（*integriert*）*, Start frei!*（*Neu*））のいずれかを使って学習している大学生に対し，2015年度の前期と後期に質問紙調査を実施した。分析結果は、本章3節に詳しく述べているが、前期・後期双方の調査に参加した1,191人について、文法とテキストのリーディングに関する考えを「5：そう思う～1：そう思わない」の5件法で尋ねた回答を分析した結果、前期において高い平均値を示した「文法の重要性」は後期で有意に高くなり、「文法の明示的な説明」に対する必要観は、前期も後期もかなり高い結果となった。

また、文法は「特化して学ぶ方がよい」という学習観が前期に比べて後期に有意に高くなった。加えて、「テキスト全体を日本語に訳す方がよい」「一文ずつ文の構造を考えながら日本語に訳す方がよい」「一文ずつ単語を調べながら日本語に訳す方がよい」の3変数から構成されるカテゴリー：「リーディングにおける日本語訳の役割り」は前期に比べて後期に有意に高くなった。

このように、2015年度に、コミュニカティブ・アプローチの教科書を使用する初級ドイツ語学習者に対して実施した質問紙調査の量的分析結果では、前期調査と比較して、後期調査において、文法の重要性に対する認知が高まり、文法を特化して学ぶ方がよい、リーディングの際には日本語に訳す方がよいという、伝統的な学習スタイルをより好む傾向が示され、文法の明示的な説明に対する希望は変わらず強い。このような分析結果を踏まえて、以下では、聴き取り調査の中で、文法とリーディングに対する学習者の意見をまとめる。

3.2　聴き取り調査の分析結果

2015年度後期の授業終了後に、上記の質問紙調査に参加した学習者の中の21人（以下の分析ではS1-S21と表記する）に対して、聴き取り調査を行った。調査は学習者の希望により、6人に対しては単独で、12人については2人ずつのペアで、3人についてはグループで実施した。21人の学生は全員文系学部の1年生で、女性11人、男性10人であった。聴き取り内容は、使用している教科書のコンセプトについての意見を中心に、高等学校までの英語教育についての経験などを自由に語ってもらった。聴き取りの時間は、単独の場合は30分程度、2人のペアインタビューおよび3人のグループインタビューの場合には1時間程度であった。調査協力者の了解を得て聴き取り内容を録音し、後に文字起しを行い分析のためのデータとした。

以下、文法とリーディングに関する聴き取り内容をまとめる。なお、テクスト中の（　）はコメント内容の理解を助けるために筆者が補足したものである：

1）文法学習について：

①　中学・高校での英語学習の体験

・高3の時は、もうずっと黒板に書いている文法をわーっと訳してみたいな。(S2)
・(S2の上の言葉を受けて）ああ、一緒一緒。(S1)
・(英語は)難しいんですよね。「なんで日本人なのに英語をしないといけないの？」みたいな。こういう文法、もう中学生ぐらいのときから思っていて、「英語が足引っ張っているぞ」みたいな感じ。(S12)
・英語のときに文法を勉強していて、それと一緒にドイツ語を見ちゃって。だから、ちょっと分からなくなったり。(S14)

上記以外にも、高等学校では文法問題を繰り返していた（S7)、英語では文法が先にあった（S17)、授業ではセンター試験を重視していた（S10）という言及があった。

② 留学での体験

・（留学での体験があって）日本の英語教育とかで言われている文法をカッチリ詰めるというのが、多分外へ飛んだら無理だよねというのは。（留学先では）めちゃめちゃ大変です、何も通じないんです。（ドイツ語の授業では）確かにアクティブな授業が多かったなというのは感じます。それは絶対大事だというのは、僕が身を持って体験していることなので。（S8）

③ 文法の学習一般についてのコメント

・でも、何か、文法を勉強しとかないと、しゃべるにしゃべれないかなと思うんですけど。（S4）
・会話で、文法を気にして、間違うのが怖いからしゃべらないとか、そういうのもあったりして、やっぱり、（クラスの同級生が）文法を気にしているのは目立ちますかね。（S6）
・（文法は）正直あんまり重要じゃないけど、テストがあったりして、点数に出たりするから、どうしてもそこにピリピリしちゃうんじゃないかなあと思います。（S15）

④ まず明示的な文法説明があった方がよいのか

・（これまでは）最初に説明してもらって、その後に確認するじゃないですか。確認したときに、そこでちゃんと分かったと思える感じ。だから、一番はじめに正しい答えを分かっていて、その後に確認をどんどんしていった方が、そんなにごちゃごちゃにならないかなと。（S10）
・先頭で一気に全部ばっと表で出されても、あとで覚えているかと言われるとあれだから、順番にこっちでやっていく方が、小出しにというか、こっちのよさもあると思います。（S15）
・自分は（表が）最初にあって、説明受けて、その後みたいな方がやりやすいというか、勉強しやすいです。あまり要領のいい方じゃないんで、最初にちゃんと固めて、地盤というかそういうのを固めておかないと、先にいろいろなものをやって、その中から作るっていうよりは、先にもうちゃんとそれを、文法っていうのを作っておかないと、もう理解をしにくい、そういう勉強の仕方というか、頭と

いうか、そういうのになってしまっているんで。(S17)

・(先に文法説明が表として) あった方が分かりやすいかなと思います。(表を自分で) 埋めるような感じになっていたら、最初からこんなの分からないとなってしまうので、説明されてから練習していって覚える方が私は好きです。(S18)

・ズッと英語をやってきていたので、その英語に準じてやっていただけると、私はすごく分かりやすいです。ドイツ語と英語で勉強方法がガラッと変わったので。私は、それこそ本当に基礎的な、これが読めなきゃ話にならないみたいな単語をまず詰めて、I am...... みたいな簡単な文法があるじゃないですか、ジャンルで勉強するんじゃなくて文法ごとに勉強していくやり方で中高やってきていたので、私は割と最後まで慣れなかった方なので。(S19)

・僕は (自分で表を作って行く方法が) すごくいいと思っていて、元々、この単語は何々でとか、文法でとか、そういう教科書じゃないじゃないですか。なので、僕は、最初は、まったくドイツ語が、最初1年の前期で分からなかったときは、それ、どうなんだろうと思ったけど、逆に僕はそれがすごく楽しいし。(S20)

・それだけ (文法・単語) でやるというよりは、流れの中にそういうのが織り交ぜてあって、身についていくという感じじゃないですか。その流れというのが結構、そうですね、新鮮な感じでしたね。(S20)

・最初からいきなり文法中心だと、ドイツ語に拒否反応を起こす人も多分いると思うんで、やっぱり日常会話、この最初の、名前を言って自己紹介していくみたいな、そういうところから始めた方が。(S21)

・日本語に男性名詞とか女性名詞とか、そういう概念ってないじゃないですか。それをいきなり教えられても、あんまり分かんないと思うんです。むしろ使っていく中で、男性名詞とか女性名詞とか、日本語にないような概念が何となく分かる気がするんですよ。(S21)

上記以外に、最初に文法説明がある場合には先生の教え方の良し悪しに左右されるとのコメントもあった (S13)。

⑤ 先生の文法指導に対するコメント

・それは、やっぱり、みんなが言っていました。プリントがいかに大事か、月曜日の文法の授業 (説明) がいかに大事かっていうのは。(S6)

・先生は、プリントを持ってきてくれて、それこそ今まで英語でやってきたような文法の説明を書いたプリントを。自分でノートを作らなくてもいいみたいな。(S13)

上記の学習者たちのコメントから、とりわけ高等学校での英語教育で文法が中心的役割を果たしていたこと、留学経験のある学習者の場合、言語知識が実践で役に立たないことを体験したことにより、アクティブな実践型授業が大事であると感じていること、まず最初に教師による文法説明を望む学生が少なくないものの、文法は言語活動の中で身につけるものと考える学生や、文法を発見的に学習する方法に最初戸惑いを感じるが、徐々にそれを受容し楽しむ学生の様子も確認された。教師側の対応として注目に値するのは、学生たちが自分でノートを作成する必要がないほどに、丁寧な文法説明のプリントを準備するケースである。学生たちはそのプリントを学習にとって大事と感じている。文法教授・学習に対する教師のビリーフに関係する対応と理解できるだろう。

2) テキストのリーディングについて：

① 中学校・高等学校での英語学習の体験

・私の学校は、もうなんか、全部訳したプリントをもらって。日本語に、もう全部。(S1)
・私のところは訳してきなさいみたいな、自分で、と言われて、先生が一人ひとりあてていって、じゃあ、ここからここまであなたが訳してみたいなので、どんどんあてられていって。(S2)
・私のときは、宿題とかではじめに出てきて、その宿題で出たやつを次の時間に英語と日本語を対比させているプリントがあって、それを配られて。(S3)
・多分、今までの英語みたいな学習の仕方でドイツ語に入るんだと思うんです。だから、和訳したがるというか。高校までが、多分、みんな、どこの高校もそうだと思う。だから、センター試験ありきというか、訳してなんぼみたいな感じで。(S5)
・日本伝統みたいな勉強の仕方。「ここの単語はこう。この構文がこう。だから、こうなる」みたいな感じでしたね。だから「予習してこい」みたいな。予習して、和訳を完ぺきにして、単語も全部やってこい。授業では、速読みたいなスピード

でやるんです。「じゃあ、ここ訳して。ここ訳して。ここ訳して」みたいな。（S5）

・だから、高校っていうか、今まで、それぞれがやってきた学習の仕方に、やっぱり影響を受けちゃうのかなと思います。（S5）

・（クラスの同級生は）分かる単語で読めばいいのに、わざわざ分からない単語に焦点を当てるんで、余計に文が分からなくなって。（S6）

・前後で意味を取ったりの方が僕は好きっていうか、もともとそんな感じで（英語のリーディングを）やっていた。（S15）

・長文は、まず読んで、自分なりに訳して、その後に印刷された本文訳を見て、どこ違うかなっていう感じで。（S16）

・（全部訳さなくていいよという読み方は）私は苦手です。どちらかというと最初から最後まできっちり訳したい性格なので。英語とかだと絶対そうするので。（S.19）

上記以外にも「英語は全部和訳されていました」（S14）、「英語のときもきれいに訳した」（S21）というコメントがあった。

② テクストのリーディング一般に関するコメント

・何か全部読まないと理解できないんじゃないかなと思っちゃうんで。（S4）

・みんな、すごいメモを取って、発音とかもメモを取るし、言われたことも全部メモを取るんですけれども。それで、長文とかだったら、分かる単語も少なくて、構造も分からなくて、何を言っているのか分からないみたいな感じになっちゃうんで、結構みんな下に和訳していますね。（S4）

・長文を見ているときに、習ってない単語とかも普通に入っていて、みんな、全部読んで和訳したがる人が多いので「この単語が分からない」「これも分からない」「文が分からない」みたいな感じになって、結果的に「読めません」みたいになっている子がたくさんいた。（S6）

他にも、「全部読まなかったら分からないと思ってしまう」（S10）、「授業で全訳を自分で作っていた」（S9）、「完全に訳すなと言われても、訳していた」（S12）、「訳さないと何か気持ち悪い」という内容のコメントがあった。

③ 授業におけるリーディングとテスト

・（テストのことは）めっちゃ意識しました。もうちょっと（日本語が）あった方が読みやテスト勉強のときやりやすかったかな。（S16）
・そんなに全部読まなくていいっていうのに抵抗は持ってなかったんで。ただ授業でやっているときに、これテストでどう出るかによって、まずくなりそうだなって思いながら。（S17）
・（全部訳せないとテストのときに困るという不安は）すごいあります。（S19）

④　日本語の説明のない教科書について
・経験上、中学のときに初めて英語をやったときも、日本語がほぼない教科書だったんです。だから、自分で調べないと英語も分からないわけじゃないですか。僕的な話で言うと、日本語が入っていなくても全然大丈夫だったんです。（S8）
・すべての問題が全部ドイツ語で書かれているんで、最初はちょっと分からなかったんですけど、自分で辞書で調べたりするきっかけになって、よかったと思います。（S14）
・友達と、「あれ？こうだったっけ」「いや、こうだっただろ」というのを、ずっと言っていました。（S15）

⑤　テクストとの自律的な関わり
・僕は全部訳すというか、そうですね。ここに書くだけじゃなくて、全部把握していたいと思う人なので。まず似ている英語を探して。それでも分からなかったら、そのときは辞書はないし、ネットとかで調べましたね。（S20）

学習者たちの上記のコメントから、高等学校までの英語の授業では、学生の多くが、単語と構文を中心とした和訳をすることで文章を理解する訓練をしてきたこと、その結果、ドイツ語の文章も全部読まなかったら分からないという不安感や、完訳する必要がないと言われても訳してしまう態度を形成している可能性が示された。ドイツ語の授業で大意を掴んだり、知りたい情報のみに焦点をあてる読み方をしている場合でも、テストを意識して、不安を感じる学生が少なくない。全部を和訳する学習経験により、S6が指摘しているように、「分からない単語」にフォーカスをあてる読み方が習慣となっている可能性がある。その一方で、英語教育ですでにコンテクストから意味を取る読み方に慣れている学生の場合は、和訳に頼らない読み方を好んでいる。

こうした分析結果から、以下では、和訳に頼らないで文章を理解するための方略の養成を目的とした練習問題を考える。

4 リーディング方略の養成のための練習問題シークエンス例

Funk et al.（2014: 35）は、教科書の文法問題で、穴埋式の練習問題はテスト機能を果たし、まだ文法知識が十分身についていない学習者に「何ができないのか」を示すことになり、とくに学習速度の遅い者にとっては動機づけの低下になると語っている。同じことが、テクストのリーディングについても言えるだろう。日本で出版されたドイツ語教科書のリーディングのコーナーでは、文章を「理解できたかどうか」を確認する問題が課されているのが常である。初級段階から「ドイツ語で書かれたある程度の分量のテクストを理解することができる」能力の養成も目的の一つとしている場合、できる限り実際的な内容を扱い、また注としての日本語訳をできるだけ少なくすることが必要となる。Funk et al.（2014: 11）は、いわゆるタスク（Aufgaben）の定義として、教室の中に限定されない、“Sitz im Leben”（実生活に存在するもの）としている。日常で外国語のテクストを読む場合には、分からない単語や表現に自分の母語でたくさんの注がついていることは稀である。語彙や文構造で未修のものがある文章を、「ドイツ語で書かれたある程度の分量のテクストを理解することができる」ことを目的として扱う場合、授業で使用している教科書が、その学習目標に到達するための練習問題・課題を十分に提供していないと教師が判断したならば、「理解できたかどうか」を確認するタイプの問題の前に、読み方のストラテジーを学ぶことができるような課題を準備することが必要となる。つまり、学習目標を出発点として個々の練習問題・課題を考える逆向き設計（Rückwärtsplanung, Funk et al. 2014: 14）の授業を実施するために、練習問題の種類と順序を工夫する必要がある。リーディングに限らず、教材の不足分は教師が副次教材などにより補う必要があるが、例えば野村（2017）は、*Menschen A1.1*（Hueber Verlag, 2012）において、Lektion 3の「家族」のテーマで、語彙をインプットからインテイクに移行させるためにどのような副次教材を活用できるかの具体例を示している。

以下では、『スタート！ベーシック』（*Start frei! Neu*）（A1レベル）のLektion 4 „Essen und Trinken“で扱われているリーディング素材 „Was essen die Deutschen?“を例として、テクスト理解のストラテジーの養成を目指した場合、どのような練習問題・課題をどのような順序で授業に取り入れることができるかを、*Sowieso*（Funk et al. 1994: 66-67）も参考に、練習問題のシークエンス例として提案したい。

Die Deutschen essen drei Mal pro Tag: Frühstück, Mittagessen und Abendessen. Morgens isst man oft Brot mit Butter und Marmelade oder mit Wurst und Käse. Manche Leute essen Müsli. Zum Frühstück trinkt man Kaffee oder Tee.

Mittags kann man in großen Firmen in der Cafeteria essen. Studenten essen meistens in der Mensa. Dort ist das Essen nicht so teuer.
Abends kochen viele Familien. Zu Hause isst man z.B. Fleisch, Gemüse, Nudeln und Kartoffeln.

Die Deutschen gehen aber auch gern ausländisch essen. Z.B. sind italienische, griechische, spanische, türkische und thailändische Gerichte sehr beliebt. Auch Sushi ist heute populär. So gibt es in vielen Städten Sushibars. In vielen Restaurants gibt es auch Gerichte für Vegetarier.

Im Restaurant bestellt man zuerst die Getränke. Auch Wasser muss man extra bestellen. Dann bestellt man das Essen. Am Schluss bezahlt man am Tisch und gibt dem Kellner oder der Kellnerin ein Trinkgeld.

Frühstück

das Müsli

Start frei! Neu（Lektion 4, 53頁）

ステップ１：文章のタイトル „Was essen die Deutschen?“ と写真２枚からドイツ人と食べ物・飲み物のテーマで、黒板やOHCを使い、Assoziogramm（マインドマップ、Wortigelとも呼ぶ）をクラス全体で作成する（アイデアを集める段階では母語・ドイツ語双方の言語を使わせる。日本語での発言は、ドイツ語で提示する）。

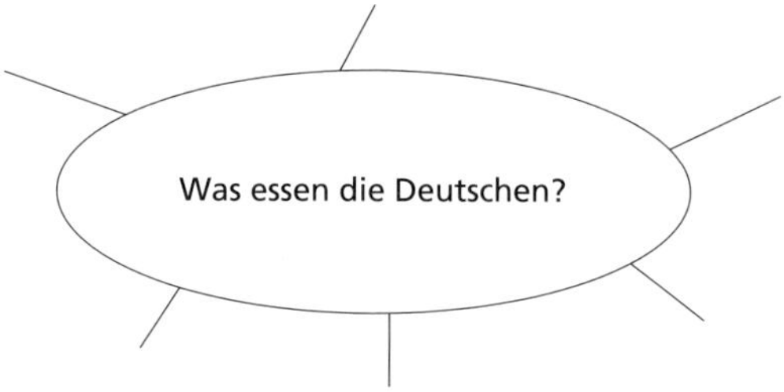

ステップ２：第１パラグラフを教師と共に声に出して読み、各行で知っている（と思う）単語（この課ですでに学習している単語３～４個）にマーカーで印をつける（テクスト中の例示を参照）。それらの単語や表現を頼りに、どのような内容なのかをペアあるいはグループで話し合う。

ステップ３：理解度をチェックする問題（選択肢を提示する）を課す。

Was ist richtig?

① Die Deutschen essen morgens oft　a) Brot mit Butter　b) Fleisch.

② Sie trinken morgens oft　a) Orangensaft　b) Kaffee.

ステップ４：第２パラグラフでもステップ３と同じことを行い、理解度をチェックする問題（選択肢を提示する）を課す。

① Studenten essen　a) in der Cafeteria　b) in der Mensa.

② Die Deutschen essen abends　a) zu Hause　b) im Restaurant.

ステップ５：第３・第４パラグラフも同様に行う。第４パラグラフでキーになる単語：bestellen, bezahlenなどは、レストラン場面で既習の単語であるが、テクストに入る前に、Restaurantをキーワードにして Assoziogrammで復習することも考えられる。

ステップ６：理解度をチェックする問題（個別作業で、テクストから解答を探す）を課す。

Ergänzen Sie.

① Die Deutschen essen gern ....

② Sushi ist ....

③ Was bestellt man zuerst im Restaurant?

④ ....

ステップ7：グループで理解を確認し、さらにテクストを基に、同じような理解度チェックの問題を作成し、グループ間で問題を出し合う。

ステップ8：テクストを基に、自分の朝食・昼食・夕食について書いてみる。

ステップ9：ペアあるいはグループで自分の食生活について話してみる。

上記の授業案で用いた方略は、Bimmel & Rampillon（2000: 69-75）に挙げられている外国語の学習ストラテジー一覧の中で「記憶のためのストラテジー」に分類されている「既存の知識や連想と結び付ける」、「直接的ストラテジー」の中の「言語処理のためのストラテジー」に分類され、テクストに「構造を与える」ためのストラテジーの「マーキングする」、「要約する」、「練習のためのストラテジー」として「外国語をコミュニカティブに使用する」、「間接的学習ストラテジー」の中の「社会的学習ストラテジー」として「クラスメイトとともに学習する」などである。

5　まとめ

学習者の聴き取り調査から、高等学校までの英語教育によって、ドイツ語学習における文法やリーディングに対する学習観が影響を受けていることが分かった。とりわけリーディングについては、文章全体を和訳することが多くのドイツ語学習者において習慣化していることが示された。その結果、分からない単語や表現に注意が向かい、分かる単語やコンテクストから、文章の大枠を理解しようとする読みのストラテジーが阻害されていると思われる。学習者のリーディングの方略を和訳だけでなく、授業の中で多様化することは、学習観の柔軟性にも繋がる。どの教科書も完璧ではない。「授業において、子どもが教材とどのように出会い、何を学ぶのかを方向づける重要な鍵を握っているのは、教師である」（秋田 1997: 51）。教科書が授業の目標・目的のために十分な素材を提供していないと判断した場合には、独自に副教材を開発することが必要になる。「教科書を教える」のではなく、教科書を学習目標から批判的に捉え補足することができる教科書との自律的な関わりが私たち教師には求められている（鷲巣 2017）。

文法の発見的な学習がよいのか、まず明示的に説明を受けることがよいのか、文法や語彙の基礎固めをしてから運用するのがよいのか、運用しながら身につけるのがよいのか、など外国語の学び方に対する学生たちの考えは多様であった。教師は、授業に参加している学習者の学習観は多様であることを理解し、授業では学習者をどの方向に導いていきたいのか、という目標を意識しながらも、彼らの学習経験とそれに基づく学習観に配慮し、明示的な説明と暗示的な運用、日本語訳による確認と大意の把握などのバランスを考えて授業を形作る必要がある。また、自分の授業観・学習観を、学習者との関わりや同僚とのディスカッション、研修の機会に振り返り、補足し修正していこうとするオープンな姿勢が教師には望まれる。

5　コミュニケーション中心の教材を使う学習者の外国語学習観 －質的分析手法SCATを用いた聴き取り調査の分析例から－[1]

1　はじめに

現在、大学で外国語を履修している学生は、中学校・高等学校の教育の中で6年間は学校教育として英語の勉強に取り組んできている。本章3節で述べたように、現在は、小学校では合計140時間、中学校では合計420時間が割り当てられ、義務教育段階ですでに合計630授業時数が英語関連の教育に使われている。鹿毛（2009）は、授業によって学ばれるのは、知識やスキルだけでなく、学びに対するビリーフ（信念）も同時に学習されると述べているように、大学生が外国語学習に対してどのような態度や期待、目的を持つかは、社会の要請や国の言語政策など外からの影響も大きいと思われるが、加えて、これまでに受けた外国語教育の体験によって、かなり固定した外国語学習観が学習者一人ひとりの内面に形成されていることは想像に難くない。日本人は、小学校から大学に入るまで、9000時間以上の学校教育を受けてきていることを考えると[2]、大学生は、入学までに「学び」全体に対する自分なりの学習観とともに、外国語（英語）教育に特化した学習観を背景として、大学で、多くの学生にとっては初修外国語としてのドイツ語を学習し始めることになる。

学習観とは「学習とはこんなものだ」という学習の仕組みに対する考え方を言う（藤澤2002: 41-42）。学校という教育システムの中で、学生はよい成績や合格を目的として、「覚える」という練習をこなしていくことにより、勉強とは「こなすべき作業である」という学習観を持っている場合が多い。たしかに知識、技能を身につけることは大事であるが、それをどのように学習したかという体験がその後の学習全般に対する態度に影響を与えると考えると、私たち外国語教授者は、目標言

1　本論文は、科学研究費助成事業基盤研究Cによる「コミュニケーション中心の教材がドイツ語学習者の動機づけに与える影響に関する研究」（研究課題番号: 26370646）の一環として、『言語と文化』21号（2017）に発表した論文を編集したものである。

2　学校教育法施行規則に定める標準授業時数によると、小学校では合計で5,785単位時間（1授業単位時間：45分）つまり4,338.75時間、中学校では3,045単位時間（1授業単位時間：50分）、つまり2,536.49時間、単位によって授業時間が設定されている高等学校では、学習指導要領総則第二款によって、卒業には74単位以上とし、「単位については、1単位時間を50分とし、35単位時間の授業を1単位として計算することを標準とする」とあることから、最低2,158.33時間、合計時間は、最低9,033.57時間と算出した。

語のスキルの習得だけでなく、どのような学習者に育って欲しいのか、という教育の大きな視点から日々の授業運営を考えていく必要がある、ということになるだろう。外国語教育は、諸要素が相互に関係している複合的システムと理解される（e.g. Boeckmann 2006: 44-46; Edmondson & House 2000: 26-29; Neuner & Hunfeld 1993: 8-13; Rösler 2012: 5-14）が、学習者を中心に置く教育観においては、外国語学習に対するビリーフがそのシステムの中でどのように形成されていくのか、好ましい学習観があるとすると、そうした学習観の形成に寄与するような授業とはどのような授業なのかも考えていく意味は大きい。

2　学習のメカニズムにおける学習観と外国語教育の方向性

藤澤（2002: 55）は、学習につまずきやすい生徒に共通した学習観として、以下の3点を引用している：

結果主義：思考過程よりも、答えが合っているか間違っているかが大切
暗記主義：答えを出す手続き、断片的な知識を正確に憶え込むのが学習である
物量主義：単純な反復による習熟が学習だとして、工夫をせずに練習量のみを重視

後に述べるように、学びにとって学習内容に対する関心が重要と考えると、例えば単位という「報酬」のために量をこなす作業としての学習の背景にある上記のような学習観は、深い学びに繋がりにくく、好ましくないと言えるだろう。学習観がいわゆる学業に影響し、それがまた学習観に作用する循環モデルを、藤澤（2002: 41）は、以下のように学習のメカニズムとして図式化している。

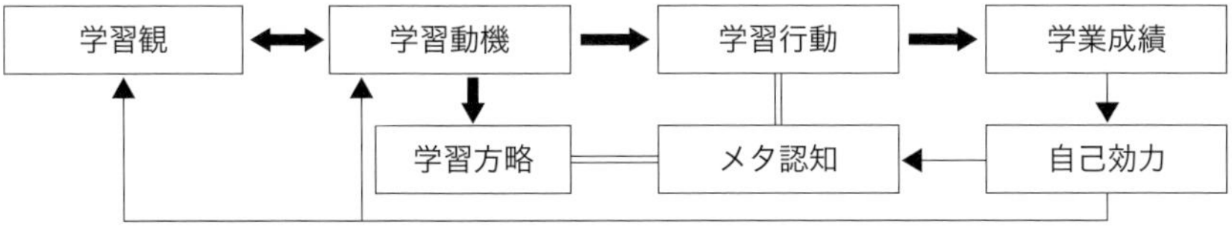

図１　学習の機構（藤澤 2002: 41 を基に作成）

いわゆる「やる気」や「なぜそれをするのか」（学習動機）は、どのような学習観を持っているかと相互に影響し合い、そのような動機は、どのような学び方（学習行動）をするかに影響を与え、それが学習成果に作用する。さらに、学習成果は「自分はできるかどうか」という自己効力感に影響を与え、それが学習動機や学習観に作用するというメカニズムを示している。この自己効力感は、自分の学習を一段高いところから観察し指令を与えるメタ認知に影響し、自分の学習を工夫すること（学習方略）と繋がっている（藤澤2002: 41-42）。外国語学習に関する学習方略のこれまでの調査・研究でも、学習方略・メタ認知と学習成果とは関連があることが分かっている（e.g. Oxford 1990; 竹内 2004）。いわゆる学びを統括するメタ認知が重要であると考えると、単純な反復による暗記や量をこなすことが大事だと考える物量主義など作業と化した学習、点数にこだわる結果主義が、好ましい学習ではないことが分かる。なぜなら、深い学びには、内容への関心が重要であり、点数に繋がるかどうかはさておき、テーマに関してあれこれと寄り道をすることにより、新しい発見や「分かった」という達成感を得たり、その分かったに「ゆれ」が生まれて新しい疑問につながり、さらにそれを調べるという学習のプロセスが重要だからである（森 2016）。

学習において内容に対する関心が重要なことは、市川（2001: 46-61）の「学習動機の二要因モデル」（図2）でも示されている。このモデルは、学習動機をそれが役に立つかどうかの「学習の功利性」を横軸、「学習内容の重要性」を縦軸に置き、それぞれをどれほど重要視しているかによって、6つの志向に分けている。学習内容自体に関心（充実志向）があれば学ぶのが楽しくなり、知的な訓練・練習（訓練志向）も厭わず、そのスキルや知識を自分の仕事や実生活に生かす（実用志向）ことができると考えると、動機づけも高くなることが容易に理解できる。逆に、仲間が学ぶから自分も学ぶ（仲間が学ばなくなったら学ばない）（関係志向）、負けたくないとか「かっこいいから」という理由（自尊心志向）で学習したり、学習内容と直接関係ない報酬（例えば自転車を買ってもらえる）（報酬志向）で学習に取り組む場合には、継続的な学習には至らない場合が多いだろう。

上記の学習の功利性に挙げられている3つの志向は、以下に述べる「自己決定理論」では、行動の理由を自分の外に置いていることから自己決定度の低い動機づけということになる。学びを他人事ではなく自分のことと感じ、学習内容に対する関心を向上させるためには、受け身の講義だけではなく、自ら課題に取り組む機会を保証する「アクティブラーニング型授業」(active-learning-based instruction)(溝上 2014: 12-15)が重要だと思われる。

図2　学習動機の二要因モデル(市川 2001: 48 を基に作成)

本章1節で述べたように、動機づけの包括的な理論である「自己決定理論」では、人間の基本的な3つの心理的欲求の中で「関係性の欲求」の充足は、はじめは自己決定的でなかった行動が内在化[3]に移るときに重要な役割を演じるとされている。他の2つの基本的欲求である「有能感」と「自律性」の充足は、「楽しい」という内発的動機づけを維持するために重要となる(Ryan & Deci 2002: 19)。したがって、「学習の機構」モデル(図1)も示すように学習成果にとって重要なのは「有能感」と「自律性」であると考えられるが、Maslowの「欲求階層説」(Hierarchy of Needs)(Maslow 1954)が示唆しているように、他者の受容や承認への欲求(関係性への欲求)が充足されないと、自分の活動自体に喜びを感じるような「成長動機」(growth needs)あるいは「内発性の動機づけ」には繋がらない。「学習動機の二要因モデル」(図2)における「関係志向」は学習開始時点の動機としては学習に繋がりにくい志向と理解されるが、コミュニカティブな外国語能力の養成を目的とする授業では、インタラクティブな作業形態を可能とするような協調的人間関係は重要な要素と言える。

3　「自己決定理論」における内在化とは、外的に動機づけられた行為に対して、個人が態度や信念、行動の調整(behavioral regulation)を獲得し、徐々に自分の価値やゴールあるいは秩序(organization)へと変容させていくプロセスを言う(Deci & Ryan 1985: 130)。

外国語の授業では、現在、実際場面で使用する能力を養成するコミュニカティブな授業がその重要性を増している。学習指導要領（英語編）（2008, 2009 および2017, 2018）では、中学校および高等学校において、4技能を総合的に育成する指導の充実、文法指導を言語活動と一体的に行うように改善することが基本方針として挙げられている。また、理解できないことがあっても、推測するなどして聞き続けたり読み続けたりする態度、すなわち学習方略の育成を目指していると考えられる（文部科学省 2009: 3-8）。例えば、高等学校学習指導要領解説（2009）の「改訂の趣旨」に挙げられている改善の基本方針では、「4技能を総合的に育成する指導」が繰り返して強調され、文法は、「コミュニケーションを支えるもの」として捉え、「文法指導を言語活動と一体的に行うように改善を図る」としている。2008・2009年の学習指導要領改訂が示されてからすでにかなりの時間が経過していることから、徐々に、この新しい指導要領のもとで外国語（英語）を学んだ学生たちが大学に入学して来ることになる。また、「国際共通語としての英語力向上のための5つの提言と具体的施策」（文部科学省初等中等教育局 2011年7月）の提言1で「生徒に求められる英語力について、その達成状況を把握・検証する」とされたことから、2013年に「中等教育の外国語学習目標」（2013年3月）の中で、「学習指導要領に基づき，各中・高等学校が英語力を達成するための学習到達目標を「言語を用いて何ができるか」（action oriented）という観点から、「CAN-DOリスト」の形で具体的に設定し、その達成度を検証する」ことが求められている。学校によってはホームページ上で学年ごとのcan-doリストを公開している場合もある。学校の英語教育の方針を明確にし、学習者自身が自分で何ができるのかを確認することができるようになれば、日本人に低いとされている自己効力感[4]の向上にも寄与することが期待される。自己効力感・有能感は、「学習の機構」でも「自己決定理論」でも学びにとって重要な概念と考えられている。

教育の基本方針の変更が実践に移され、その効果が現れるまでにはかなりの時間がかかると思われるが、グローバル化の中で実践的な英語能力を求める経済界や社会全体の風潮から、学生の外国語学習に対する学習観や教師の授業観は言語知識志

4　例えば、文部科学省国立教育政策研究所（2013年12月）『OECD生徒の学習到達度調査 Programme for International Student Assessment ―2012年調査国際結果の要約―』を参照。日本人の高校生（15歳）は、国際比較において、数学の成績はよいが、数学における自己効力感はOECDの平均を大きく下回っている。

向から言語運用志向に向かっていくものと思われる。

例えば、筆者が実行委員の一人として調査に参加した、日本独文学会の「ドイツ語教育・学習者の現状に関する調査」では、2014年に教師と学習者を対象とした質問紙調査を実施したが，そのデータを分析した結果、64.3%の教師が，調査対象クラスにおいて文法を重視していること、その一方で半数を超える教師は(50.6%)、「日常的な会話」に重点を置いていることが分かった（複数回答可）（日本独文学会 2015）。これは、1997・1998年度の日本独文学会ドイツ語教育部会の調査（ドイツ語教育部会 1999）と比べると、教師が学習者の口頭コミュニケーション能力養成にも力を注ぐようになったことを示している。また、学習者は、これまでの多くの調査で、文法シラバスの授業よりも会話中心あるいは4技能の総合的な養成を目指す授業を希望しているものの（e.g. Slivensky 1996; Terada & Terada 2002; ドイツ語教育部会 1999; 日本独文学会 2015; 藤原 2010）、2014年の学会調査では、望ましい教材としては、「日常会話が多い教材」(58.3%)と「文法を理解し、文章が読めるようになる教材」(54.1%)が、ほとんど同じ程度で支持されている（複数回答可）（日本独文学会 2015）。このように、言語知識を重んじる文法・訳読型の授業・教材と、言語の使用を重視するコミュニカティブな授業・教材の双方が、教師側にも学習者側にも支持されている。こうした一見矛盾するような状況において、近年使用が増えているコミュニカティブな教科書を、学習者はどのように受け入れているか、そうした教材を使用したコミュニカティブな授業でドイツ語を学習することにより、学習者の外国語学習観はどのような影響を受ける可能性があるかを、体系的に調査研究することの意味は大きいと考える。学習体験に基づくビリーフは、安定的で、なかなか変わる・変えることは難しい（森田 2011）。その一方で、例えば、大学において従来の文法・訳読法ではなく、言語活動を中心としたコミュニカティブなドイツ語授業に参加することにより、外国語を学ぶことに楽しみを見出していく学生も少なくないことが実証的研究によって示されている（Boeckmann 2006; Waychert 2016）。

教育は、外国語教育も含めて、人を対象とする実践的なヒューマンサービスである。この分野では質的な研究が大きな潮流の一つとなりつつある（大谷 2007: 27）[5]。

5　高木（2016）によれば、外国語教育関連の3つの主要な学術雑誌（TESOL Quarterly, Applied Linguistics, Modern Language Journal）に掲載された2006-2015年の論文781本のうち、質的研究226本（29%）、量的研究277本（35%）、混合研究100本（13%）、その他が178本（23%）であり、Benson et al.（2009）の1997-2006の（上記の3学術誌を含む）10の主要な学術雑誌の調査で質的研究が22%であったことと比較しても、質的研究が増えているとしている。

長期的な外国語学習に関する学習者の態度や期待とその変化を深く探るためには、質問紙による量的な調査と平行して、聴き取り調査や学習記録、質問紙の自由記述などの言語資料の質的分析は欠かせないとの理解から、－どちらに力点を置くかに違いはあるが－ドイツ語教育においても量・質の双方を手法とする混合研究が少なくないが（e.g. Boeckmann 2006; Kutka et al. 2010; Waychert 2016）、質的な分析によって日本人大学生のドイツ語学習者の学習観に深く踏み込んだ研究は、管見の限り、まだほとんどないと思われる（Morita 2009）。

本論文をその一部とする研究課題「コミュニケーション中心の教材がドイツ語学習者の動機づけに与える影響に関する研究」は、上記の研究観に基づき、コミュニカティブな教科書でドイツ語を第二外国語として学習する大学生の学習動機づけや学習観を質問紙調査によって量的に探ることを中心とするが、加えて、聴き取り調査の分析によって数値では測れない学習者の内面をそのことばから理解しようとする混合研究である。本論文は聴き取り調査の質的分析によって、「コミュニカティブな教科書でドイツ語を学ぶ大学生の外国語（ドイツ語）学習観」を探究する。

3　研究・調査の概要

3.1　コミュニカティブな教材と調査対象者

本調査は、「コミュニケーション中心の教材がドイツ語学習者の動機づけに与える影響に関する研究」で、教室外での実際場面において目標言語を使う能力を養成することを目的とする「コミュニカティブな教材」を授業で使用する学習者と教師を対象としている。コミュニカティブな教材の特徴は、練習問題・課題（Übungen, Aufgaben）によく表れている。Funk et al.（2014: 17-22）によると、以下の原則に従って作成されている必要がある：

- Kompetenzorientierung　（能力中心）
- Erfolgsorientierung　（効力感中心）
- Handlungsorientierung　（行動中心）
- Aufgabenorientierung　（タスク中心）
- Interaktionsorientierung　（インターアクション中心）
- Kontextualisierung　（文脈化）

➢Personalisierung （「私のこと」とする）
➢Lerneraktivierung （学習者の授業参加の促進）

「能力中心」の概念は、課題を解くために学習者が必要とする認知的および技能的な能力全体を意味し、学習者の自律性と直結する概念である。授業によって何ができるようになるのか（can-do）およびその目的を学習者が理解し、学習プロセスを自分で把握し、学習目標に向かって自分なりの学習方略を探し求めるような姿勢を養成する課題の必要性を言う。「効力感中心」の概念は、学習者が課題を解くことにより、自分の学習の進歩を感じ、次に進む動機づけとなり、自分に対する信頼を得るような課題の設定を指す。「行動中心」とは、学習言語を使用して行動する能力である。他者を理解し自分のことを表現するだけでなく、他者とネゴシエーションする能力、つまり、自分の意見の理由づけをしたり、内容を要約したり、自分の態度を明らかにしたり、さまざまな考えを理解する能力を養成する課題である。したがって、課題のテーマは、学習者の日常に関係し、実生活でも起こり得るものや状況を扱う必要がある。「タスク中心」とは、教室内での学習のための学習ではなく、学習者の日常と関連した課題を、目標言語を使用して解決するような内容である必要性を述べている。タスク中心の授業では、課題の質が授業の成果を決定し、授業内でのインターアクションを左右し、学習者が成功を体験してさらに意欲的に学ぶのか、失敗を体験してやる気を喪失するのかを決定する。「インターアクション中心」の授業では、学習者は、授業の中で言語を使用して他者と関わることを体験する。実生活でそうであるように、すでに授業の中で、口頭、筆記、あるいはジェスチャーや顔の表情などをとおして、言語を多様な状況で使用する練習をすることにより、教室外での行動が可能になるということを前提としている。学習者と教師、学習者間のインターアクションの質と、授業への学習者の積極的な参加が、授業の成果を左右する重要な要素である。「文脈化」の概念は、言語は多様な社会的コンテクストで使用される以上、それを授業の中で準備し練習するべきであるという理念に基づいている。したがって、課題はできるだけ実生活であり得るようなオーセンティックな状況で提供され、そこで学習される言語は教室外でも同じような状況で使用可能であることを前提とする。学習者にとって重要で、自分の関心や体験、知識と関連した文を産出し、自分自身のために言語を使用することを目的とする。「私のことする」ということは、上記の文脈化で述べたことに繋がる概念で、自分に関連づけて言語行動・学習を行うことである。自分と繋がりのないことは表面的な学習にとどまり、授業後にはすぐに忘れ去られてしまう。学習者の関心や年齢、日本の大学での授業であれば、学生生活など、課題は学習者との関連を重視した内容であることが肝要である。「学習者の授業参加の促進」は、例えば、これまでの知識を授業で応用したり、質問したり、学習目標や授業のテーマを選択したり、文法規則や語彙の意味を自分で発見したり、自分の学習成果を自分で管理するなど、さまざまな方法で学習に参加することを目指す概念である（藤原 2015b: 64-65）。

ここで挙げられているコミュニカティブな教材とその練習問題・課題の特徴は、学びをどのように理解しているかという点において、藤澤の「学習の機構」や市川の「学習動機の二要因モデル」、森のアクティブラーニングと同じ方向性を示していると筆者は理解している。

調査全体で対象とした教材は、ドイツ語圏で出版された教材２冊（*Menschen A1*; *Schritte international A1*）と、日本で出版された教材２冊（*Szenen 1*; *Start frei !*（*Neu*））である。質問紙調査の分析については、本章3節で示した。聴き取り調査については、2015年1月～2月に21人に、2016年1月に別の21人に実施し、外国語学習全体についての考え、使用しているコミュニカティブな教科書の評価や文法学習についての態度、これまでの外国語学習についての振り返りを中心に質問し、それ以外の点についても自由に語ってもらう半構造化されたインタビュー調査とした。聴き取りの時間は一人平均30分程度であった。対象者の承諾を得て録音し、その音声データを文字起しした。2016年1月に行った聴き取り調査については、本章4節にまとめている。

本論文の分析対象としたのは、近年採用する教育機関・教師が増えている *Menschen A1*（Hueber Verlag）を使用して、第二外国語としてドイツ語を学習する大学1年生の聴き取り調査である。調査は2015年2月に実施され、聴き取り時間は約30分であった。調査対象者の承諾を得て録音したものを文字起しした言語データを分析した。

3.2　聴き取り調査分析の目的

本論文では、学習者の語りを、以下の点にフォーカスして分析する：

1. コミュニケーション中心の教材と学習環境をどのように感じているか
2. 文法学習に対して、どのような態度を持っているか
3. 高等学校までの外国語（英語）学習に対してどのような経験を持っているか
4. 1.～3.によって、コミュニカティブな教科書の評価は影響を受けているか

3.3 分析方法

聴き取り調査によって得られたデータの分析には、SCAT（Steps for Coding and Theorization）を使用する。質的データの分析において一般的なグラウンデッド・セオリーとは異なり、この手法は、一つのケースのデータやアンケート調査の自由記述欄のような限られた質的データの分析にも有効とされている（大谷 2007）。SCATでは、言語データを意味のあるまとまりにセグメント化し、それぞれに〈1〉データの中の着目すべき語句、〈2〉それを言い換えるためのデータ外の語句、〈3〉それを説明するための語句、〈4〉そこから浮かび上がるテーマ・構成概念の順にコードを考案する4ステップのコーディングと、テクスト全体を考えながら、4ステップにおけるテーマや構成概念を紡いで「ストーリーライン」と「理論的記述」を行う分析手法である。この分析法は、研究者が頭の中で暗示的に行っている分析のプロセスをマトリックスによって明示的に示し、分析の諸段階を経て理論化に進むことが可能で、したがって、分析過程を省察し反証を可能にすると述べられている（大谷 2007, 2011）[6]。

3.4 分析結果

3.4.1 SCATによる分析

2015年2月に実施した聴き取り調査の学習者一人分の言語データを、3.3に述べたSCATのステップ・コーディングにより分析した結果を表1に詳しく示した。とくに学習観にフォーカスした分析である。「ストーリーライン」から重要な部分を

---

6 大谷（2011: 155）によると、SCATを手法として発表された論文は、教育工学、教育社会学、幼児教育学、養護教育、メディアリテラシー教育、日本語教育、法曹教育、臨床心理学、医学教育学、臨床研究、薬学、看護学、スポーツビジネス研究、ヒューマンサービス研究など、多様な研究領域にわたっている。本論文筆者は、この手法を2016年9月24日・25日に名古屋市立大学で開催された「日本質的心理学会13回大会」における「SCATワークショップ」で学習する機会を得た。また、2017年2月に、講師を招いて、二日間にわたりSCATの講習会を開催した。なお、SCATによるステップ・コーディングと理論化のプロセスおよび具体例は、大谷（2007: 31-38）を参照。

聴き取り調査の SCAT(Steps for Coding and Theorization) による分析
（第二外国語としてドイツ語を学ぶ大学 1 年生　教材：*Menschen A1*, 聴き取り日　2015 年 2 月 17 日）

表 1　コミュニカティブな教科書を使用した学習者への聴き取り調査の分析一覧

番号	発話者	テクスト	〈1〉テクスト中の注目すべき語句
1	聴き手	☆この教科書の最初の印象はどんな感じでしたか？	
2	学生	大学に入ってはじめて英語以外の言語に触れるということで最初ちょっと。最初にぱっと見て日本語が全くないっていうのは少し不安は感じましたね。	大学で初めて英語以外の言語。最初ぱっと見て、日本語が全くないのは少し不安。
3	聴き手	☆でも、それって慣れていったのかな？	
4	学生	そうですね。先生が「ここの文章を日本語に訳しましょう」という授業の展開のされ方をなさっていて。さらに訳した人にポイントが付くんですね、授業点が。だから、みんな積極的にやっていけるし。その積極的にやっていけたおかげでどんどん分かっていったのはあります。	「ここの文章を日本語に訳しましょう。」訳した人にポイント。積極性が理解に繋がる。
5	聴き手	☆グループワークっていい？1人でやる場合とグループワークとペアワークってあると思うけど？	
6	学生	相性とか、周りの環境にもよるんですけれども、〇〇先生の授業はグループワークでよかったと思いますね。自分だけじゃなくてグループの全員の点だから余計に調べようってなるんですよね。	相性や環境による。この先生の授業はグループワークで良かった。グループ全体の点。
7	聴き手	☆コミュニケーション中心の授業だけだったらどうかな？	
8	学生	やはり、文法を学ぶのは日本語がいいと思います。いきなり全部ドイツ語にしてしまうと最初は入れなくなるんじゃないかなと思います。	文法を学ぶのは日本語が良い。いきなり全部ドイツ語では入れなくなる。
9	聴き手	☆文法はきっちり文法（の時間）としてあってよかったなって感じかな。	
10	学生	そうですね。ドイツ語を始めるちょっと前まで、受験勉強でもずっと必死に英語をやっていったわけじゃないですか。英語ではやはり文法というのはとても重視されていたので。だから、外国語を学ぶというのに文法っていうのがもう身についてるんですね。そういう意味で文法は必要、という思考になっているところはあると思います。	受験勉強で必死に。英語では文法重視。外国語を学ぶには文法っていうのが身についている。文法は必要、そういう思考になっている。
11	聴き手	☆英語は好きだった？英語の時間は楽しかったの？	
12	学生	あまり好きではなかったですね。やっぱり、覚えても覚えてもキリがないっていうのはありましたね。	英語はあまり好きではなかった。覚えても覚えてもキリがない。
13	学生	学校の英語の時間は、やはり、途中からもう受験のための英語になっていたので。本当に受験前とかは一種の作業みたいな感じにはなってしまいましたね。	途中から受験のための英語。一種の作業みたいな感じ。
14	学生	中学から高校に上がった時は英語の形の変化にちょっと戸惑いましたね。中学の時は教科書にキャラクターとか出てきて会話とかもあったんですよ。それが一気に高校で日本語が並んだ参考書みたいになって。	中学から高校に上がった時の変化に戸惑い。中学教科書は会話あり。高校教科書は日本語が並んだ参考書のよう。
15	聴き手	☆高校は作文であったり、文法であったり、コミュニケーションだったり科目が分かれていったんじゃないの？	
16	学生	2つあったんですけども、1つは、長文とか、一応、物語だったりとか。もう1つは、もう日本語がずらっと並んだ文法でしたね。そうですね。コミュニケーションというのはあまりなかったですね。	授業は、長文と日本語がずらっと並んだ文法。コミュニケーションはあまりなかった。
17	聴き手	☆1年間のドイツ語の学習、あるいは英語の学習でもやる気は上がったり下がったりすると思うんですけど、どんな時にやる気って上がってくるの？	
18	学生	担当の教授が自分がやりやすいと思える授業をしてくださったりとか。あとは、グループワークは本当に環境がよかったのでよかったと思います。私だけじゃないので、他のみんなの点にもなるので必死に頑張ろうとは思いましたね。	自分がやりやすいと思える授業。グループワークによる環境が良かった。他の皆のためにも頑張ろうと思った。
19	聴き手	☆（教科書の）どこの課が一番やりやすかった、面白かった？	
20	学生	このページはすごい印象に残っていますね。ポイントだけ見て、これはこうだからこの眼鏡だとか、みんなで訳したのもありますし。眼鏡っていう1つのことだけでこれだけ項目を作れるんだなと思いましたし。この教科書でよかったと思います。	すごい印象に残っている。みんなで訳した．多様な課題作成に対する驚き。この教科書でよかった。
21	聴き手	☆自分のやりたいことはある程度自分で決めれたかな．あるいは、何となく先生が100%決めちゃったかな。	
22	学生	半々ぐらいだと思いますね。もちろん、まったく全部自分でやれというのはなかなか難しいですし。先生がある程度道筋を立ててくださって、その中で自由にやれた感じがあるので。	先生の筋道の中で、自由にやれた感。
23	聴き手	☆ドイツ語の授業は、どんな授業だったらいいのかな？	
24	学生	そうですね。〇〇先生の授業はまた受けたいと思います。やはり、コミュニケーションですし、生徒が積極的に入っていける授業がいいと思いますね。コミュニケーションは受け身じゃないと思うので。	コミュニケーションの授業。積極的に入っていける授業。コミュニケーションは受け身ではない。
25	聴き手	☆コミュニケーションと文法、あるいは訳したり、続けるとしたらどれを続けようと思う？	
26	学生	それは、コミュニケーションが楽しかったので。コミュニケーションの中で出てきて分からない文法とかあったら調べるかなというぐらいの比率で。	コミュニケーションが楽しい。コミュニケーションに出てきた文法を調べる。

《ストーリーライン》　学生Aは、大学で初修外国語としてドイツ語を学習し、日本語のない教科書に「最初は不安」を感じたが、教師が母語の使用（日本語訳）による「足場掛け(scaffolding)」を行うことにより、この否定的な情意を低減させている。教師がポイントの付与という「道具的な動機づけ」を授業の主な作業形態である「グループワーク」に適用したことで、皆のためにという「協働作業」が促進され、コミュニケーションを目的とする「授業環境」が効果的に働き、授業に「積極的に参加」している。協働作業による学習を好ましく感じているが、その一方で、「高校での英語教育体験」に基づき、「文法知識の重要性」を認識し、文法とコミュニケーションに分けられた大学のドイツ語カリキュラムを受容している。高校時代の英語教育を振り返り、「受験対策」として文法と「日本語が多用されている参考書のような教材」による偏った勉強を体験したことが、「外国語を学ぶことは文法を学ぶこと」という「自分の学習観」に影響があると認めている。また、

〈2〉テクスト中の語句の言い換え	〈3〉左を説明するようなテクスト外の概念	〈4〉テーマ・構成概念（前後や全体の文脈を考慮して）
大学での初修外国語。 日本語がないことへの不安。	初修外国語。第一印象。 目標言語のみの教材への不安感。	学習者自身：大学における初修外国語としてのドイツ語。外国語学習における母語。情意的要因としての不安。
教師の授業の展開の仕方。 日本語訳。ポイントが付く。 積極性と理解の進展。	教授法。動機づけ。積極的参加。	教師関連：教師の手法。母語の使用。scaffolding（足場掛け）による不安低減。道具的動機づけ。積極的取り組み。
相性と、教師も含む学習環境。 グループ全体の利益。	学習者の多様性。授業の作業形態。 教師の授業環境作り。一人はみんなのために、みんなは一人のために。	教師関連：作業形態を機能させる教師の環境作り。協働学習。基本的な心理的欲求としての社会的関係性の構築。
日本語での文法知識の獲得。最初は日本語で。	明示的言語知識。母語による認知的な理解。	学習者：言語学習に対する学習観。文法はまず日本語による理解から。
受験勉強としての英語学習。試験において知識としての文法の重要性。 外国語学習は文法学習という学習観・態度の獲得。	第一外国語の学習経験。試験でチェックしやすい能力としての文法知識。文法に関する学習観（ビリーフ）・態度の形成。	学習者：テストに向かっての偏った勉強。ウオッシュバック効果。文法の学習観・態度の形成。第一外国語としての英語の学習経験。英語学習経験の影響。
英語に対する否定的態度。 際限のない暗記。	第一外国語に対する否定的態度。 暗記学習の苦痛。	学習者：英語が嫌いになる要因。際限のない覚える勉強。暗記主義。物量主義。
作業化した英語学習。	外的調整。受験のための英語。 ごまかしの学習。	学校の体制：学びの質の転換。外的調整への変化。作業と化した学習。
中学から高校へ：コミュニカティブな授業から文法中心へ。中・高の英語教育のギャップ。高校教材：日本語多用。	高校における英語教育の文法偏重。 学習者の情意的要素としての不安。 日本語で英語を学ぶ。教材の日本語使用。	学校の体制：教育課程の進展とともに、文法知識獲得への方向転換。学習者の戸惑い。目標言語について日本語で学ぶ。
文法とリーディングの授業への変換。	受験対策としての学習目標の質的転換。	学校の体制：以前と変わらない英語の授業。言語の運用ではなく、日本語による宣言的知識としての文法学習への逆行。
学習者の個別的な好み。学習環境。 グループ学習の利点。協働学習。	教師の教授方法と学習者の相性。学習環境・作業形態についての学習者の好み。グループによる協働学習。	教師：学習者の個別性と授業環境。協働学習としてのグループワークの肯定的認知。動機づけ向上の学習環境：社会的関係性の促進。
グループで訳しながら課題を解いた肯定的経験。教科書の肯定的評価。	協働作業による記憶に残る学習。	学習者：協働作業による剥落しない学び。 使用教科書の肯定的評価。
導き（Steuerung）と自己決定とのバランス。	教師の介入の度合い。自律性の養成。	教師：足場掛け。筋道は示し、その中で学習者の自己決定に任す。すべてを采配しない覚悟。
コミュニケーション対文法。生徒の積極的係わり。コミュニケーションは受け身の対極。	コミュニカティブな授業の特性。 能動と受動。文法＝勉強＝受け身　対 コミュニケーション＝運用＝積極的関与。	学習者：勉強としての文法学習。継続したいコミュニケーションの授業。
運用が主で、文法はそれを支える副次的意義。	フォーカス・オン・フォームで文法を学習。	学習者：特化した文法学習から運用の中で必要なものを学ぶ、という態度へ。

英語に対する否定的感情は、言語知識獲得のための「際限のない暗記主義」･「物量主義」を体験したことにも起因している。このことにより、「英語学習が作業」と化し、運用ではなく日本語による宣言的知識としての文法学習へと「学びの質が転換」したことに、当初戸惑いを感じたと回想している。しかし、大学のドイツ語授業で体験した「グループワークによる協働学習」は肯定的に認知され、この作業形態により学習内容の剥落が防がれ、始めは不安を感じた日本語のない教材を肯定的に評価している。学習環境は、教師が「筋道を示した上で学習者の自己決定にも任された」と感じている。今後、継続したいのは「積極的な参加」ができるコミュニケーションに重点を置いた授業で、文法はそれに特化して学習するのではなく、「コミュニケーションで必要なものを学ぶ」という態度への変容を示している。

取り出す「理論的記述」は、以下にまとめて提示することとする。

インタビュアーは筆者、インタビュイーは、ヨーロッパ言語共通参照枠のA1の修了を目的とする*Menschen A1*（Hueber Verlag）で、第二外国語として週1回のドイツ語の授業を2014年4月から2015年1月まで受講した大学1年生である。SCATで分析を進めた結果の「理論的記述」を以下のようにまとめる：

調査・分析対象の学習者は：

➢日本語のない教科書に対する否定的な情意としての不安を、日本語使用を許容するなどの教師による足場掛け（scaffolding）によって乗り越えていく。
➢グループワークに道具的動機づけが導入されたことで協働作業がより有意味になり、授業に積極的に参加するようになる。
➢高等学校での英語学習経験により、文法知識の重要性を認識している。
➢高等学校での英語の授業経験から、文法とコミュニケーションの授業に分けられたカリキュラムを受容している。
➢高等学校の英語教育により、文法学習とコミュニケーションを分けて考える学習観を形成している。
➢高等学校の英語教育により、「外国語学習とは文法学習である」、「文法は日本語で学ぶ」という学習観を形成している。
➢高等学校での英語の授業経験が、「外国語を学ぶことは文法を学ぶことである」という学習観の形成に影響していることを自覚している。
➢英語に対する否定的感情は、言語知識のための「際限のない暗記主義」と「物量主義」により、英語学習が作業と化したことに基づいている。
➢大学のドイツ語授業で体験したグループワークによる協働作業が肯定的に認知され、最初は戸惑いを覚えた日本語のない教材を評価するようになる。
➢学習環境は、教師が「筋道を示した上で学習者の自己決定にも任された」と感じている。
➢今後継続するなら、受け身ではなく積極的な参加が可能なコミュニケーションの科目を希望している。
➢「文法はコミュニケーションに必要なものを学ぶ」という、フォーカス・オン・フォーム型の学習態度への変容が見られる。

3.4.2　学習者の言語データの分析から得られた教育的示唆

調査・分析対象の学習者の言語データ全体から、コミュニケーション中心の教材を効果的に使用するために重要と考えられる視点を以下にまとめる：

1. 学習者のこれまでの学習経験や自律的学習に考慮した足場掛け（scaffolding）を行う

➢日本語使用による認知的理解の許容：コミュニカティブな授業においては、目標言語の十分なインプットは必要であり、すべてを理解することよりも、むしろ曖昧さを許容する態度（tolerance of ambiguity）の養成は大事だが、Einsprachigkeit（授業言語を目標言語のみとする）を「主義」として（自分にも）学生にも押しつけないという柔軟性が必要だろう。学習者が日本語使用によって、認知的に「分かった」という達成感を得ることが効果的と思われる場合には適宜、日本語使用を許容する授業運営が肝要だと思われる。

➢筋道を示しながらも学習者の自己決定の範囲を増やす工夫をする。すべてを采配しなければならないと考えず、グループワークなどで学生たちが行うやり取りの中で起こる学びに、必要に応じて手助けをする柔軟な対応能力を磨く。

2. 授業目的と授業環境との整合性を図る

➢授業の目的が実際場面でのコミュニケーション能力の養成であれば、その目的に合わせ、作業形態はグループワークやペアワークの協働学習で言語を使う体験を基本とする。

➢グループワークやペアワークによる協働作業が、楽しいだけでなくより有意味になる工夫をする。

➢コミュニカティブな授業・課題の根底にある理念「他者決定から自己決定へ」を、例えば学習者に選択の可能性を与えるなどにより、授業の中で具体的に実現していく。

➢「コンピテンス中心」、「インターアクション中心」などコミュニカティブな教材の特徴が、学生に受け入れられるためには、授業環境がそれに沿っている必要がある。

3. ドイツ語の授業で、学習者の外国語学習観の柔軟性を育成する

➢英語学習によって形成された「外国語学習は文法学習である」という学習観を、「文法は使用を支援するもの」へと導く。

➢ これまでの外国語教育のカリキュラムにより、「文法学習は言語使用とは別物」であるという学習観を、「文法は言語使用の中で学習する」へと導く。

➢ これまでの体験に基づき「文法は際限のない暗記である」という学習観から、「文法は言語使用に必要なものを学ぶ」へと導く。

4 まとめ

本論文は、コミュニカティブな教科書を使用してドイツ語を学ぶ学習者の学習観を中心に、聴き取り調査の言語データをSCATによって分析した結果を示した。分析対象とした学習者は大学入学までの英語学習を際限のない暗記として体験し、その体験に基づいて英語学習を作業と感じ、文法は言語活動とは別物として学ぶという学習観を持っていたが、大学で初修外国語としてのドイツ語をコミュニカティブな教授法により学習することで、文法は言語活動にとって重要なものを学ぶという学習観に変わっている。フォーカス・オン・フォームズ（Focus on Forms）からフォーカス・オン・フォーム（Focus on Form）への移行と言えよう。

その一方で、多くの調査で示されているように（e.g. Boeckmann 2006; Burgess & Etherington 2002; Fujiwara 2016b; Kutka et al. 2010）、外国語学習において文法が重要であること、文法の明示的な説明が必要だという学習観を持つ学生が少なくない。アクティブラーニング型授業は講義（聴く）を否定するものではなく、講義が学びにとって意味のあるものになるように、自ら課題に取り組む機会、認知プロセスの外化を保障するものである（溝上 2014: 12-15）。コミュニカティブな授業においても、アクティブな使用と講義を二項対立的に捉えて「理屈は分からないけれど使える」あるいは「理屈は分かるけれど使えない」学習者ではなく、上述のアクティブラーニング型授業において、ある程度まで「理屈も分かるし使用もできる」学習者を育成することを大学におけるドイツ語教育の目標とするのがよいのではないだろうか。そう考えると、授業言語を全体的に目標言語にするダイレクト・メソッド型の原則にとらわれて、日本語での文法理解や説明をネガティブに捉えるのではなく、学習者の「分かった」を「使える」ために必要なプロセスと柔軟に考えることもできるだろう。実践的な言語使用を学習目的とする授業において、フォーカス・オン・フォームのコンセプトを土台とし、学習者の母語である日本語の使用を授業においてどのように取り入れていくのがよいのかを、その授業ごと、学習者グループごとに柔軟に対応していくような教授者の経験知と科学知が必要なのだろう。

学習観は固定的で変えることが難しいとしても、本論文で分析した言語データは、ドイツ語の授業によって、外国語に対する大学生の学習観が柔軟性を得る可能性を示した。生涯学習の観点から、外国語の学びを学校教育修了後も継続して欲しいと考えるのなら、大学におけるドイツ語教育の任務と可能性を「外国語に対する学習観の柔軟性の育成」に見ることもできるだろう。

6　ドイツ語学習者の高等学校における英語学習経験とドイツ語学習観との関連性－前期質問紙調査の量的分析を中心に－[1]

1　はじめに

本章4節・5節で示したように、コミュニカティブなドイツ語教科書をどのように受け入れるかは、高等学校までの学習体験に基づく外国語（英語）の学習観に少なからず影響を受けている。その中等教育における外国語（英語）の教育目標が、知っているかどうかを問う、従来の言語知識の積み上げ方式から「言語を使って何ができるか」という運用能力の育成に置かれるようになってきたことはすでに本章3節で述べた。この傾向は、高等学校学習指導要領における英語教育の抜本的な改革に基づいて、文部科学省が2017年7月に「大学入学共通テスト実施方針」で公表したしたように、センター試験に代わる大学入学共通テストの英語に関して、「聞く」「読む」「話す」「書く」の4技能を適切に評価する方針を示し、その際にCEFRの共通参照レベルを参考にしていることにも現れている。

第1章2節で述べたように、日本の大学におけるドイツ語の授業でもコミュニケーションを重視する教材の使用が増えている。しかし、ドイツ語圏で出版されたコミュニカティブ・アプローチの教材を日本人教員は使い難いと感じ（Bachmaier 2017; 梶浦 2017）、Bachmaier（2017）の調査によると、ドイツ語圏で出版されたコミュニカティブ・アプローチの教材は、上級レベルの学習意欲の高い学習者なら使用可能であり、「実生活でドイツ語を使うことを考えていない日本のドイツ語学習者」には適していないと捉えられている（Bachmaier 2017: 30）。アクティブに使用することを目指すコミュニカティブなドイツ語授業では、実際にドイツ語を使いながら学習し、少しずつ使えるようになることで、使おうという意欲や使う自分をイメージすることができるようになることを目指す。教師がはじめから実際に使うことを想定していない授業で使える学習者が育つことは考えにくい。

1　本論文は、科学研究費助成事業基盤研究（C）による「コミュニカティブな初級ドイツ語授業に参加する大学生の「外国語学習観」に関する研究」（研究課題番号：17K02913）の一環として、『言語と文化』23号（2019）に発表した論文およびAsiatische Germanistentagung（アジア・ゲルマニスト会議）で2019年8月27日に口頭発表し、その発表原稿集 *Einheit in der Vielfalt? Germanistik zwischen Divergenz und Konvergenz*（2020）に掲載されたものを編集したものである。

上記のような認識に基づき、科学研究費助成事業基盤研究（C）による「コミュニカティブな初級ドイツ語授業に参加する大学生の「外国語学習観」に関する研究」（研究課題番号：17K02913）では以下のことを研究目的とする。英語教育が言語の運用能力重視に向う中で、1. 大学入学時点で初級ドイツ語授業に参加するドイツ語学習者はどのように英語教育を体験し、それが大学におけるドイツ語学習とどのような関係を持つのかを探る。2. 大学でコミュニカティブなドイツ語の授業を体験することにより、学習者の外国語学習観がどのように変化するのかを調査する。3. 上記の調査研究に基づき、ドイツ語を使う能力の養成を可能にする授業を考える。本論文は、1.に挙げたドイツ語学習者の英語教育経験とドイツ語学習との関連性を探ることを目的とする。

2　質問紙調査の概要と分析

2.1　前期質問紙調査の概要と研究課題

質問紙による調査は、第二外国語としてコミュニカティブな初級ドイツ語の授業に参加する学生を対象として、前期1回（2018年5月～6月）、後期1回（2018年12月～2019年1月）実施し、今回の分析対象である前期調査では以下のカテゴリーを扱った：

≪前期調査≫

1. 高等学校での英語学習経験について
   - 1.1　授業でよく扱った項目
   - 1.2　身についたと感じる項目
2. 大学でのドイツ語学習について
   - 2.1　ドイツ語履修動機
   - 2.2　ドイツ語学習希望内容
   - 2.3　文法学習について
   - 2.4　テクストのリーディングについて
   - 2.5　ドイツ語学習動機づけ（自己決定理論）
   - 2.6　ドイツ語使用者としての自己イメージ
   - 2.7　ドイツ語学習環境の認知（自己決定理論）
   - 2.8　学習成果の自己評価

3. ドイツ語の実践的使用の学習目標に関する自由記述

本論文では、初級ドイツ語授業を受講する大学生を対象として、1. 高等学校での英語学習経験と、2. 大学でのドイツ語学習について、学習者の態度・考えを分析するとともに、1. と2. の関係性を統計的に分析することを目的とし、以下のことをリサーチ・クエスチョンとする：

第二外国語として、コミュニカティブな初級ドイツ語授業を受講する大学生は、

1. 高等学校の英語の授業では何をよく扱い、何が身についたと考えているか
2. 高等学校の英語の授業体験は、大学のドイツ語授業に対する学習観と関連性があるか

2.2 質問紙調査[2]

2.2.1 質問紙調査参加学習者のプロフィール

質問紙の前期調査は2018年5月～6月に実施した。原則、コミュニカティブ・アプローチの教材を使用しているクラスを対象として、14大学36人の先生方に協力いただき、合計64クラス、1,062人の学習者が調査に参加した[3]。

学習者の専攻別人数は以下の表1のとおり、社会系学部に属する学生が6割以上を占め、続いて人文系、自然科学系が続いている[4]。参加者の性別は、男性が691人（65.1%）、女性が366人（34.5%）であった。学年については、表2のように1年生が約8割を占めている。

外国語を使用する機会として、海外滞在経験が考えられる。表3が示すように、今回の調査参加者の7割以上が海外滞在経験は「ない」と回答し、「ある」と回答した学生でもそのほとんどが「滞在期間1ヶ月未満」の短期滞在であった。学生には海外で日常的に外国語を使う経験は非常に乏しいと言える。

2　調査に使用した質問紙は、本論文末に《資料》として挙げている。

3　使用教材は、本章7節を参照。

4　日本の統計が閲覧できる政府統計ポータルサイト e-Stat（総務省統計局）の学校調査基本台帳によると、平成30年度において関係学科別学部学生数は社会系学科に属する学生が837,289人と最大である。その意味で本調査は日本の大学の状況を反映していると言えるが、その一方、人文系学科は365,192人、理学・工学・農学の合計が537,741人であることから、本調査は日本の関係学科別学部生の比率と比べて、自然科学系の学生の参加が少ないと言える。

表１　学部

	度数	%
社会科学系	652	61.4
人文科学系	202	19.0
自然科学系	131	12.3
教育学系	5	0.5
外国語学系	22	2.1
医療系	28	2.6
芸術系	8	0.8
その他	13	1.2
合計	1061	99.9
欠損値	1	0.1
合計	1062	100.0

表２　学年

	度数	%
1年生	842	79.3
2年生	187	17.6
3年生	21	2.0
4年生	10	0.9
合計	1060	99.8
欠損値	2	0.2
合計	1062	100.0

表３　海外滞在歴

	度数	%
ない	776	73.1
ある_1ヶ月未満	228	21.5
ある_1~3ヶ月未満	13	1.2
ある_3ヶ月～1年未満	6	0.6
ある_1年～3年未満	17	1.6
ある_3年以上	14	1.3
ある_滞在期間不明	5	0.5
合計	1059	99.7
欠損値	3	0.3
合計	1062	100.0

2.2.2 高等学校での英語学習経験：授業で「よく扱った」ことと「自分の身についた」こと

質問紙はどの項目についても、5. そう思う～1. そう思わない、の5件法で回答する形式であった（具体的な質問内容に関しては、本論文末の資料を参照のこと）。表4で高等学校の授業で学習者が「よく扱った」と感じ、「自分の身についた」と思っていることに関する質問の調査結果を記述統計で示す。

表4が示しているように、授業で学習者が「よく扱った」と感じている学習内容について、平均値で4.0以上の値を示している項目を挙げると、英文法（4.40）、

テクストの大枠での理解（4.24）、日本語訳での読み（4.23）、英語で書く（4.23）、単語や決まった表現（4.19）、聴き取り（4.06）の順となり、学習者は高校時代にこれらを授業で頻繁に扱ったと考えている。これらの項目は、平均値が4.0未満の項目に比べると標準偏差値は低い。また、英語でのコミュニケーション（会話やメールでのやり取り）は（3.12）、英語で自分の考えを口頭で説明したりプレゼンテーションすることは（2.67）であり、上記の項目に比べると数値が低い。本章4節・5節で示したように、これまでの聴き取り調査で、高等学校での英語教育は、大学入試を意識した授業内容になっていることが分かっていたが、今回の大規模な質問紙調査でそのことが裏づけされた。文部科学省が2009年の学習指導要領外国語改訂の趣旨で、文法はコミュニケーションを支えるものとして、文法指導を言語活動と一体的に行うように改善を図ること、という方針を打ち出してかなりになるが、文法学習が中心的役割を担っていること、ならびに日本語訳での読みが同様に高い値を示していることから、高等学校における英語教育はまだ文法・訳読法で授業が行われている傾向が見える。英語圏の日常生活（2.69）および文化や社会（2.78）は値が低く、高等学校での英語の授業はスキル別の座学が中心となり、まだ実践的な課題や内容重視の教育（content based instruction）ではない可能性を示唆している。

表4　英語の授業で「よく扱った」と感じていることと「自分の身についた」と感じていること

	①授業でよく扱った内容		②自分の身についた内容	
	平均値	標準偏差	平均値	標準偏差
1. 英語でのコミュニケーション	3.12	1.210	2.71	1.146
2. 英語圏の日常生活	2.69	1.109	2.56	1.105
3. 英語で書く	4.23	0.893	3.59	1.055
4. 英語の発音	3.73	1.064	3.26	1.130
5. 英語圏の文化や社会	2.78	1.059	2.66	1.094
6. 英語文法	4.40	0.874	3.64	1.055
7. 英語聴き取り	4.06	0.944	3.34	1.072
8. 日本語訳による読み	4.23	0.916	3.78	1.027
9. 口頭発表_プレゼンテーション	2.67	1.200	2.41	1.139
10. 単語や決まった表現	4.19	0.900	3.59	1.043
11. 英語の勉強方法	3.34	1.111	3.13	1.119
12. テクストの大体の内容理解	4.24	0.899	3.72	1.032

一方、「自分の身についた」と感じている度合いはどの項目でも平均値で4.0以下で、英文法（3.64）、テクストの大枠での理解（3.72）、日本語訳による読み（3.78）、英語で書く（3.59）、単語や決まった表現（3.59）、聴き取り（3.34）と、それぞれ対応する「扱った内容」よりもかなり低い値を示した。英語でのコミュニケーション（会話やメールでのやり取り）（2.71）と自分の考えを口頭で説明したりプレゼンテーションすること（2.41）については、授業で「扱った」と感じる程度と「身についた」と感じる程度の差は比較的小さい。同様のことが、英語圏の日常生活（2.56）や文化や社会（2.66）についても言える。

どの項目に関しても、高等学校の英語の授業でよく扱ったことと学習者が自分の身についたと感じていることに、数値的にかなりの差が見て取れる。上記の各変数について、「授業で扱った内容」と「身についた内容」について、差の検定を行ったところ、どの項目についても有意差があった。ただ、「授業で扱った内容」と「身についた内容」には、どの項目についても相関係数が .463（文法）～ .699（口頭で説明したりプレゼンテーション）の幅で正の相関が確認された。

英語の授業内容に関する12項目に関する回答傾向の背後にある要因を探る目的で、因子分析を行った。１回目の分析で「英語の発音」が複数の因子に.40以上の負荷量を示したため、この項目を削除して、最尤法、プロマックス法により再度因子分析をした結果を以下に示す。

表５　英語の授業でよく扱ったこと

	因子	
	1	2
文法	**.841**	-.133
単語や決まった表現	**.773**	-.036
日本語訳による読み	**.751**	-.128
テクストの大体の内容理解	**.743**	-.048
書く	**.671**	.127
聴き取り	**.618**	.236
勉強方法	**.462**	.225
英語圏の日常生活	-.099	**.852**
英語圏の文化や社会	-.054	**.752**
コミュニケーション	.075	**.716**
口頭発表_プレゼンテーション	.065	**.575**
因子間相関	—	.279

各因子の信頼性係数は、因子1（.867）、因子2（.808）でともに十分な値を示し、因子内の整合性は高いことを確認した。それぞれの因子に高い負荷量を示している変数を基にして、以下のように因子名をつける。

因子1：テスト準備としての勉強

因子2：異文化間コミュニケーションのための準備としての学習

各因子の下位尺度得点（項目平均値）を英語の授業で「よく扱ったこと」と「自分の身についたこと」について表すと以下の表6のようになり、テスト準備としての得点差は、異文化の人と関わる準備としての学習の得点差よりも、大きいことが分かる。

表6　授業で「よく扱ったこと」と「自分の身についたこと」の下位尺度得点

	①よく扱ったこと		②自分の身についたこと	
	平均値	標準偏差	平均値	標準偏差
テスト準備としての勉強	4.10	0.697	3.54	0.862
異文化間コミュニケーションの準備としての学習	2.82	0.913	2.59	0.942

各変数の平均値ですでに分かったように、学習者は、入試のための勉強を授業ではよく扱い、異文化間で実践的に英語を使うための学習はしてこなかったと認識している。自分の身についたと感じる内容にも同じ傾向が現れている。

2.2.3　ドイツ語学習に関する調査

2.2.3.1　ドイツ語履修動機

どのような理由から現在ドイツ語を履修しているかを尋ねた項目の記述統計を表7に示した。

表7　ドイツ語履修動機

	平均値	標準偏差
ドイツ語圏に関心	3.44	1.250
ヨーロッパに憧れ	3.47	1.182
英語以外の言語学習	3.50	1.243
学習経験	1.45	0.941
専門の勉強に必要	2.19	1.227
将来の仕事に役立つ	2.48	1.134
勧める人有り	2.16	1.293
履修が義務	2.78	1.397
旅行に行きたい	3.11	1.332
特別な理由なし	2.86	1.393
希望の外国語の履修不可	1.95	1.439

英語以外の外国語の学習希望（3.50）、ヨーロッパ、ドイツ語圏に対する友好的な態度（3.47；3.44）、旅行目的（3.11）が比較的高い。ドイツ語学習経験（1.45）や希望の外国語の履修ができなかった（1.95）という理由に関する数値は低い。しかしどの変数についても標準偏差が大きいことから、回答者の態度に散らばりがあることがうかがえる。

回答傾向から、どのような要因が背後に働いているかを見るために、因子分析を行った。最初の分析で複数の因子に比較的高い負荷量を示した3変数（英語以外の言語学習、学習経験、勧める人有り）を外して、これまでの調査（e.g. 藤原 2010）を参考として因子を3に指定し、最尤法、プロマックス法により再度因子分析を行った。以下がその結果である。

表８　ドイツ語履修動機の因子分析

	因子		
	1	2	3
ヨーロッパに憧れ	**.784**	.090	-.037
ドイツ語圏に関心	**.749**	-.136	-.007
旅行に行きたい	**.681**	-.017	.064
履修が義務	.053	**.725**	-.026
特別な理由なし	.026	**.625**	-.076
希望の外国語の履修不可	-.091	**.501**	.131
将来の仕事に役立つ	.064	.021	**.831**
専門の勉強に必要	-.053	-.005	**.696**
因子間相関	1	-.598	.447
	2	—	-.221

各因子の信頼性係数は、因子１（.793)、因子２（.638)、因子３（.728）であった。因子２の係数が低いが、どの項目を削除しても係数が上がらないこと、係数が .600 以上であるので、このままとする。それぞれの因子に高い負荷量を示している変数に基づき、以下のように因子名をつける。

因子１：ドイツ語圏への関心

因子２：消極的履修

因子３：道具的動機（促進）

各因子の下位尺度得点（項目平均値）は、表９のとおりである。

表９　ドイツ語履修動機の下位尺度得点

	平均値	標準偏差
ドイツ語圏への関心	3.34	1.056
消極的履修	2.53	1.074
道具的動機（促進）	2.34	1.048

ヨーロッパやドイツ語圏への関心に基づく履修の値が比較的高いが、専門の勉強や将来に役立つなどの道具的・促進的動機づけよりも、履修が義務などの消極的履修動機の値が上回っている。

2.2.3.2　ドイツ語学習内容に関する希望

英語の学習項目と同じ項目をドイツ語の学習内容希望についても設定した。調査結果を以下に記述統計で示す。

表10　ドイツ語学習内容に対する希望

	平均値	標準偏差
コミュニケーション	3.98	1.026
日常生活	3.80	1.040
ドイツ語で書く	3.82	1.048
発音	4.00	0.978
文化や社会	3.86	1.016
文法	3.83	1.003
聴き取り	4.10	0.954
日本語に訳し読む	3.86	1.008
口頭発表_プレゼンテーション	3.02	1.161
単語や決まった表現	3.80	0.976
外国語の勉強の仕方	3.62	1.093
テクストの大意把握	3.88	0.974

ドイツ語の授業が始まって間もない5月～6月の調査であったこと、また、調査に参加した学生の8割程度が1年生ということもあり、どの項目も比較的高い数値を示している。聴き取り（4.10)、発音（4.00)、コミュニケーション（会話やメールなど人とのやり取り）(3.98）の項目の値が相対的に高い。しかしどの変数についても標準偏差が大きいことから、回答者の態度に散らばりがあることがうかがえる。

回答傾向から、どのような要因が背後に働いているかを見るために、因子分析を行った。最初の分析で複数の因子に比較的高い負荷量を示した変数（口頭発表_プレゼンテーション）を外して、これまでの調査（e.g. 藤原 2010）を参考として因子を3に指定して、最尤法、プロマックス法により再度因子分析を行った。以下がその結果である。各因子の信頼性係数は、因子1（.897)、因子2（.884)、因子3（.864）でどれも十分な値を示し、因子内の整合性は高いことを確認した。

表11　ドイツ語学習内容に対する希望の因子分析

	因子		
	1	2	3
単語や決まった表現	**.799**	.047	.009
テクストの大意把握	**.799**	.025	-.014
文法	**.720**	-.084	.180
ドイツ語で書く	**.704**	-.014	.122
外国語の勉強の仕方	**.692**	.145	-.132
日本語に訳し読む	**.678**	-.056	.115
日常生活	-.005	**.993**	-.019
文化や社会	.050	**.730**	.098
聴き取り	.082	.001	**.803**
発音	.184	-.026	**.741**
コミュニケーション	-.033	.227	**.637**
因子間相関	1	-.495	.778
	2	—	.581

それぞれの因子に高い負荷量を示している変数に基づいて、以下のように因子名をつける。

因子1：座学としての勉強

因子2：ドイツ語圏の文化と社会

因子3：口頭コミュニケーションのための訓練

各因子の下位尺度得点（項目平均値）は、表12のとおりである。

表12　ドイツ語学習内容への希望

	平均値	標準偏差
座学としての勉強	3.80	0.827
ドイツ語圏の文化と社会	3.83	0.973
口頭コミュニケーション	4.03	0.876

3つの因子の項目平均値には大きな差はないが、口頭コミュニケーション、つまり使用のための学習希望の平均値が一番高い。

2.2.3.3　文法に関する学習観と英語学習経験

本章3節で述べたこれまでの調査に合わせる形で、文法に関する学習観についても尋ねた。以下に該当する２つの変数の記述統計を示す。

表 13　外国語学習における文法の重要性

	平均値	標準偏差
文法学習はプラス	4.10	0.919
使用のために文法は重要	3.98	0.998

この2項目の信頼性係数は.850と十分な値を示しているので、これらの平均値を「文法の重要性」を示す値とする。

次に外国語学習において文法説明が必要かどうかについては、３つの変数で質問しているが、それらの記述統計は以下のようになった。

表 14　外国語学習における文法説明の必要性

	平均値	標準偏差
読み書きに文法の説明が必要	4.11	0.892
聞く話すに文法の説明が必要	3.69	1.083
先生の分かりやすい説明希望	4.32	0.846

この3変数の信頼性係数は.753と十分な値を示しているので、これらの変数の平均値を「文法説明の必要性」の値とする。

文法に関する学習観として、1. 文法の重要性と2. 文法説明の必要性の２要因の平均値は以下のようになり、学習者は文法は重要であり、かつ明示的な説明が必要であると考えていることが分かった。この結果は、本章3節で示した、これまでの研究結果に等しい。

表 15　外国語学習における文法

	平均値	標準偏差
文法の重要性	4.04	0.895
文法説明の必要性	4.04	0.774

表16は、文法に関する学習観と高等学校での英語学習経験についての相関関係

を示している。

表 16　英語学習経験と文法学習観

		文法の重要性	文法説明の必要性	テスト勉強	異文化間コミュニケーション
文法の重要性	Pearson の相関係数				
	有意確率（両側）	—			
	N				
文法説明の必要性	Pearson の相関係数	.657**			
	有意確率（両側）	.000	—		
	N	1056			
英語_テスト勉強	Pearson の相関係数	.312**	.158**		
	有意確率（両側）	.000	.000	—	
	N	1050	1049		
英語_異文化間コミュニケーション	Pearson の相関係数	.115**	.067*	.447**	
	有意確率（両側）	.000	.030	.000	—
	N	1051	1050	1047	

** 相関係数は 1% 水準で有意（両側）、* 相関係数は 5% 水準で有意（両側）

大学で初級ドイツ語を学習している学生たちは、英語学習で、文法や和訳による文章理解、単語や決まった表現などの座学・テスト準備としての勉強に手応えを感じている場合に、文法の重要性も感じる傾向を示している。

2.2.3.4　英語の学習経験とドイツ語学習内容に関する希望との関連性

高等学校での英語学習経験が、ドイツ語で希望する学習内容と関係があるかを見るために、各項目について、英語については、授業で「よく扱った」内容と「自分の身についた」と感じる内容、ドイツ語の学習希望内容の3変数で相関分析をした。

英語については、授業で「よく扱った」内容と「自分の身についた」と感じる内容についてどの項目もかなりの相関が見られた。ドイツ語学習希望内容とは、その値は必ずしも高くないものの、やはり有意な相関があった。以下の例（文法）で示したように、相関は、授業でよく扱った内容（授業）よりも、自分の身についたと感じる内容（学習）との相関が強い。

表17　英語の学習経験とドイツ語学習内容希望との相関関係（文法）

		（授業）英語文法	（学習）英語文法	（学習希望）ドイツ語文法
（授業）英語文法	Pearson の相関係数			
	有意確率（両側）	—		
	N			
（学習）英語文法	Pearson の相関係数	.463**		
	有意確率（両側）	.000	—	
	N	1055		
（学習希望）ドイツ語文法	Pearson の相関係数	.205**	.278**	
	有意確率（両側）	.000	.000	—
	N	1054	1052	

** 相関係数は 1% 水準で有意（両側）

以下の例（口頭発表）でも同様に、ドイツ語での学習内容希望については、授業でよく扱ったと感じる内容よりも、英語で身についたと感じる内容との相関が強い傾向が見られる。

表18　英語の学習経験とドイツ語学習内容希望との相関関係（口頭発表）

		（授業）口頭発表_プレゼン	（学習）口頭発表_プレゼン	（学習希望）ドイツ語口頭発表_プレゼン
（授業）口頭発表_プレゼン	Pearson の相関係数			
	有意確率（両側）	—		
	N			
（学習）口頭発表_プレゼン	Pearson の相関係数	.699**		
	有意確率（両側）	.000	—	
	N	1052		
（学習希望）ドイツ語口頭発表_プレゼン	Pearson の相関係数	.233**	.306**	
	有意確率（両側）	.000	.000	—
	N	1055	1050	

** 相関係数は 1% 水準で有意（両側）

表19のように、テクストの大意把握に関する英語学習経験と、ドイツ語の学習希望としての同項目にも、正の相関が見られる。

表 19　英語の学習経験とドイツ語学習内容希望との相関関係（テクストの大意把握）

		(授業) テクストの大意把握	(学習) テクストの大意把握	(学習希望) ドイツ語テクストの大意把握
(授業) テクストの大意把握	Pearson の相関係数			
	有意確率（両側）	—		
	N			
(学習) テクストの大意把握	Pearson の相関係数	.553**		
	有意確率（両側）	.000	—	
	N	1054		
(学習希望) ドイツ語テクストの大意把握	Pearson の相関係数	.323**	.350**	
	有意確率（両側）	.000	.000	—
	N	1053	1054	

** 相関係数は 1% 水準で有意 (両側)

以上のように、高等学校での英語学習で身についたと感じた内容をドイツ語でも学習したいと思う傾向が見られることから、ドイツ語の授業もそれに先行する英語の授業内容とそれを身につけたという認知に影響を受けると思われる。

2.2.3.5　英語学習経験とドイツ語学習に対する動機づけ

ドイツ語の授業環境をどのように認知にしているかの項目は、本章3節で述べたこれまでの調査で使用した自己決定理論の下位理論である「基本的欲求理論」に基づいて作成した。この理論については本章1節に詳しく述べているが、人間には「有能さへの欲求」、「自己決定（自律性）への欲求」、「関係性への欲求」の３つの基本的な心理的欲求が内在するとし、これらの欲求を満たしている環境と人が感じるかどうかで動機づけが決定すると仮定している。英語で身についたと認知していることと、ドイツ語の授業環境をどのように見なしているかの関係性を見るために、相関分析を行った。

表20　英語学習経験とドイツ語の学習環境の認知に関する相関関係

		テスト勉強	異文化間コミュニケーション	自律性	有能感	関係性
英語_テスト勉強	Pearson の相関係数					
	有意確率（両側）	—				
	N					
英語_異文化間コミュニケーション	Pearson の相関係数	.447**				
	有意確率（両側）	.000	—			
	N	1047				
ドイツ語自律性	Pearson の相関係数	.348**	.220**			
	有意確率（両側）	.000	.000	—		
	N	1051	1052			
ドイツ語有能感	Pearson の相関係数	.323**	.193**	.775**		
	有意確率（両側）	.000	.000	.000	—	
	N	1050	1051	1059		
ドイツ語関係性	Pearson の相関係数	.324**	.147**	.576**	.550**	
	有意確率（両側）	.000	.000	.000	.000	—
	N	1046	1048	1055	1054	

** 相関係数は 1% 水準で有意（両側）

表20では、高等学校での英語学習に手応えを感じている場合、とりわけ、文法や語彙・表現、日本語訳による読み、文章の大意理解など、いわゆるテスト対策としての勉強で身についたと感じる場合には、ドイツ語の授業を自律性・有能感・関係性を促進する環境と感じる傾向があることを示している。

動機づけについても、同じような傾向を見られた。心理学の包括的な動機づけの理論である自己決定理論は、内発的動機づけと外発的動機づけを二項対立的に捉えるのではなく、自己決定度をもとに、まったく動機づけられていない状態（無動機）から内発的動機づけまでの連続体と捉えている。

表21は、楽しいからドイツ語を勉強するなどの「内発的動機づけ」や、自分にとって重要だから勉強するなどの「同一視的調整」と、英語が身についたと感じることとが、相関係数は高くないものの正の相関にあることを示している。

表 21　英語学習経験とドイツ語授業環境に対する認知

		テスト 勉強	異文化間 コミュニ ケーション	内発	同一視	取り入れ	外的 調整	無動機
英語_ テスト勉強	Pearson の相関係数							
	有意確率（両側）	—						
	N							
英語_異文 化間コミュニ ケーション	Pearson の相関係数	.447**						
	有意確率（両側）	.000	—					
	N	1047						
内発	Pearson の相関係数	.231**	.210**					
	有意確率（両側）	.000	.000	—				
	N	1046	1047					
同一視	Pearson の相関係数	.224**	.247**	.687**				
	有意確率（両側）	.000	.000	.000	—			
	N	1051	1052	1056				
取り入れ	Pearson の相関係数	.131**	.256**	.335**	.432**			
	有意確率（両側）	.000	.000	.000	.000	—		
	N	1048	1049	1053	1058			
外的調整	Pearson の相関係数	-.022	.035	-.404**	-.277**	.226**		
	有意確率（両側）	.476	.264	.000	.000	.000	—	
	N	1049	1050	1054	1059	1056		
無動機	Pearson の相関係数	-.130**	.065*	-.376**	-.234**	.228**	.648**	
	有意確率（両側）	.000	.035	.000	.000	.000	.000	—
	N	1049	1050	1054	1059	1056	1057	

** 相関係数は 1% 水準で有意（両側）、* 相関係数は 5% 水準で有意（両側）

ドイツ語の授業環境をどのように認知し、どのように動機づけられているかは、高等学校における英語学習でその力が自分の身についたかどうかの認知と、ある程度関係していることを示す結果となった。

2.2.3.6　コミュニカティブな教科書で授業を受ける学生の自己イメージ

コミュニカティブな教科書で授業を行う目的は、学習者がドイツ語を使って実際場面で自分の意図を達成することができる能力をつけることである。そのために、知識を蓄積したあとに使用の練習をするのではなく、使用しながら運用能力を身につける方法をとる。「言語学習は言語使用である」（Rüschoff & Wolff 1999: 55）の立場から、授業では言語活動をとおして語彙や文法、4 技能や CEFR で述べられている諸々の能力を養成する。こうしたアプローチを取り、学習者が実際場面で使える能力を養成したいと教師側が思っても、学習者が目標言語を使っている自分をイメージすることができなければ、教育の目的を達成することができないだろう。この点は、後期に実施する質問紙調査に、Dörnyei（2009）の L2 Motivational Self System の項目を入れ詳しく調査することになるが、前期調査では以下の２変数で学習者の自己イメージを探った。以下に記述統計を示す。

表22　ドイツ語使用者としての自分のイメージ

	平均値	標準偏差
話してやり取りする自分のイメージ	2.52	1.110
書いてやり取りする自分のイメージ	2.52	1.063

口頭でも文字でも、やり取りする自分のイメージは2.52と低く、とりわけドイツ語を学習し始めた1年生が参加者の8割近くを占める本調査では理解できる結果と言えるだろう。

次の３つの表は、ドイツ語使用者としての自己像がどのような要素と結びついているかを相関分析で示したものである。

表23は、ドイツ語使用者としての自己イメージは、入試のための勉強にせよ異文化間コミュニケーションのための学習にせよ、－値は高くないが－英語の学習経験と正の相関があることを示している。また、ドイツ語履修動機として一番高い平均値を示したドイツ語圏への関心との相関係数はより大きい。

表23　ドイツ語使用者としての自己像と英語学習経験およびドイツ語の履修理由

		話してやり取りする自分のイメージ	書いてやり取りする自分のイメージ
英語学習：テスト準備	Pearson の相関係数	.210**	.249**
	有意確率（両側）	.000	.000
	N	1050	1050
英語学習：異文化間コミュニケーション	Pearson の相関係数	.247**	.259**
	有意確率（両側）	.000	.000
	N	1050	1050
ドイツ語履修動機：ドイツ語圏への関心	Pearson の相関係数	.398**	.376**
	有意確率（両側）	.000	.000
	N	1052	1052

** 相関係数は 1% 水準で有意（両側）

表24から、ドイツ語使用者としての自己イメージは、ドイツ語の授業で希望する学習内容とも関係があることが分かる。例えば、授業で口頭コミュニケーションを学びたい場合や、ドイツ語圏の文化や社会に興味がある場合、話してやり取りするドイツ語使用者としての自己イメージが強く、言語知識への関心が高い場合は、書いてやり取りするドイツ語使用者としての自己イメージがより強い。

表 24　ドイツ語使用者としての自己像と学習希望内容との相関

		話してやり取りする自分のイメージ	書いてやり取りする自分のイメージ
ドイツ語学習希望内容： 座学としての勉強	Pearson の相関係数	.317**	.389**
	有意確率（両側）	.000	.000
	N	1051	1051
ドイツ語学習希望内容： ドイツ語圏の文化と社会	Pearson の相関係数	.304**	.275**
	有意確率（両側）	.000	.000
	N	1057	1057
ドイツ語学習希望内容： 口頭コミュニケーション	Pearson の相関係数	.375**	.337**
	有意確率（両側）	.000	.000
	N	1054	1054

** 相関係数は 1% 水準で有意（両側）

表25は、自己決定理論に基づいた学習環境の認識と、ドイツ語使用者としての自己イメージとの関連性がより強いことを示している。学習者が学習環境を自分の能力や自律性が促進されている環境と認識しているならば、ドイツ語使用者としての自己イメージが強くなる。さらに、ドイツ語使用者としての自己イメージ形成には動機づけがかなり大きな役割を果たしていることを示している。言語学習を楽しんでいたり（内発的調整)、個人的に重要だと考えたり（同一視的調整）すれば，ドイツ語使用者としての自己イメージはより強くなると思われる。

表 25　ドイツ語使用者としての自己像と他の要因との相関

		話してやり取りする自分のイメージ	書いてやり取りする自分のイメージ
ドイツ語学習環境：自律性	Pearson の相関係数	.388**	.379**
	有意確率（両側）	.000	.000
	N	1059	1059
ドイツ語学習環境：有能感	Pearson の相関係数	.442**	.421**
	有意確率（両側）	.000	.000
	N	1058	1058
動機づけ：内発的調整	Pearson の相関係数	.467**	.457**
	有意確率（両側）	.000	.000
	N	1060	1055
動機づけ：同一視的調整	Pearson の相関係数	.467**	.509**
	有意確率（両側）	.000	.000
	N	1060	1060

** 相関係数は 1% 水準で有意（両側）

3　調査の分析結果のまとめと今後の調査の展望

コミュニカティブな初級ドイツ語授業を受講する大学生を対象として、2018年度前期に実施した質問紙調査を、以下の２つの点から分析した：

1. 高等学校の英語の授業で何をよく扱い、何が身についたと考えているか

授業でよく扱ったと学習者が考えている項目として、文法、文章の大意把握、日本語訳による読み、書く、単語や決まった表現、聴き取りが高い平均値を示した。これらはこれまでの聴き取り調査で分かったように、初級ドイツ語の授業で学ぶ大学生は、高等学校での英語の授業では「テスト準備としての勉強」に関係することをよく扱ったと見なしている。また、授業で扱ったことが身についたという強い感覚は持っていないものの、日本語訳による読み、文章の大意把握、文法などについてはある程度手応えを感じている。その一方で、英語でのコミュニケーション（会話やメールでのやり取り）、英語圏の文化や社会、日常生活、口頭での説明やプレゼンテーションは、授業での扱いに関する質問でも、身についた内容に関する質問でも平均値が低く、高等学校の英語の授業では、「異文化間コミュニケーションの準備としての学習」はよく行われず、身についたとも見なされていない、と言えよう。

2. 高等学校の英語の授業体験は、大学のドイツ語授業に対する学習観と関連性があるか

英語について授業で「よく扱った内容」と「自分の身についた」と感じる内容についてはどの項目もかなりの相関が示された。ドイツ語学習希望内容とは、強くはないもののやはり有意な相関が見られ、自分の身についたと感じる内容との相関がより強い。高校での英語学習で身についたと感じた内容をドイツ語でも学習したいと思う傾向が見られることから、ドイツ語の授業もそれに先行する英語の授業内容とその達成感に少なからず影響を受けることが分かった。

現在のドイツ語の授業環境をどのように認知しているのか、どのように動機づけられているのかと、高等学校での英語学習経験とに関連があることが分かった。自己決定理論における3つの基本的心理的欲求である有能感、自律性、関係性の欲求が満たされていると感じる度合いは、高等学校での英語教育における手応えと正の相関があること、動機づけについては、自己決定度の高い動機づけタイプである同一視調整と内的調整（内発的動機づけ）とに正の相関があることが確認された。こうしたことから、英語学習経験はその後のドイツ語学習の動機づけにも少なからず影響を与えている可能性が示された。

また、学習者のドイツ語使用者としての自己イメージは低いものの、有能感や自律性が促進されると感じる環境や、言語学習を楽しいと感じ、自分にとって重要だと見なしている場合には、その自己イメージも強まることが分かった。

こうした調査分析結果を踏まえて、後期調査ではDörnyei（2009）のL2 Motivational Self Systemを理論の土台として、ドイツ語使用者としての自分のイメージについて詳しく調査し、コミュニカティブな授業によって、学習者が「使う自分」をイメージできる授業にとって重要な観点を探ることとした。その調査の概要と分析結果は、本章8節で扱う。

≪資料≫

第1回目調査の質問紙（学習者対象）

以下の設問について、5（そう思う）～1（そう思わない）の該当する番号を○で囲んでください。

II　高校での「英語」の授業について以下に質問をしています

1.　高校での英語の授業で「よく扱った」こと

1）　英語でのコミュニケーション（会話やメールなど人とのやり取り）
2）　英語圏の日常生活のこと
3）　英語で書くこと
4）　英語の発音
5）　英語圏の文化や社会のこと
6）　英語の文法
7）　英語を聴き取ること
8）　日本語に訳して読むこと
9）　英語で自分の考えを口頭で説明したりプレゼンテーションすること
10）単語や決まった表現
11）英語の勉強の仕方
12）テクストを読み、大体の内容を理解すること

2.　高校での英語の授業で「自分の身についた」こと

1）　英語でのコミュニケーション（会話やメールなど人とのやり取り）
2）　英語圏の日常生活についての理解
3）　英語で書くこと
4）　英語の発音
5）　英語圏の文化や社会についての理解
6）　英語の文法
7）　英語を聴き取ること
8）　日本語に訳して読むこと
9）　英語で自分の考えを口頭で説明したりプレゼンテーションすること
10）単語や決まった表現
11）英語の勉強の仕方
12）テクストを読み、大体の内容を理解すること

Ⅲ　ドイツ語学習について以下に質問をしています

1.　大学でドイツ語を学び始めた理由は何ですか？

1)	ドイツ語圏に関心を持っているから
2)	ヨーロッパに対して好感を持っているから
3)	英語以外の言語も学習したいから
4)	以前、学習した経験があるから
5)	専門の勉強に必要だと思うから
6)	将来、仕事などに役立つと思うから
7)	勧める人がいたから
8)	履修が義務だからしかたなく
9)	ドイツ語圏に旅行したいから
10)	特別な理由なしに、なんとなく
11)	希望する外国語を履修できなかったから

2.　この授業に限らず、ドイツ語の授業では、どのようなことを学びたいと思いますか？

1)	ドイツ語でのコミュニケーション（会話やメールなど人とのやり取り）
2)	ドイツ語圏の人の日常生活のこと
3)	ドイツ語で書くこと
4)	ドイツ語の発音
5)	ドイツ語圏の文化や社会のこと
6)	ドイツ語の文法
7)	ドイツ語を聴き取ること
8)	日本語に訳して読むこと
9)	自分の考えを口頭で説明したりプレゼンテーションすること
10)	単語や決まった表現
11)	ドイツ語を含む外国語の勉強の仕方
12)	テクストを読み、大体の内容を理解すること

3. 外国語を学ぶときの「文法」について、考えをお尋ねします

1)	文法規則を授業で学習することは、外国語学習にとってプラスである
2)	外国語を使えるようになるためには、文法は重要だ
3)	文法は苦手だ
4)	テクストを「読んだり・書いたり」できるようになるためには、文法の説明をしてもらうことが必要だ
5)	「聞いたり・話したり」できるようになるためには、文法の説明をしてもらうことが必要だ
6)	文法は、先生に分かりやすく教えてもらいたい
7)	文法は、文法だけに特化して学ぶ方がよい
8)	文法は、実際に「読んだり・書いたり」する中で学ぶ方がよい
9)	文法は、実際に「聞いたり・話したり」する中で学ぶ方がよい

4. 外国語を学ぶときの「テクストのリーディング」について、考えをお尋ねします
テクストを読むときには…

1)	テクスト全体を日本語に訳す方がよい
2)	一文ずつ文の構造を考えながら日本語に訳す方がよい
3)	一文ずつ単語を調べながら日本語に訳す方がよい
4)	外国語の学習には、学習用に作られたテクストよりも、自然で実際に近いものの方がよい
5)	習っていない文法項目が入っていても、実際に近いテクストがよい
6)	習っていない単語や表現が入っていても、実際に近いテクストがよい

5. 現在、ドイツ語を勉強している理由についてお尋ねします

1)	ドイツ語の学習は自分にとって必要なことだから
2)	ドイツ語を身につけることは重要だと思うから
3)	大学卒業のためには、ドイツ語の単位を取る必要があるからしかたなく
4)	ドイツ語の勉強は興味をそそるから
5)	ドイツ語を勉強せずにいて、あとで後悔するのが嫌だから
6)	ドイツ語の知識が増えるのは楽しいから
7)	英語以外の外国語を勉強しなければ、大学生ではないような気がするから

8）　ドイツ語を勉強しても意味がないと思う
9）　英語以外の外国語を勉強しておかないと大学生として恥ずかしいから
10）ドイツ語は勉強しても、何の成果もないような気がする
11）ドイツ語を勉強するのは、決まりのようなものだからしかたなく
12）将来使えるようなドイツ語の技能を身につけたいから
13）ドイツ語でのコミュニケーションを学習するのは楽しいから

6.　自分がドイツ語を使うイメージについてお尋ねします

1）　ドイツ語を話して、やり取りしている自分の姿がイメージできる
2）　ドイツ語を書いて、やり取りしている自分の姿がイメージできる

7.　この授業の学習環境などについてお尋ねします

1）　ドイツ語の授業では、進め方などを相談してくれる
2）　ドイツ語の授業では、すすんで勉強できる体制があると感じる
3）　ドイツ語の授業では、教師や友達から褒《ほ》められることがある
4）　ドイツ語の授業では、達成感を味わうことができる
5）　ドイツ語の授業を一緒に受けている友達とは、良い関係だと思う
6）　自分なりの勉強方法が徐々に身に付いてきていると感じる
7）　ドイツ語の授業では、友達と協力して勉強できていると思う
8）　ドイツ語の授業では、よい成績が取れると思う
9）　ドイツ語の授業では、友達同士で学びあう雰囲気があると思う
10）授業では先生がいろいろなアドヴァイスや刺激を与えてくれる

8.　これまでのドイツ語の学習成果を「自己評価」し、該当する数字を○で囲んでください

≪よくできた≫ 5　-　4　-　3　-　2　-　1 ≪できなかった≫

IV　大学のドイツ語の授業で、たとえ基礎的なレベルでも「聞いたり・話したりする力をつける」、人と「書いてやり取りする力をつける」という学習目標についてどう思いますか？考えを自由に書いてください。

7　コミュニケーション中心の初級ドイツ語授業における教師のドイツ語教育観－前期調査における学習者の学習観との比較に基づいて－[1]

1　はじめに

日本においても外国語教育の目的が、英語を中心として、言語を用いて何ができるかという行動中心の考え方に向かっていることは、すでに本章3節で述べたとおりである。また、日本のドイツ語教育でも、コミュニケーションを重視した教材の出版が増えていることは第1章2節で示したが、ドイツ語圏で出版されたコミュニカティブ・アプローチの教材は、将来ドイツ語を使うことを考えていない日本のドイツ語学習者には適していないと捉える教師が少なくない（Bachmaier 2017）。しかしその一方で、第二外国語として限られた時間で学習する学生であるからこそコミュニカティブな教科書で授業を行う方がよいと考える教師もいる（鷲巣 2017）。このように、初級ドイツ語の授業についての教師の考えは多様である。

筆者は、言語学習は言語使用を目的・前提として行う、という考えのもと、これまでコミュニカティブな教材や授業を研究の中心としてきた。森田（2017a）の授業観察から明らかになったように、同じコミュニカティブな教科書を使用しても、実際は授業実践が大きく異なる。そこには、ドイツ語教育はこうあるべきだ、という教師の「ドイツ語教育観」が少なからず関係していると思われる。日本における外国語教育研究は英語を中心に発展しているが、その英語においても教師に関する実証的研究はまだ少ない（笹島・ボーグ 2009: 2）。もっとも2007年に大学英語教育学会に言語教師認知研究会ができるなど、英語教育では教師の認知に関する研究が進んでいると言えるだろう（笹島 2014: 4）。

学習者のドイツ語運用能力の養成を目的とする教科書を使う授業であっても、そもそも教師が第二外国語として大学で学ばれる場合の多いドイツ語の教育目的をどこに置いているのか、効果的にドイツ語を習得するためにどのような手立てが大事と考えているのか、コミュニカティブな授業における文法やリーディングの際のテクストとの関わりをどのように考えているのか、など授業に関する教師の認知を

1　本論文は、科学研究費助成事業基盤研究（C）による「コミュニカティブな初級ドイツ語授業に参加する大学生の「外国語学習観」に関する研究」（研究課題番号：17K02913）の一環として、『言語と文化』24号（2020）に発表した論文を編集したものである。

知ることは授業理解にとって不可欠な要素である。とりわけ教師がそのようなドイツ語教育観を持つようになるプロセスを研究テーマとするドイツ語教師の認知、ビリーフの研究は、聴き取り調査や授業観察により、森田（2011, 2017a, 2017b, 2019, 2020）が緻密に研究を重ねているが、今後とも実証的研究の積み重ねが必要な分野と言える。

こうした認識に基づき、科学研究費助成事業基盤研究（C）による「コミュニカティブな初級ドイツ語授業に参加する大学生の「外国語学習観」に関する研究」（研究課題番号：17K02913）では、学習者に対する質問紙調査とともに、授業を担当している教師についても調査を実施した。本論文は、その教師調査の分析を目的とし、とりわけ、1. ドイツ語の授業改善のために必要な取り組みに関する考え、2. ドイツ語の学習内容に関する教育観、3. 文法学習についての教育観、4. テクストのリーディングに関する教育観、5. 授業環境に関する取り組みをテーマとする。上記の分析に基づき、コミュニカティブな授業を行う教師のドイツ語教育観に対する理解を深めるとともに、学習者のドイツ語学習観との相違を明らかにすることで、よりよい授業実践のための一助とすることを本研究の目的とする。

2　教師を対象とする質問紙調査の概要と分析

2.1　前期質問紙調査の概要と研究課題

第二外国語として、コミュニカティブな初級ドイツ語の授業に参加する学習者と教師を対象として、前期１回（2018年5月～6月）、後期１回（2018年12月～2019年1月）の２回の質問紙による調査を実施した。1,062人のドイツ語学習者から協力を得た学習者調査の前期調査については、すでに分析結果を本章6節で示している。本研究は、教師を対象とした前期調査の分析を目的とし、適宜、学習者調査の分析結果と比較することで、ドイツ語学習観と教育観の相違を明らかにする。前期調査における教師を対象とした質問紙調査で、本研究で分析対象とするのは以下の項目である。質問紙はどの項目についても、5. そう思う～1. そう思わない、の５件法で回答する形式であった（教師に特化した質問項目は本論文末の資料に掲載しているが、学習者調査に対応する質問項目については、本章6節の資料を参照）。

≪前期調査≫

1.　第二外国語としてのドイツ語の授業改善のために必要と考える取り組み

2. 第二外国語としてのドイツ語の授業で学習者に学んで欲しい内容（学習者調査対応）
3. 外国語を教えるときの文法についての考え（学習者調査対応）
4. 初級クラスにおけるテクストのリーディングについての考え（学習者調査対応）
5. ドイツ語の授業環境における取り組み（学習者調査対応）

本論文では、教師に対する上記の質問の回答を統計的に分析し、適宜、その結果と学習者調査の回答の分析結果を比較することにより、以下のことをリサーチ・クエスチョンとする：

第二外国語として、コミュニカティブな初級ドイツ語を担当する教師は、

1. 第二外国語としてのドイツ語の授業改善のために何が必要と考えているのか
2. 第二外国語としてのドイツ語の授業で学習者に何を学んで欲しいと考えているのか、学習者が学びたいと思っている内容との相違はあるのか
3. 外国語教育における文法をどのように考えているのか、学習者の文法観との相違はあるのか
4. テクストのリーディングに関してどのように考えているのか、学習者のリーディング観との相違はあるのか
5. ドイツ語の授業環境に対してどのような取り組みを行っていると考えているのか、学習者の授業環境に対する認知との相違はあるのか

2.2 質問紙調査

2.2.1 調査参加教師のプロフィールと使用教科書

質問紙の前期調査は2018年5月〜6月に実施し、14大学1,062人の学習者と授業を担当する33人[2]の教師の協力を得た。教師のプロフィールを以下に示す。

2 調査に協力いただいた教師のうち3人は、二つの大学で授業を担当していたため、本章6節では調査参加教員数は14大学36人と記載しているが、実数は33人である。

表1　性別

	N	%
男性	13	39.4
女性	20	60.6
合計	33	100.0

表2　年齢構成

	N	%
30代	6	18.2
40代	8	24.2
50代	11	33.3
60代	8	24.2
合計	33	100.0

表1は教師の性別を示している。男性13人、女性20人であった。表2の年齢構成が示しているように、30代6人、40代8人、50代11人、60代8人であった。40代～60代の教師で全体の8割を超えている。

表3　ドイツ語圏滞在歴

	N	%
1年未満	7	21.2
1年～2年未満	11	33.3
2年～5年未満	12	36.4
5年以上	3	9.1
合計	33	100.0

表4　ドイツ語教授歴

	N	%
3年未満	2	6.1
3年～5年未満	2	6.1
5年～10年未満	5	15.2
10年～20年未満	7	21.2
20年以上	17	51.5
合計	33	100.0

表3は教師のドイツ語圏滞在歴を示している。どの教師もドイツ語圏での滞在経験を持ち、日本独文学会の調査（2015: 81）に協力した教師のドイツ語圏滞在歴のデータと同様に、本調査でも2年～5年未満が36.4%ともっとも多く、次いで1年～2年未満が33.3%であった。表4はドイツ語教授歴を示している。調査に参加した教師の年齢構成に対応する形で、20年以上が17人、51.1%ともっとも多く、次いで10年～20年未満が7人、21.2%であった。

本調査では、コミュニケーション能力の養成を目的とするクラスでの調査を依頼したことから、調査対象授業では、以下の表5が示しているように、原則、コミュニカティブ・アプローチの教材が使用され、使用数から見ると日本で出版されたものとドイツで出版されたものがほぼ半数ずつである。ただし、ドイツ語圏で出版された教材は多様であった。また、表6は、使用している教材が大学指定のものか、教師の選択によるものかを尋ねた結果を表しているが、7割強が大学指定によるもので、教師自身による選択は3割を下回った。

表5　使用教科書

	N	%
Start frei!	14	42.4
Szenen	2	6.1
Prima Plus	4	12.1
Schritte international	3	9.1
Schritte Plus	2	6.1
Menschen	2	6.1
Studio express	4	12.1
Panorama	1	3.0
教科書なし	1	3.0
合計	33	100.0

表6　教材の選択

	N	%
大学による指定	24	72.7
教師の選択	9	27.3
合計	33	100.0

2.2.2　第二外国語としてのドイツ語の授業改善のために必要な取り組み

大学における第二外国語としてのドイツ語の授業改善のために、どのような取り組みが大切だと思うか、についての回答を、以下の表7で降順で各項目の平均値（*M*）と標準偏差（*SD*）を示す。質問紙はどの項目についても、5. そう思う～1. そう思わない、の5件法で回答する形式であった。

表7　授業改善に必要と思う取り組み

	M	*SD*
学習者参加型の授業にする	4.76	0.435
学習者がドイツ語に触れる機会を多くする	4.73	0.452
教師自身のドイツ語の運用能力を伸ばす	4.69	0.471
学習者がドイツ語を話す時間を多く取る	4.67	0.479
ペアワーク・グループワークを多く取り入れる	4.67	0.540
学習者のドイツ語の運用能力を伸ばす	4.67	0.540
コミュニケーション活動を前提とする練習問題・課題を選ぶ	4.58	0.708
四つの技能（話す・聞く・読む・書く）をバランス良く扱う	4.50	0.718
同僚と情報交換・意見交換を行う	4.48	0.619
外国語教育関連の勉強会・研修に参加する	4.30	0.883
（例えばアンケートなどによって）学習者の意見を聞く機会を作る	4.27	0.719
訳読を使わずに大意をつかむ力を付ける	4.21	0.650

宿題をたびたび出し、それをチェックする	4.03	0.897
授業中、教師がなるべくドイツ語を使う	3.85	0.870
ドイツ語圏についての最新情報を授業に取り入れる	3.76	0.830
授業でドイツ語の歌や映画、ゲームを使う	3.70	0.951
新しいメディア（インターネット、iPadなど）を授業に活かす	3.55	0.971

どの項目の平均値も高い値を示しているが、学習者が授業において受け身ではなく積極的に参加することが大切だと考えていることが分かる。本調査はコミュニカティブな授業を対象としていることから、日本独文学会（2015: 94）の授業形態に関する調査結果と比較して、ペアワーク・グループワークを重要な授業形態と考えていることがうかがわれる[3]。平均値が低くなるに伴い、標準偏差の値が高くなる傾向を示していることから、こうした項目に対する教師の意見のばらつきが大きい。「授業中、教師がなるべくドイツ語を使う」の項目について平均値（3.85）が相対的に低いが、標準偏差の値は低くない。とりわけ初修外国語の初級段階では、授業での十分なインプットが不可欠であるとすると、この項目について聴き取り調査などにより教師の考えを明らかにしていく必要があるだろう。日本独文学会の調査（2015: 90）でも、授業でドイツ語を使用しないと回答した教師の割合は30.5%、ドイツ語の使用が1割未満と回答した割合が29.2%という結果であった。このことは、授業において教師によるドイツ語使用の割合が高くないことを示している。授業で映画やゲームを取り入れたり、新しいメディアを使用することは、時間的な制約や教室の制約などから、活用したくても活用できない、という事情もあると思われる。

2.2.3 教師が学習者に希望する学習内容：学習者の学習希望との比較

質問紙調査では、大学の第二外国語としてのドイツ語の授業では、学習者に何を学んで欲しいと思うかも尋ねている。この調査では、1,062人の学習者にも同じ内容の質問をしている。表8は、希望する学習内容に関する学習者の学習観と教師の教育観に関する記述統計（平均値と標準偏差）を質問紙の順番に従って示した。

3　日本独文学会の調査では、調査対象クラスで重きを置いている授業形態に関する質問に対して（同様に、5：重きを置いている～1:重きを置いていない、の5件法による質問）、一斉授業:3.97（*SD*: 1.12)、グループ・ワーク:2.80（*SD*: 1.34)、ペア・ワーク：3.58（*SD*:1.35)、課題への個別的取り組み：3.88（*SD*:1.09）であった。

表８　ドイツ語学習内容に対する学習者と教師の希望

	学習者		教師	
	M	*SD*	*M*	*SD*
コミュニケーション	3.98	1.026	4.76	0.435
日常生活	3.80	1.040	4.42	0.708
ドイツ語で書く	3.82	1.048	4.18	0.882
発音	4.00	0.978	4.45	0.711
文化や社会	3.86	1.016	4.39	0.659
文法	3.83	1.003	4.03	0.810
聞き取り	4.10	0.954	4.61	0.609
日本語に訳し読む	3.86	1.008	2.88	1.111
口頭発表_プレゼンテーション	3.02	1.161	4.24	0.902
単語や決まった表現	3.80	0.976	4.09	0.914
外国語の勉強の仕方	3.62	1.093	4.06	1.029
テクストの大意把握	3.88	0.974	4.55	0.564

学習者については、調査を実施した時期がドイツ語の授業が始まって間もない5月～6月であり、加えて、調査に参加した学生の8割程度が1年生ということもあり、どの項目に対する回答も比較的高い数値を示している。その中でも「聞き取り」(4.10)、「発音」(4.00)、「コミュニケーション」(会話やメールなど人とのやり取り)(3.98) の項目の値が相対的に高く、いわゆる口頭コミュニケーションに関心があることが推測される。その一方で、どの変数についても標準偏差が大きいことから、回答者の学習内容に対する希望にはかなり散らばりがあることが分かる。

教師の回答傾向を見ると、学習者調査で高い値を示している「聞き取り」、「発音」、「コミュニケーション」(会話やメールなど人とのやり取り) が、それぞれ4.61、4.45、4.76と同様に相対的に高く、しかもこれらの項目の標準偏差は学習者よりもかなり低い値を示していることから、教師間の意見の散らばりは学習者ほどではない。学習者調査で3.88の平均値を示した「テクストの大意把握」は教師調査では4.55と高い値であった。同様に、学習者と教師とで値に隔たりがあるのは、「日本語に訳し読む」の項目である。学習者の平均値は3.86であるのに対して、教師は2.88であり、他のどの設問も4.0以上の平均値を示している中で、設問項目中でもっとも低い値となった。このことは、教師はコミュニカティブな授業において、日本語訳をあまり重要ではないと考えていることを示しているが、この項目の標準偏差はかなり大きいことから、教師の態度には散らばりがあることが分かる。

学習者調査では学習者の回答傾向からどのような要因が背後に働いているかを見るために因子分析を行い、本章6節で示したように、以下の3つの因子を得た：

因子1：座学としての勉強（属する変数：単語や決まった表現、テクストの大意把握、文法、ドイツ語で書く、外国語の勉強の仕方、日本語に訳し読む）

因子2：ドイツ語圏の文化と社会（属する変数：日常生活、文化や社会）

因子3：口頭コミュニケーションのための訓練（属する変数：聞き取り、発音、コミュニケーション）

この3つの因子の下位尺度得点（属する変数の平均値）を、学習者と教師の比較で示したのが表9である。

表9　学習希望内容に対する学習者の学習観と教師の教育観

	学習者		教師	
	M	*SD*	*M*	*SD*
座学としての勉強	3.80	0.827	3.97	0.574
ドイツ語圏の文化と社会	3.83	0.973	4.41	0.618
口頭コミュニケーション	4.03	0.876	4.61	0.496

学習者と同様に、教師の回答も口頭コミュニケーションのための教育希望の平均値が一番高い。座学としての勉強に関しては、学習者も教師も同程度の平均値を得ているが、ドイツ語圏の文化と社会については、学習者と教師の間で平均値に開きがある。教師はいわゆるランデスクンデに関しても学習者に学んで欲しいと思っていることが見て取れる。この3つの因子について学習者と教師の平均値について差の検定を行ったところ、以下のように、因子1については有意差はなかったが、因子2、3については有意差が確認された。因子1：$t(36.304)=1.588$, *n.s.*、因子2：$t(37.135)=5.220, p<.001$、因子3：$t(38.526)=6.401, p<.001$。

2.2.4　文法学習に関する教師の教育観：学習者の学習観との比較

学習者と同様に教師にも「外国語を学ぶときの文法」について尋ねた。表10では文法の重要性について尋ねた2つの変数の記述統計を、学習者と教師の対比で示す。

表10　外国語学習における文法の重要性に関する学習観と教育観

	学習者		教師	
	M	*SD*	*M*	*SD*
文法学習はプラス	4.10	0.919	4.18	0.846
使用のために文法は重要	3.98	0.998	4.06	0.747

学習者調査の分析と同様に、この2項目の平均値（4.12）を教師の「文法の重要性」を示す値とする[4]。

次に外国語学習において「文法説明が必要か」については、3つの変数で質問しているが、表11はそれらの平均値を学習者の値とともに表している。

表11　外国語学習における文法説明の必要性に関する学習観と教育観

	学習者		教師	
	M	*SD*	*M*	*SD*
読み書きに文法の説明が必要	4.11	0.892	3.97	0.883
聞く話すに文法の説明が必要	3.69	1.083	3.39	0.933
先生の分かりやすい説明希望	4.32	0.846	4.06	0.966

学習者調査の分析と同様に、この3変数の平均値（3.81）を教師の「文法説明の必要性」の値とする[5]。

文法に関する学習観および教育観として、1. 文法の重要性と2. 文法説明の必要性の2要因の平均値は表12のようになり、学習者も教師も文法は重要であると考えていること、教師は学習者ほどには明示的な説明が必要であるとは考えていないように見えるが、その差は有意ではなかった：文法の重要性：t(1089)　=0.489, *n.s.*、文法説明の必要性：t(1088)　= -1.705, *n.s.*。

表12　外国語学習における文法に関する学習観と教育観

	学習者		教師	
	M	*SD*	*M*	*SD*
文法の重要性	4.04	0.895	4.12	0.613
文法説明の必要性	4.04	0.774	3.81	0.741

4　学習者調査においてこの2項目の信頼性係数は .850 と十分な値を示している（本章6節、129頁）。
5　学習者調査においてこの3項目の信頼性係数は .753 と十分な値を示している（本章6節、129頁）。

2.2.5 テクストのリーディングに関する教師の教育観：学習者の学習観との比較

文章を読む際には和訳が必要かどうか、テクストは初級ドイツ語であってもオーセンティックなものがよいと考えるのかを、学習者調査と同様に教師に関する調査でも尋ねている。表13は、それらの変数の平均値を学習者と教師を対比する形で提示している。

表13　リーディングに関する学習観と教育観

	学習者		教師	
	M	*SD*	*M*	*SD*
全体を日本語に訳す	3.27	1.116	2.00	1.090
文の構造を考え日本語訳	3.59	1.073	2.45	1.416
単語を調べて日本語訳	3.18	1.110	1.85	0.906
自然で実際に近いテクスト	3.57	1.030	3.52	0.939
未習文法でも実際に近いテクスト	3.40	1.032	3.91	0.843
未習語彙でも実際に近いテクスト	3.45	1.014	4.03	0.847

日本語訳に関する変数の平均値は、学習者に比較して教師の値はかなり低い。テクストのオーセンティック性に関する変数の平均値は、大枠では教師も学習者と同程度に自然で実際に近いテクストがよいと考えているが、未習の語彙があっても実際に近いテクストがよいか、という設問に関しては、教師の方が学習者に比べて高い値を示している。

参加者の多い学習者の回答における日本語訳に関する3項目の信頼性係数は.741、テクストのオーセンティック性に関する3項目の信頼性係数は.838であり、両方のカテゴリーともに十分な内的整合性があると判断できるので、日本語訳に関する3変数の平均値を「日本語訳の重要性」の値、オーセンティックなテクストに関する3変数の平均値を「テクストのオーセンティック性」の値として、学習者と教師の比較で提示したのが表14である。

表14　リーディングに関する学習観と教育観

	学習者		教師	
	M	*SD*	*M*	*SD*
日本語訳の重要性	3.35	0.893	2.10	1.019
テクストのオーセンティック性	3.47	0.891	3.82	0.746

日本語訳の重要性に関しては、2.2.3で分析したように、学習者に比較して教師の教育観が低い値を示している。テクストのオーセンティック性については、教師の値が相対的に高い。双方のカテゴリーに関して差の検定を行ったところそれぞれ有意差が認められた：日本語訳の重要性：$t(1087) = -7.858, p < .001$、テクストのオーセンティック性：$t(1087) = 2.197, p < .01$。

2.2.6　学習環境の認知に関する教師の認知：学習者の認知との比較

動機づけの包括的な理論である自己決定理論の下位理論である「基本的欲求理論」に基づいて、教師に調査対象クラスの授業での「取り組み」に関して尋ねた結果を以下で示す。自己決定理論では、人間には生まれながらにして3つの基本的心理的欲求、すなわち「自己決定（自律性）への欲求」、「有能さへの欲求」、「関係性への欲求」が存在し、自分の置かれている環境をこれらの欲求を満たしていると認知すると動機づけが強まると考えている（理論については本章1節を参照）。学習者対象の質問紙の内容は本章6節の資料に載せているが、教師対象の質問紙では、自律性に関する変数は、「学習者にドイツ語の授業の進め方などを相談するようにしている」、「すすんで勉強できる体制をつくるようにしている」、「学習者が自分なりの勉強方法を徐々に身につけるように工夫している」、「学習者には学習上のアドヴァイスや学習への刺激を与えるように努めている」、有能感に関する変数は、「学習者を褒《ほ》めるようにしている」、「授業では、学習者が達成感を得ることができるように努めている」、「学習者がよい成績をとることができるように工夫している」、関係性に関する変数は、「クラスの雰囲気を大切にしている」、「授業では、学習者同士が協力して勉強する機会を与えるようにしている」、「授業では、グループワークやペアワークをたびたび取り入れている」である。このカテゴリーの質問は、学習者が授業環境をどのように認知しているか[6]、と対をなす設問であるので、表15では、教師と学習者の数値（平均値と標準偏差）を対比する形で提示する[7]。

6　学習者調査における3つのカテゴリーの信頼性係数は、自律性:.825、有能感:.801、関係性:.880で、どのカテゴリーについても.8以上の値を得たので、内的整合性があると判断できる。

7　この分析では教師の認知はクラスごとに異なると考えられるため、調査対象となった64クラス全体の回答を分析の対象とした。

表15　授業環境に関する学習者と教師の認知

	学習者		教師	
	M	*SD*	*M*	*SD*
自律性の欲求の充足	3.49	0.793	3.78	0.534
有能感の欲求の充足	3.28	0.894	4.24	0.555
関係性の欲求の充足	3.86	0.880	4.75	0.370

どの項目でも教師の数値が学習者のそれを上回っている。差の検定を行ったところ、それぞれの項目で学習者と教師の値に有意差が見られた：自律性の促進：$t(74.59)=4.01, p<.001$、有能感の促進：$t(77.50)=12.57, p<.001$、関係性の促進：$t(105.11)=16.33, p<.001$。図1が示すように、授業環境に関して学習者の認知以上に、働きかけを行っているという教師の認知が強いことがわかる。動機づけにおいてとりわけ重要な有能感の欲求の充足に関して、学習者の値が低く、授業において学習者がどうしたら「できる」という感覚を得ることができるのかが、改めて課題として見えてきた。

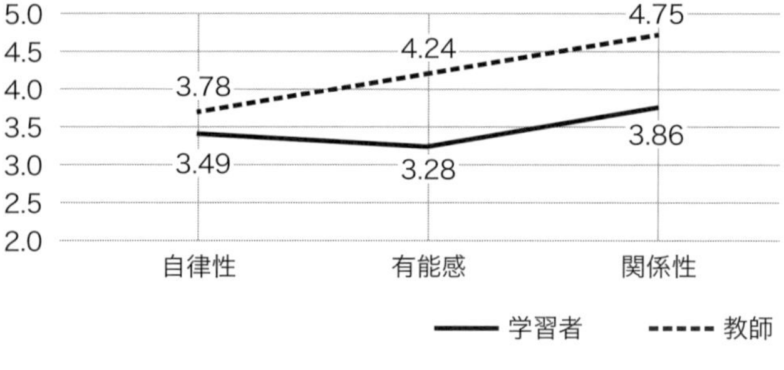

図1　授業環境に関する認知：学習者と教師の比較

3　分析結果のまとめとドイツ語教育のための示唆

第二外国語として、コミュニカティブな初級ドイツ語の授業を担当する教師を対象として2018年度前期に実施した質問紙調査の分析結果を、2.1で示したリサーチ・クエスチョンに従って以下にまとめる：

1.　教師は第二外国語としてのドイツ語の授業改善のために何が必要と考えているのか

言語の運用能力の養成を授業の目的とするコミュニカティブな授業においては、言語を使いながらその言語行為に必要な言語知識を身につけていくというコンセプトを取る。こうした授業では学習者が授業の中で十分に発話することが前提となる。質問紙では、コミュニカティブな授業に関するこうした理解に基づいて、17の項目を立てて教師に意見を尋ねた。分析の結果、教師は「学習者参加型の授業」、「学習者がドイツ語に触れる機会を多くする」など、学習者が授業において受け身ではなく積極的に参加することが大切だと考えていることが分かった。その一方で、「授業中、教師がなるべくドイツ語を使う」の項目について平均値が相対的に低いが、標準偏差も大きい。「教師自身のドイツ語の運用能力を伸ばす」ことや「学習者がドイツ語に触れる機会を多くすること」が大事であるとの回答結果から考えると、授業における教師のドイツ語使用は、本来は望まれることだろう。

2. 教師は第二外国語としてのドイツ語の授業で学習者に何を学んで欲しいと考えているのか、学習者が学びたいと思っている内容との相違はあるのか

教師の回答も学習者と同様に、口頭コミュニケーションのための教育内容希望の平均値が一番高い。ただ、差の検定の結果、教師と学習者間に有意差が見られた。また、ドイツ語圏の文化と社会についても、学習者と教師の間で平均値に有意差が確認された。こうしたことから、教師は口頭コミュニケーションについても、いわゆるランデスクンデに関しても学習者の学習希望以上に教師の教えたいという思いが強いと考えられる。座学としての勉強（単語や決まった表現、テクストの大意把握、文法、ドイツ語で書く、外国語の勉強の仕方、日本語に訳し読む）については、学習者と教師間で平均値に有意差はなかった。

3. 教師は外国語教育における文法をどのように考えているのか、学習者の文法観との相違はあるのか

教師も学習者と同様に、文法は重要と考えていること、文法説明の必要性については、平均値を比較すると教師は学習者ほどには明示的な説明が必要であるとは考えていないように見えるが、差の検定の結果、その差は有意ではなかった。

4. 教師はテクストのリーディングに関してどのように考えているのか、学習者のリーディング観との相違はあるのか

テクストを読む際に日本語訳が重要かどうかに関しては、教師と学習者間では有意な差が確認された。また、文法や語彙が未習であってもオーセンティックなもの

がよいか、についても、教師と学習者間に有意差が見られた。こうしたことから、文章のリーディングでは、教師は学習者ほど日本語訳が必要とは考えていない、また、オーセンティックなものがよいと考える傾向が強いと見なすことができる。

5. 教師はドイツ語の授業環境に対してどのような取り組みを行っていると考えているのか、学習者の授業環境に対する認知との相違はあるのか

自己決定理論に基づいた質問項目に関する回答を分析した結果、教師はクラス内の雰囲気や学習者間の関係性の構築に配慮し、学習者が有能感を持つように授業運営を行うことに努めていることがうかがえる。「学習者にドイツ語の授業の進め方などを相談する」など、学習者の自律性の欲求を満たすような工夫に関しては、関係性や有能感の促進に関する工夫の値に比べると低い結果となった。学習者の自律性の養成のために、どのような方法で、学習者に選択肢や決定権を与えることができるのかは、今後の授業実践において研究していくべき課題であると考えている。Oxford（1990: 10）は、文化や教育制度によっては言語学習者が受け身の授業態度を身につけていてspoon-fedな状況に慣れてしまっているとし、こうした学習態度や行動は言語学習を難しくしていると述べているが、自律的な学習者の育成は、日本の教育システム全体の課題であると言えよう。

今回の調査の分析から分かったように、教師のドイツ語教育観と学習者の学習観が一致するとは限らない。本章4節で述べたように、Burgess & Etherington（2002）の調査によれば、こうした不一致はとりわけ文法学習に関して見られるとし、教師に比べて学習者の方が明示的な文法説明を好む傾向があり、それを考慮して教師は授業で言語活動の中に文法を明示的に取り入れていた。しかし、本調査では、文法説明に関しては両者の間に有意差はなかった。Matsuura et al.（2001）の調査でも、学生の多くが教師中心の伝統的な教授スタイルを好む傾向を示し、教師側は新しい教授スタイルを好むように変化していると述べられている。本調査でも、テクストのリーディングに関して教師は日本語訳に重要さを認めず、学習者に比べてオーセンティックな素材をよいとする傾向が見られた。

こうした量的調査によって、教師の考え方（信条）の一般的傾向を知ることができるが、西野（2014: 102-103）で述べられているように、回答者の多くがコミュニカティブな言語教育に対して賛同していても、実際の授業においてコミュニケーション活動を行っているかどうかは別の問題と考える必要があるようだ。その理

由として、西野はBorg（2006）を引用し、教師の認知には「理想的な信条」（何をすべきか）と「現実的な信条」（何ができるか）が共存していることがその一つの要因と述べている。それは森田（2017a）の授業観察が示したように、同じ教科書を使っていても授業の実践は教師によって多様であることとも関連している。また、Fujiwara（2016b）で明らかにしたように、同じコミュニカティブな教科書を使ったクラスでも、授業環境に対する学習者の認知は担当教師によって大きな違いがあった。

現在の外国語教育においては、ある特定の教授法ではなく、学習者のニーズや学習目標などに応じて多様な教授法を適宜使用する方向に向かっている。したがって、ドイツ語教師にもより高度な教授能力が求められている。教授のスキルを磨くためには、*DLL*（*Deutsch Lehren Lernen*[8]）の各シリーズで重要視されている実践的授業研究プロジェクト（PEP: Praxiserkundungsprojekt）のように、複数の教師がテーマを共有しともに学ぶ研修が有効であると思われる。協働学習は教師としての成長に欠かせないという認識を多くの教師が共有していることは、質問紙調査票の中の授業改善に必要と思う取り組みについて、「同僚と情報交換・意見交換を行う」や「外国語教育関連の勉強会・研修に参加する」を支持している教師が多いことにも現れている。この「理想的な信条」をどのようにしたら実現できるのだろうか。その一例として、甲南大学においては大学のバックアップのもとICT（Teams）を利用し*DLL*を教材としてドイツ語教師間で定期的な研修・勉強会が始まっている。

≪資料≫

2018年度前期調査で、教師だけを対象とした質問項目のみを次に示す。学習者調査に対応する質問項目は、本章6節の資料を参照のこと。なお、どの項目も5. そう思う～1. そう思わない、の5件法で回答する形式であった。

1．大学における「第二外国語としてのドイツ語」の授業改善のために、どのような取り組みが大切だと思いますか？

8　Goethe-Institutが提供する「外国語あるいは第二言語としてのドイツ語」を教える教師の養成・研修プログラム。

1) 学習者のドイツ語の運用能力を伸ばす
2) 授業中、教師がなるべくドイツ語を使う
3) コミュニケーション活動を前提とする練習問題・課題を選ぶ
4) 訳読を使わずに大意をつかむ力を付ける
5) 四つの技能（話す・聞く・読む・書く）をバランス良く扱う
6) 学習者がドイツ語を話す時間を多く取る
7) ペアワーク・グループワークを多く取り入れる
8) 学習者がドイツ語に触れる機会を多くする
9) 学習者参加型の授業にする
10）授業でドイツ語の歌や映画、ゲームを使う
11）新しいメディア（インターネット、iPadなど）を授業に活かす
12）ドイツ語圏についての最新情報を授業に取り入れる
13）宿題をたびたび出し、それをチェックする
14）教師自身のドイツ語の運用能力を伸ばす
15）（例えばアンケートなどによって）学習者の意見を聞く機会を作る
16）同僚と情報交換・意見交換を行う
17）外国語教育関連の勉強会・研修に参加する

8　日本の大学における第二外国語としてのドイツ語学習者の動機づけと「ドイツ語使用者としての自己イメージ」－Dörnyei の “L2 Motivational Self System” に基づく質問紙調査による量的分析－[1]

1　はじめに

日本の大学で第二外国語として提供されているドイツ語については、2014年に日本独文学会が実施した調査で見る限り、教員も学習者もドイツ語圏の文化や社会を知る授業とともに、コミュニケーション能力の養成を学習の柱の一つと考えている（日本独文学会 2015）。また、藤原（2010, 2019）の調査でも、学習者は、文化や社会についての知識とともに、「対人コミュニケーション」を授業内容として第一番に希望している。日本の英語教育も、文部科学省（2013）が高等学校の英語教育にCEFR（*Common European Framework of Reference for Languages*）に基づくcan-doリストの公開を義務づけたり、共通テストで対象となる各種外部試験のレベルを比較するためにCEFRを利用していることからも（文部科学省 2017）、言語を使って何ができるのか、という「行動中心」に向かっていることは明らかである。文法や語彙などの知識を学んでから使用するのではなく、学習のはじめから言語活動によって言語を身につけていくというコミュニカティブな外国語教育への転換である。

ドイツ語教育の目的が、コミュニケーション能力の育成である場合、学習者がドイツ語を使う自分をイメージできるように授業をデザインすることが必要になる。本章6節で述べたように、筆者が2018年度前期に実施した外国語学習観に関する調査では、「ドイツ語を使う自分」をイメージできる学習者が少ないことが分かった。

上述の日本独文学会の調査（2015）など各種調査で、ドイツ語学習（選択）理由として高い値を示すのが、ドイツやヨーロッパとその文化への肯定的な態度である。藤原（2010）は、「異文化と言語への憧れと興味」の因子がどの学系でも高い値であり、日本の大学でドイツ語を学ぶ学生の一番の学習動機であることを示した。

目標言語・文化への態度と動機づけおよび言語習得の関係は、Gardner &

1　本論文は、科学研究費助成事業基盤研究（C）による「コミュニカティブな初級ドイツ語授業に参加する大学生の「外国語学習観」に関する研究」（研究課題番号：17K02913）の一環として、『ドイツ文学』162（2021）に発表した論文を編集して掲載したものである。

Lambert (1959) が社会心理学的アプローチによって1950年代に調査を開始し、1990年頃まで第二言語習得（SLA）における動機づけ研究において圧倒的な支持を得ていた社会・教育モデルに示されている。この、カナダという複数言語併用社会における調査で発展したGardnerらの理論は、その後、学校教育における外国語学習の動機づけの理解には不十分であるなどの批判を受けることになるが (e.g. Brown 1991; Crookes & Schmidt 1991; Dörnyei 1990; Skehan 1991)、その理論的土台は、現在のSLAにおける動機づけ研究の第一人者と言えるZoltán Dörnyeiの理論であるL2 Motivational Self System（以下、本論文ではL2MSSと表記）に組み込まれ、外国語学習のより大きな枠組みの中で理解されるようになった。

本研究は、日本の大学で第二外国語としてドイツ語を学ぶ学生たちの学習動機づけについて、L2MSS理論に基づいて分析することを目的とする。このために、まず、Gardnerの社会・教育モデルにおいて、異なったレベルで使用されているために誤解を招いてると思われる「統合」の意味を整理する。次に、L2MSSを紹介し、その理論に従って実施した質問紙調査の分析を行う。加えて、心理学の包括的な動機づけ理論である自己決定理論（SDT）の枠組みでも分析し、最後に、調査結果を実際の授業にどのように生かすことができるかを考える。

2 Gardnerの第二言語習得（SLA）における社会・教育モデル

Gardner & Lambert (1959) は、フランス語を話すカナダ人と英語を話すカナダ人が、お互いの言語を習得する際に習熟度に違いが生じる原因を、対象言語のコミュニティーに対する態度や心理的要因から説明しようとした。統合的志向（integrative orientation）と道具的志向（instrumental orientation）の志向（orientation）とは、言語学習を行う「理由」のことである。Gardner (1985: 11) によれば、統合的志向とは、目標言語を話す人々と出会い、話しをするためとか、その人々と彼らの生き方をよりよく理解するための手段として言語を学ぶ場合のように、目標言語を話す人々とのインターアクションという社会的・情意的な目的のために言語を学ぶ動機である。一方、道具的志向とは、よい職を得るためや自分を教養がある人と見せたいなどのように、実利的な理由から言語を学ぶ場合である。つまり、学習の目的が実利的な価値のためであるときには「道具的」、目標言語のコミュニティーに属したいというような理由（willingness to be like valued members of the language community）

（Gardner & Lambert 1959: 271; Gardner 1991: 45）から学習を行う場合には「統合的」と見なされた。統合的志向がより強く学習成果と関係しているという分析結果から（Gardner & Lambert 1959）、統合的志向を中心とした研究が進められるようになった。

次のモデルは、Gardnerの社会・教育モデルの中の「統合的動機づけ（integrative motivation）」部分を示している。元になっているGardner（1985: 153）のモデルと同様に、「統合的態度（integrativeness）」と「学習状況に対する態度（attitudes toward the learning situation）」の２要因に相関関係があり、これらが「動機づけ（motivation）」に影響を与え、最終的な「言語的到達度（language achievement）」に影響していることを示している。Gardner（2001: 7）は、このモデルにおいて、「動機づけ」をサポートする他の要因としてさまざまな道具的動機づけが考えられること、また「動機づけ」や「言語適性」以外で「言語的到達度」に影響を与える他の要因としては、学習ストラテジーの使用および言語使用に対する不安や自信などがあると述べている。

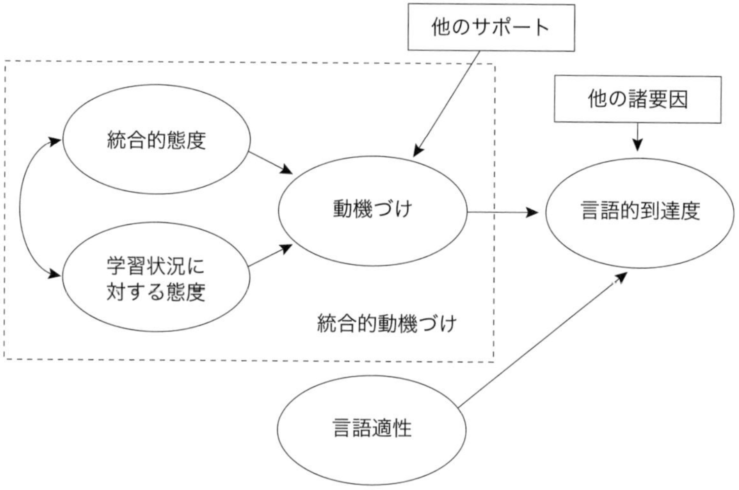

図１　L2 学習における態度と動機づけの役割モデル：Gardner（2001: 5）（筆者訳）

このモデルの点線で囲まれた部分をGardnerは「統合的動機づけ」と名づけている。「動機づけ」に影響を与える「統合的態度」の内容としては、上述の「統合的志向」が含まれるが、それ以外にも他のグループへのオープンな態度一般も包含し、より広く解釈されている。つまり、「統合的志向」は「統合的態度」を構成する一つの下位概念として、言語の学習理由の分類にすぎず、「動機づけ」に影響することで間接的にのみ言語の到達度に作用する（Gardner 2001: 5, 16）。Dörnyei（2005: 68-69）も述べているように、このモデルでは、「統合的動機づけ」、「統合的態度」、この統合的態度の構成要素の一つである「統合的志向」の異なる3つのレベルで、「統合的」という表現が用いられていることにより、Gardnerの理論の理解を難しくしていると思われる。

外国語は、学校教育においてForeign-Language Learning（FLL）として提供されることが多い。Dörnyei（1990: 48-49）は、動機づけを構成する要素の性質と効果は学習が行われる環境により変化するとし、目標言語がその言語環境に浸ることや目標言語のコミュニティーと頻繁にコンタクトがある状況で習得されるSecond-Language Acquisition（SLA）の文脈は、教育機関で一つか二つの外国語を数年間科目として学ぶことで熟達するFLLの文脈とはまったく異なっているとしている。こうして1990年以降、FLL環境での動機づけには統合的・道具的志向以外の要因も考慮に入れる必要性が主張されるようになった。

3　Dörnyeiの外国語学習の文脈における動機づけモデル：L2 Motivational Self System

Dörnyei（2005: 93-94）は、以下の3点から、「自己」と「アイデンティティ」に関係する動機づけの新しいコンセプトL2 Motivational Self System（L2MSS）を提案したいと述べている：1）外国語は他の教科とは異なり、精神的な活動と自分のアイデンティティ形成に関係していること、2）Gardnerの統合的態度は興味深いコンセプトであるものの、母語話者との接触がほとんどない環境でも意味を持つように概念のより広い解釈が必要であること、3）ハンガリーで実施した大規模調査[2]から、統合的態度、道具的動機づけ、L2話者への態度と、学習行動の測定値（learning behavioral measures）の間に一貫した関係が見られたこと、の3つの観点である。この動機づけの新しいコンセプトは、上記のハンガリーでの大規模調査結果とともに、Noels（2003）のSDTに基づく量的研究、Ushioda（2001）の質的研究とGardnerの社会・教育モデルに基づいたものである（Dörnyei 2005: 105-106）。

2　Dörnyeiらが、英語、ドイツ語、フランス語、イタリア語、ロシア語の5つの目標言語を学ぶ、合計13,391人のハンガリーの中学生を対象に実施した大規模調査（Taguchi et al. 2009: 66）。

L2MSSは、例えば八島（2001）の日本人英語学習者に対する調査で抽出された「国際人への憧れを含む統合的動機づけの拡大解釈を認知心理学のモデルである〈可能自己〉から見直し」（入江 2008: 37）、「グローバル社会の中で自分が望んでいる自己を達成しようとする動機」（ニ・ワヤン・プリリヤシンタ 2020: 14）を含み、「こうありたい」というL2理想自己（Ideal L2 Self）、「こうあるべきだ」というL2義務自己（Ought-to L2 Self）に加えて学習経験（L2 Learning Experience）を鍵とする概念である（Dörnyei 2005: 105-106; 2009: 29）。

肯定的な自己像である理想自己であれ、他力的な自己像である義務自己であれ、これらの自己像はともに未来を志向することから、「可能自己」（possible selves）として、人を未来へと導く役割を担うと考えられている。そして、現在自己（here-and-now）とこの可能自己のギャップを埋めようとするところに動機づけが生まれる（伊藤・森泉 2015: 92; Schaaf 2018: 39）。以下に、理想自己、義務自己、L2学習経験の３要素をまとめる：

理想自己（Ideal L2 Self）：第二言語習得に特有の理想的な自己を示す。自分がこうなりたいと思っている人物がL2を話すならば、現在の自分と理想自己の食い違いを埋めようとするために、L2を学習する強力な動機づけとなる。この理想自己という概念によって、英語やドイツ語などの外国語を流暢に使って活躍している人などが主題となり、「対象言語の文化やコミュニティーに限定する必要がなく、さらにそれが道具的か統合的かと言う二元化に無理にあてはめることもない」（入江 2008: 38）。実際に、「〜さんのようになりたい」というイメージが具体的で強いほど、学習行動に繋がると思われる。SDTで考えると、かなり自己決定度の高い動機づけ（内発的調整や同一視的調整）が対応するだろう。

義務自己（Ought-to L2 Self）：人が「こうあるべき」と思う自己像を示す。否定的な結果を避けるために持つべき特性（多様な義務、拘束、責任）に関係している（Dörnyei 2005: 105-106）。入江（2008: 38）では、「これからの社会人は英語が話せるべき」や「英語ができず思うように就職できない学生＝恥ずかしい」という例を挙げているが、行動をある程度内在化[3]しているがまだ自律的ではないことから、SDTの取り入れ的調整の段階と考えられる。

L2学習経験（L2 Learning Experience）：直接的な学習経験に関係する。大学に

3　内在化とは、外的に動機づけられた行為に対して、個人が態度や信念、行動の調整（behavioral regulation）を獲得し、それを次第に、自分の価値やゴールあるいは秩序（organization）に変容させていくプロセスを言う（Deci & Ryan 1985: 130）。

おけるドイツ語学習への意欲も、最初は高校までの英語学習経験によって影響を受けている可能性があるが、新しい言語と新しい仲間・教員との出会いによりダイナミックに変化する場合もある（本章5節を参照）。「Dörnyeiはこれが最終的に課題に取り組むか取り組まないかと言う行動を引き起こす直接的な要因であると見ている」（入江 2008: 39）。

L2MSS理論では、「動機づけは〈今の自分〉と〈なりたい自分〉、〈なるべき自分〉の不一致を埋めようとするところに発生するということになる。この理論が提案されてから、数多くの研究がこのモデルの妥当性を検討し、〈理想自己〉がもっとも中心的な動機づけ要因であることが明らかにされている」（ニ・ワヤン・プリリヤシンタ 2020: 16）。また、Dörnyei（2009: 30）が述べているように、図1で示したGardner（2001）の社会・教育モデルは、統合的態度、学習状況に対する態度、その他のサポートとして想定されている道具的動機づけの諸要因が動機づけ行動を決定しているとしていることから、L2MSSと矛盾することなく密接に関連していると言える。

4　日本の外国語教育の文脈におけるL2MSSに基づく実証的研究

4.1　英語教育における研究

Taguchi et al.（2009）は、L2MSSがハンガリー以外の、目標言語社会や母語話者との接触がほとんどない地域でEFL（English as a Foreign Language）として学ぶ日本・中国・イランのアジア諸国の学習者でも妥当なモデルであるかを調査した。L2MSSの3要素に加えて、「道具的動機づけ」（促進と予防）およびアジア圏の調査ということで「家族の影響」も補足した質問紙で調査を行っている。データを分析した結果、理想自己と統合的態度は日本・中国・イランのどの国の調査でも係数が$r = 0.5$以上の有意な相関を示し、動機づけの強さを示す測定基準値と理想自己と統合的態度も、それぞれが$r = 0.5$以上の有意な相関を示した。また、「統合的態度の概念を、より広い参照枠である－理想自己－の中で再解釈できること、理想自己の方が統合的態度よりも学習者の学習努力に対する説明力が高いことを示している。道具的動機づけの概念は、理想自己に近いものと、義務自己に近いものの2つに分けられること、同じ現象や出来事であっても、文脈によって捉え方が異なることが分かった」（Taguchi et al. 2009: 77-78）。このように、アジアでの調査は、ハンガリーでの調査と類似した結果となり、L2MSSは日本の英語教育についても適用可能なモデルと見なすことができた。

L2MSSに基づく動機づけ研究は、日本の英語教育でも増えている（e.g. 入江 2008; 鈴木他 2010; 伊藤・森泉 2015; 熊木 2016）。伊藤・森泉（2015）は、自己像や動機づけの諸要因と英語習熟度との関係性を、Taguchi et al.（2009）が使用した質問項目とTOEICスコアで検証した。分析の結果、L2MSSは英語習熟度の予測にも有用であることが示された。

4.2 ドイツ語教育における研究

日本のドイツ語教育についてこの理論に基づいた体系的な調査は、Schaaf（2018: 45）も述べているように、管見の限りまだSchaaf（2018）に限られる。Schaaf（2018）は、日本で選択必修の第二外国語としてドイツ語を学習する大学生の動機づけとその変化を研究するために、一大学を対象として量的および質的な調査を行った。最初の研究課題は「ドイツ語学習開始時に学習者はどのような動機づけをもち、学習の過程でどのように変化していくのか」であった。質問紙に採用した項目は、Taguchi et al.（2009）が使用した項目から選択し、加えて日本のドイツ語教育の状況に合わせて、次の11のカテゴリーから構成されている: 1）熱心さ、2）理想自己、3）義務自己、4）家族の影響、5）道具的動機づけ（促進）（promotion）、6）道具的動機づけ（予防）（prevention）、7）ドイツ語学習への態度、8）ドイツ語圏社会への態度、9）文化的関心、10）外国語一般への態度、11）ドイツ語への態度。

1回目の調査（2010年4月）には321人、2回目の調査（2011年1月）には286人の学生が参加した。これら2回の調査を分析した結果、最初の調査ではかなり顕著であった学習意欲が2回目の調査では大きく減少し、後期の調査では大学卒業に必要な単位を得ることだけが前面に出るように変化した。内的目標として、将来ドイツ語を使うことに関する理想自己（第1要素）は、最初の頃にはただ漠然としか存在せず、また、授業を受講する過程においても自分のテーマとなることがなかった。つまり、講座開始時にも終了時にもドイツ語を使用する自分のイメージを形成することはなく、学習の進行につれて、むしろ外発的な目標（第2要素）が重要性をやや強めていった。しかし、外国語の有用性に関する数値は、1回目・2回目の双方の調査で非常に高い評価を得ており、また、ドイツ語の学習経験（第3要素）は、一貫してよい評価を示していることから、ドイツ語の知識を活用して自分の将来像を形作っていく可能性を感じさせる、積極的な基本的態度が認められたと結論づけている。また、質問紙調査でも質的調査で用いた「言語学習動機づけ記録」(Sprachlernmotivationsbiographie) でも、「旅行の動機」が強く表れていることから、日本の大学のドイツ語授業におけるL2MSSの導入の可能性について考察する際に、この「旅行の動機」を例に挙げて、Dörnyei (2009) が効果的な動機づけになるための条件としている6ステップを踏む指導案を提案している：1) 理想自己の形成：授業内外で、ドイツ語を実際に使わなければならない真正な (authentisch) 状況を学習者に提供する。2) イメージを強化する：ドイツ語を使用する状況を、創造的な活動で増やしていく。3) 理想自己を信ぴょう性のあるものにする：週2回90分の授業で実現可能な目標を立てる。4) アクションプランの作成：ビジョンだけに終わらせないためにゴールを見据えた具体的なプランを作る。5) 理想自己の活性化：映画や音楽、料理あるいは大学や町が企画するドイツ関連のイベントを活用する。最初の希望や目的と実際がマッチしているかどうかをチェックする。6) うまくいかない場合も考慮する：言語学習で失敗する可能性とともに、それをどのような戦略で克服するかについて、初期の段階からテーマ化する。

5　本研究の研究課題と調査

5.1　本研究の研究課題

日本のドイツ語教育でL2MSS理論に基づく研究は、まだ始まったばかりである。拙論は、多くの大学の学習者を対象として調査を行い、日本の大学で第二外国語としてドイツ語を学ぶ学習者の動機づけを調査・分析することを目的とし、以下のことを研究課題とする：

第二外国語として、コミュニカティブな初級ドイツ語授業を受講する大学生は

1. L2MSSに基づくと、どのような動機づけを持っているのか
2. 学習意欲はL2MSSのどのような概念から説明できるのか
3. L2MSSの中心概念である理想自己は、どのような学習環境と関係しているのか

5.2　心理学における包括的な動機づけ理論「自己決定理論」とL2MSS

心理学の包括的な動機づけ理論である自己決定理論 (SDT) は、動機づけに関して、内発・外発の二元論では一元的に捉えられていた外発的動機づけを、自己決

定の度合に基づいてもっとも他律的な段階からもっとも自律的な段階までの連続体として捉えることができることを示した（自己決定理論については本章1節を参照）。これは、外発的・手段的（道具的）な動機づけであったとしても自律的であり得ることを示している。L2MSSでは道具的動機づけに、促進と予防とを区別しているが、これはSDTの外発的動機づけの理解と矛盾しない。SDTの下位理論の一つである「基本的欲求理論」（Basic Needs Theory）（Ryan & Deci 2002）は、人間には生まれながらにして「有能さへの欲求」、「自己決定（自律性）への欲求」、他者とよい関係を持ちたいという「関係性への欲求」の３つの心理的欲求が内在すると仮定し、環境がこうした欲求を満たしていると感じるかどうかが動機づけに影響するとしている。SDTについては、本章で示したように、筆者がこれまでにいくつかの論文でその理論に基づき調査研究しているが、本調査でも、研究課題3の理想自己と学習環境との関係性の調査については、基本的欲求理論に基づく項目を質問紙に使用している。

5.3　質問紙調査

5.3.1　質問紙調査の概要

本研究の質問紙調査は、ドイツ語の運用能力の養成を目的とした初級ドイツ語の教材で、第二外国語としてドイツ語を学習する学生を対象とし、2018年度の後期に実施した。主に、2015年度に実施した、コミュニカティブな教科書と動機づけに関する調査でご協力いただいた先生方に、再度、クラスでの調査を依頼した。森田（2017a）で明らかになったように、教材の使用方法は教員により大きく異なると推測されるが、本調査依頼の際にこの点を考慮してはいない。言語の運用能力養成を目的とした教材の使用方法と学習者の動機づけとの関連は、今後の研究課題としたい。

L2MSSに関する質問項目は、Taguchi et al.（2009: 74, 90-97）に基づき、伊藤・森泉（2015: 98）と同様に、「意欲の強さの指標」（criterion measures）、「理想自己」、「義務自己」、「L2学習に対する態度」、「統合的動機づけ」[4]、「文化的関心」、「L2コミュニティーに対する態度」、「道具的動機づけ」の「促進」と「予防」さらに「家族の

4　Taguchi et al.（2009）ではIntegrativeness（統合的態度）と名づけているが、拙論では、伊藤・森泉（2015）に基づき、統合的動機づけと表記する。

影響」の10の尺度を使用した[5]。ただし、本研究における項目は、次のように、ドイツ語教育に合わせた内容とした。各項目に対して、5:そう思う～1:そう思わない、の5件法で回答してもらった。

分析に際しては、各尺度の内的整合性を見るために信頼性係数Cronbachのαを測定し、数値が.60以下の場合には、整合性の低い項目を削除して、尺度として使うことができる項目に絞り、その後の分析に用いた（小塩 2004: 145-147）。

1. ドイツ語学習への意欲（Criterion measures）

   学習への動機づけの強さを測る測定基準値。以下の3項目から構成される（α =.815）。

   ドイツ語を一生懸命勉強している
   自分はドイツ語の勉強をがんばっていると思う
   今後、ドイツ語が必修科目でなくても学習を継続したい

2. 理想自己（Ideal L2 self）

   ドイツ語使用に関する理想的自己概念を尋ねる3項目から構成される（α =.827）。

   ドイツ語が使えるようになっている自分が想像できる
   YouTubeやネット、雑誌などでドイツ語で発信されたものにアクセスする自分が想像できる
   自分が外国人とドイツ語で話をしている状況を想像できる

3. 義務自己（Ought-to L2 self）

   ドイツ語学習に関して持つ義務や責任に関する自己概念の2項目からなる（α =.768）。

   私がドイツ語の勉強をすることを回りの人々が期待しているので、ドイツ語の勉強は必要だ
   ドイツ語を勉強しないと回りが残念に思うので勉強しなければならない

4. 家族の影響（Family influence）

   ドイツ語学習に対する家族の役割を尋ねる2項目からなる（α =.775）。

   家族がドイツ語の勉強を勧めている
   家族は機会を利用してドイツ語を使うように勧めている

5　Dörnyei のHPにTaguchi et al.（2009）が調査に使用した質問紙の日本語訳が掲載されている。本調査の質問紙作成にも参考とした。https://www.zoltandornyei.co.uk/_files/ugd/ba734f_ddb293f5fd9f4f2b8f46902e72e9f39b.pdf?index=true（2022年8月28日確認）

5. 道具的動機づけ（促進）（Instrumentality-promotion）

将来の仕事のための手段としてのドイツ語の重要性に関する2項目からなる（α =.819）。

ドイツ語ができればグローバルに働くことができるので、ドイツ語の勉強は大切だ
ドイツ語を勉強しておくといつか良い仕事を得るために役立つと思うので、ドイツ語の勉強は大切だ

6. 道具的動機づけ（予防）（Instrumentality-prevention）

好ましくない状況を回避するための手段としての義務的なドイツ語学習に関する2項目からなる（α =.617）。

ドイツ語で悪い成績を取りたくないので、勉強しなければならない
ドイツ語の単位は卒業に必要なので、勉強しなければならない

7. ドイツ語学習への態度（Attitudes to learning L2）

現在のドイツ語授業や学習に対する認知を尋ねる3項目からなる（α =.883）。

ドイツ語の授業を楽しみにしている
ドイツ語の授業の雰囲気が好きだ
ドイツ語を勉強するのは面白い

8. ドイツ語を話すコミュニティーへの態度（Attitudes to L2 community）

ドイツ語話者の社会に対する態度を尋ねる3項目からなる（α =.822）。

ドイツ語圏へ旅行したいと思いますか
ドイツ語圏の人々と知り合いになりたいですか
ドイツ語圏の人々に対して好感をもっていますか

9. ドイツ語圏の文化への関心（Cultural interest）

ドイツ語圏の文化財や歴史への興味を尋ねる2項目からなる（α =.833）。

ドイツ語圏の建物やお城などに興味がありますか
ドイツ語圏の歴史や文化に興味がありますか

10. 統合的動機づけ（Integrativeness）

ドイツ語やドイツ語圏の文化・人々への態度に関する3項目からなる（α =.717）。

どの程度ドイツ語圏の人々のようになりたいですか
どの程度ドイツ語が好きですか
ドイツ語圏の人々や文化を知るためには、ドイツ語の学習は大切だ

SDTの基本的心理的欲求に関する質問項目は以下のものであった：

1. 自律性の欲求

自己決定的でありたいという基本的な欲求。4項目からなる（α =.855)。

ドイツ語の授業では、進め方などを相談してくれる
ドイツ語の授業では、すすんで勉強できる体制があると感じる
自分なりの勉強方法が徐々に身に付いてきていると感じる
授業では先生がいろいろなアドヴァイスや刺激を与えてくれる

2. 自己効力感の欲求

実際にどうかには関係なく自分は有能でありたいという欲求。3項目からなる（α =.805)。

ドイツ語の授業では、教師や友達から褒（ほ）められることがある
ドイツ語の授業では、達成感を味わうことができる
ドイツ語の授業では、よい成績が取れると思う

3. 関係性の欲求

他者と良い関係を保ちたいという欲求。3項目からなる（α =.890)。

ドイツ語の授業を一緒に受けている友達とは、良い関係だと思う
ドイツ語の授業では、友達と協力して勉強できていると思う
ドイツ語の授業では、友達同士で学びあう雰囲気があると思う

5.3.2 調査参加学習者のプロフィール

質問紙調査は後期の授業が終了に近づく2018年12月～2019年1月に実施し，14大学986人のドイツ語学習者が調査に協力した[6]。参加者の性別は、男性が640人（65%)、女性が345人（35%)、無回答が1人であった。所属の学系は、社会科学系600人（60.9%)、人文科学系192人（19.5%)、自然科学系115人（11.7%)、医療系28人（2.8%)、外国語学系21人（2.1%)、芸術系12人（1.2%)、教育系4人（0.4%)、その他11人（1.1%)、無回答3人であった。海外滞在経験に関しては、今回の調査参加者の7割以上が海外滞在経験は「ない」と回答し、「ある」と回答した学生でもそのほとんどが「滞在期間1ヶ月未満」の短期滞在であった。学生に

6 2018年度の質問紙調査を実施するにあたり、調査の目的や参加が任意であること、データの取り扱い方法などを書いた説明書を準備し、配布した。

は海外で日常的に外国語を使う経験は非常に乏しいと言える。

5.3.3　分析結果

986人の学生から得られたデータは、SPSS version 26を使用し、記述統計、尺度の信頼性分析、重回帰分析、相関分析を行った。表1は、各尺度の項目の平均値と標準偏差を示している。成績や単位の取得を目的とする道具的動機づけ（予防）の平均値（4.02）が高い値を示し、ドイツ語圏の文化への関心（3.85）やドイツ社会への態度（3.80）がそれに続いている。

表1　L2 Motivational Self Systemの各カテゴリーと記述統計（平均値・標準偏差）

カテゴリー	*M*	*SD*	カテゴリー	*M*	*SD*
ドイツ語学習への意欲	3.124	0.959	道具的動機づけ（予防）	4.015	0.817
理想自己	2.392	0.921	ドイツ語学習への態度	3.526	1.009
義務自己	2.060	0.948	ドイツ社会への態度	3.803	0.950
家族の影響	1.872	0.971	ドイツ語圏の文化への関心	3.853	1.052
道具的動機づけ（促進）	2.984	1.028	統合的動機づけ	3.399	0.833

ドイツ語やドイツ語圏の文化・人々への統合的態度に関する統合的動機づけも(3.40)、5件法の中央の3以上の値を示している。一方、義務自己（2.06）や家族の影響（1.87）の値は低い。L2MSSのキー概念である理想自己の値も低い（2.39)。ドイツ語は大学で初めて学ぶ外国語であり、実際に使えるようになる自分を想像しにくいと思われる。また、将来の仕事に関連する道具的動機づけ（促進）は3に近い値を示している(2.98)。1年間の授業体験としてのドイツ語学習への態度(3.53)は、学習者が授業を肯定的に経験している傾向を示しているが、標準偏差の散らばりは小さくない。ドイツ語学習への意欲は3を少し上回っている(3.12)。この値は、次の分析において、どの項目によって影響を受けているかを調べる際に従属変数として使用する。

調査時点でのドイツ語学習意欲は、どのような要因から説明できるのかを探るために、ドイツ語学習への意欲を従属変数、他のカテゴリーを独立変数として、重回帰分析を行った。図2は、統計的に有意であった項目とその係数を示している。ドイツ語学習の意欲は、理想自己、道具的動機づけ（促進）と（予防)、授業経験としてのドイツ語学習への態度および統合的動機づけによって影響を受けていること、とくに、ドイツ語学習への態度、理想自己および統合的動機づけから説明可能であることが分かった。重決定係数（R^2=.673）も、予測の当てはまりのよさを示している。ドイツ語圏の文化への関心やドイツ社会への態度は、平均値が高くとも学習意欲には直接的な影響がない結果となった。

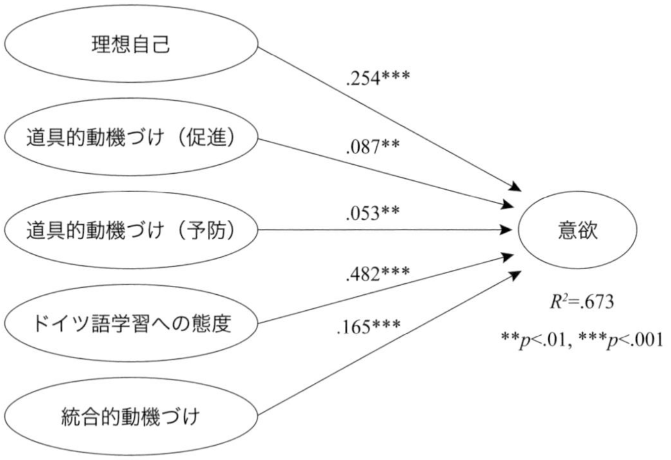

図2　意欲に影響する要因

表2　SDT の 3 心理的欲求と、意欲に影響を与える要素との相関

	自律性	有能感	関係性	理想自己	道具的（予防）	道具的（促進）	ドイツ語学習態度	*M*	*SD*
自律性	—							3.598	0.854
有能感	.790**	—						3.403	0.924
関係性	.642**	.606**	—					3.863	0.926
理想自己	.427**	.490**	.266**	—				2.392	0.921
道具的（予防）	.162**	.160**	.228**	-.026	—			4.015	0.817
道具的（促進）	.417**	.383**	.300**	.554**	.076*	—		2.984	1.028
ドイツ語学習態度	.671**	.679**	.594**	.571**	.128**	.536**	—	3.526	1.009
統合的動機づけ	.558**	.512**	.413**	.594**	.126**	.635**	.694**	3.399	0.833

*p<.05, **p<.01

表2は、SDTの3心理的欲求に基づいて調査した学習環境に対する認知と、重回

帰分析の結果から学習意欲に影響を与えている5つのカテゴリーとの相関関係を示したものである。自律性・有能感・関係性のどの心理的欲求の充足度も、5つのカテゴリーと有意な相関を示している。とりわけ、意欲にもっとも影響を与えているドイツ語学習態度との相関はかなり高いが、自己決定度の低い道具的動機づけ（予防）との相関は低い。L2MSSにおいて中心的な概念である理想自己は、自律性と有能感および道具的動機づけ（促進）、ドイツ語学習への態度、統合的動機づけとの相関が高い。

5.4 分析結果のまとめとドイツ語教育のへの示唆

以下に、第二外国語として、コミュニカティブな教材で初級ドイツ語授業を受講する大学生について、本調査の3つの研究課題に対する回答をまとめる：

1. L2MSSに基づくと、どのような動機づけを持っているのか

Schaaf（2018）の調査と同様に、本調査でも道具的動機づけの中でも自己決定度の低い、成績や単位の取得を目的とする道具的動機づけ（予防）が高い値を示し、また、これまでの調査と同様に、ドイツ語圏の文化への関心や社会への肯定的態度が見て取れる。ドイツ語やドイツ語圏の文化・人々への統合的態度に関する統合的動機づけはそう高くはないものの、3.0以上の値を示した。一方、ドイツ語学習に対する外からの期待や家族の影響は低い。L2MSSの中心概念である理想自己の値も高くない。ドイツ語と将来の仕事との関連を内容とする道具的動機づけ（促進）は3.0に近い値を示している。グローバル化の中で外国語の能力は自分の将来にとって役立つと思ってはいるが、ドイツ語については現実的なイメージに繋がっていないと思われる。その一方で、ドイツ語の授業体験は概して肯定的で、楽しいと感じている傾向が見えるが､標準偏差が大きいことから認知にかなりのちらばりがある。ドイツ語学習を頑張ろうという意欲は3.0をわずかに上回った。

2. 学習意欲はL2MSSのどのような概念から説明できるのか

学習に成功するかどうかは動機づけにかかっている。ドイツ語学習への意欲は、とくに、それまでの学習経験を反映しているドイツ語学習への態度、理想自己および統合的動機づけから説明可能であることが分かった。ドイツ語圏の文化への関心やドイツ社会への肯定的態度は、学習意欲には直接的な影響がないという結果となった。

3.　L2MSSの中心概念である理想自己は、どのような学習環境と関係しているのか

コミュニカティブな授業では、ドイツ語を話す自分を具体的にイメージできるかが重要になる。L2MSSの中心概念である理想自己は、自律性と有能感への欲求を満たす環境で強くなること、また、将来の仕事とドイツ語を関係づける道具的動機づけ（促進)、授業経験としてのドイツ語学習への態度、統合的動機づけとの相関が高いことから、授業ではこうした結果を考慮したプログラムと学習環境を整えることが有効と思われる。

大学でドイツ語を学習する学生たちには、大学入学までに外国語を実際の場面で使う経験が乏しいことが分かった。そうした彼らがドイツ語を使えるようになるためには、まず、ドイツ語を使う自分のイメージ、理想自己の形成が必要となる。そのために、ロールモデルの存在が有効と思われる。ドイツ語ネイティブ教員の授業では目標言語でのオーセンティックなコミュニケーションを取りやすく、外国語の授業ではネイティブ教員が優先される傾向がある。しかし、ドイツ語を母語としなくてもドイツ語を操る者は、学習者の具体的なロールモデルになる。先輩や友人で、そうしたモデルになるケースがあれば一番よいかもしれないが、日々の授業で、授業言語としてドイツ語を使う日本人教員は、将来の理想自己として具体的なロールモデルになり得るだろう。日本独文学会調査（2015）によると、日本語を母語とする教員の授業では、ドイツ語を授業でまったく使用していないか、あるいは1割未満の使用状況と回答している教員の割合は7割近くに上っていることから、日本人教員はドイツ語使用者としてのロールモデルにはなりにくいと思われる。現在の自分と理想の自分のギャップを埋めようとするところに生まれる学習意欲の向上には、3つの心理的欲求を満たす授業環境が望まれる。自己決定性や他者と協働して学習することが前提となる授業として、プロジェクト型の授業が考えられる。筆者は2016年度から、1年生を対象とした後期授業で、グループでドイツ旅行を計画するプロジェクト学習を実施している。Schaaf（2018）も、上述の6ステップを踏む授業案の中で、同じようなプロジェクト授業を提案している。ドイツ文化に対する関心や憧れだけでは、理想自己の形成と育成には繋がらない。さまざまな機会を利用して、ドイツ語を使う場面を増やし、その際に学習者の関心のあるドイツ文化を取り込んでいくことで、文化を知るためにはドイツ語の学習は大切だという統合的動機づけを高め、ドイツ語を使う自分のイメージの形成に繋がるのではないかと思う。

本調査結果は限られた学習者に対してのものである。今後、L2MSSに基づく多くの研究が行われることにより、日本のドイツ語学習者の理想自己を育成するための授業運営をともに考えていくことができれば幸いである。

おわりに

第2章では、主に、コミュニケーション活動中心の教材でドイツ語を学ぶ学習者の動機づけと学習観をテーマとした。調査には、とくに教育心理学の理論である「自己決定理論」に基づく質問紙を使っている。本理論によれば、人間は元来、社会環境と能動的に関わっていこうとする存在であり、この本来の傾向は人を取り巻く環境が、基本的な心理的欲求を満たしてくれると人が感じるかどうかによって、促進されることもあれば阻害されることもある。そして、動機づけは、その活動の理由がどれだけ自分の中にあるのか、によって決まってくるが、たとえはじめは外から課された活動であっても、人はそれを自分の価値とすり合わせて行こうとする内在化傾向を持っていると仮定している。自己決定理論は、第二外国語として提供されることの多いドイツ語の授業を行う際に、学生たちの本来の成長傾向を促進するような授業環境を考える土台となると考えている。

質問紙調査の分析結果は、理論が仮定している3つの基本的な心理的欲求を満たすような授業環境、とくに有能感（自分は有能でありたい）や自律性の感覚（自分のことは自分で決めたい）を得ることができる環境は、コミュニカティブな教科書を受け入れるための土台となり、ドイツ語の使い手としての自己像（理想自己）を育むためのベースとなることを示した。もう一つの、関係性（他者とよい関係を得たい）の欲求は、教科書評価や理想自己形成に統計的には大きく関与していないように見えるが、有能感や自律性の欲求との相関が高いことが示しているように、人が積極的に環境と関わるための前提になると考えている。これは、他者との関わりに関する社会的欲求・承認欲求が満たされてはじめて、自己実現したいという成長欲求が現れると考えるMaslowの欲求階層説に対応している。とりわけ日本の文化においては、この関係性の欲求を満たすような授業環境が重要だと思われる。

次の図は、上述の3つの心理的欲求を満たす（あるいは阻害する）と感じる社会的環境（文脈）が行動に影響を与え、最終的なアウトカムに影響することを表している。

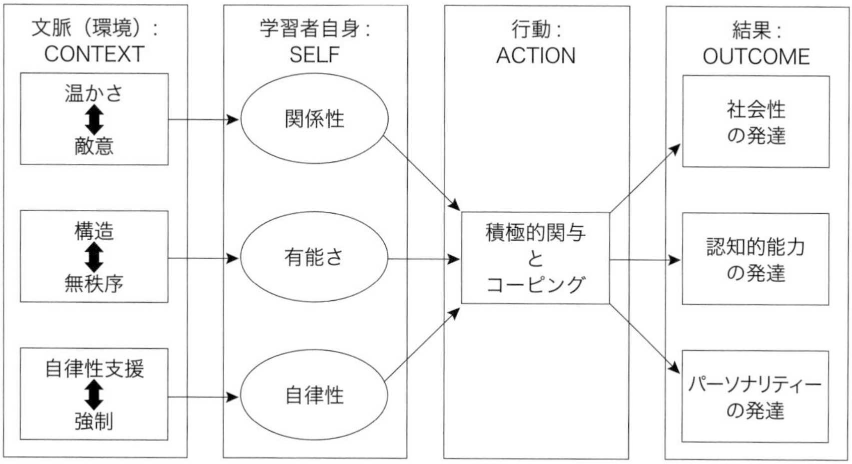

自己決定理論：環境・自己・行動・結果の繋がり

A Motivational Model: Context, Self, Action and Outcomes

Skinner & Edge (2002): 300 を基に作成

外国語での口頭コミュニケーションを学ぶ授業では、不安を感じる学生が少なくない。間違いを恐れることなく、ペアワークやグループワークで、自由に練習できるような温かい環境が関係性の欲求を満足させ、教師のフィードバックができる・できないの評価に終始するのではなく、できるようになるために有用な整理された情報を提供してくれる授業は、「できる」という感覚(有能感)を育ててくれる。また、課題を出す場合などには、学習者ができるだけ自分で選択することができるような余地を残しておくことで、自己決定感（自律性）を得ることができる。こうした3つの基本的心理的欲求が満たされた社会的環境で、人は積極的に行動し、問題に対処することができる。図は、こうして社会性や認知的能力、人格の発達が促されることを示している。

ドイツ語の運用能力を養成するための教科書で、文法などの言語知識の積み上げによる学習ではなく、言語活動中心の授業をしている場合でも、文法は文法に特化した授業で学習した方がよい、文章は和訳して理解したい方がよいという学習観が強くなる傾向が見られた。これは、聴き取り調査の分析が示したように、高等学校における英語の授業が依然として文法や訳読による文章理解が中心となっていることにより、学習者の外国語学習観に影響していると思われる。本章で示したように外国語学習観が高等学校までの英語学習によって形成されるとすると、現在の英語教育が言語を使って何ができるかを目的とする行動主義に変わってきていることから、大学でドイツ語を学ぶ学習者の言語学習観も、徐々にではあるが、変わっていくものと思われる。

今回の調査では、教師の教育観は学習者の学習観と比較すると、文章のリーディングでは日本語訳に頼らない教育観を持っていること、また、できるだけオーセンティックな素材がよいと考えていることが分かった。学習者がまだ伝統的な学習観を持っているならば、暗示的な運用能力の養成の授業の中に、文法の明示的説明やペアワークやグループワークにより和訳を適宜取り入れて、学習者が「分かった」という達成感を持つように柔軟に対応することが必要だろう。学習観は長年の学習経験の中で形成されるものであるため、比較的安定しており変えることが難しいものかもしれないが、本章で示したSCATによる聴き取り調査の分析は、高等学校までの伝統的な文法・訳読法の授業によって形成された「外国語学習は作業である」という学習観が、コミュニカティブなドイツ語の授業を受講することで運用能力の発達に繋がるような学習観に変わっていったことを示した。外国語学習を生涯学習と捉えると、毎日のドイツ語の授業によって、私たちは学生たちの学習観の形成にも一役買っているという意識が必要なのだろう。教育の目標としての自律性の養成と日々の授業が決して乖離したものでないことを示している。

大学で第二外国語として学ばれることの多い6言語（ドイツ語、フランス語、スペイン語、ロシア語、中国語、韓国・朝鮮語）について、自己決定理論と、同様に教育心理学の理論である期待価値理論を使った質問紙による調査では、ドイツ語履修者は、好ましい動機づけである内発的動機づけや同一視的調整が低く、単位のためというような典型的な外的調整や無動機が高い傾向を示した。また、他の言語と比較して、学習に対する負担感が強い。したがって、ドイツ語では他の言語以上に、学生の意欲を高める授業の工夫が不可欠だということになるだろう。

日々の授業では、教師はさまざまな問題や課題への対応に迫られる。授業の多様な問いに対する対処法を一人で考えるよりも、同じような環境で授業を行っている仲間と協働して、授業に関する理解や学びを深める方が、私たち教師の心理的欲求の充足も高まるように思う。たとえば、2章で示したさまざまな調査の分析結果が教師間のディスカッションの土台になればと望んでいる。

参考文献

Atkinson, John W. (1964): *An introduction to motivation*. Princeton, NJ: Van Nostrand.

Bachmaier, Elvira (2017): Lehrermeinungen zum Einsatz von im deutschsprachigen Raum erschienenen Lehrwerken im Unterricht: Schwierigkeiten und Lösungsansätze – Ergebnisse der quantitativen und qualitativen Analyse einer Umfrage unter DaF-Lehrenden in Japan. In: *Studienreihe der Japanischen Gesellschaft für Germanistik* (125). Fujiwara, Mieko (Hg.): *Kommunikativ orientierte DAF-Lehrwerke an japanischen Universitäten – Lehrende, Lernende und Unterricht*, 18-34.

Bausch, Karl-Richard (1999): Zur Funktion von Lehr- und Lernmaterialien beim Lernen fremder Sprachen. Erkenntnisstand und Forschungsperspektiven. In: Bausch, Karl-Richard; Christ, Herbert; Königs, Frank G. & Krumm, Hans-Jürgen (Hg.): Die Erforschung von Lehr- und Lernmaterialien im Kontext des Lehrens und Lernens fremder Sprachen. Tübingen: Gunter Narr, 17-22.

Benson, Phil; Chik, Alice; Gao, Xuesong; Huang, Jing & Wang, Wenfeng (2009): Qualitative Research in Language Teaching and Learning Journals, 1997–2006, *The Modern Language Journal* 93 (1), 79-90.

Bimmel, Peter & Rampillon, Ute (2000): *Lernerautonomie und Lernstrategien.* (*Fernstudieneinheit* 23) Berlin u.a.: Langenscheidt.

Boeckmann, Klaus-Börge (2006): *Kommunikativer Fremdsprachenunterricht und regionale Lehr- und Lernkultur. Eine empirische Untersuchung zum Deutsch-als-Fremdsprache-Unterricht in Japan*. Innsbruck: Studienverlag.

Borg, Simon (2006): *Teacher Cognition and Language Education: Research and Practice*. London: Continuum.

Brown, Douglas (1991): TESOL at Twenty-Five: What are the issues? *TESOL Quarterly* 25 (2), 245-260.

Burgess, John & Etherington, Siân (2002): Focus on grammatical form: Explicit or implicit? *System* 30 (4), 433-45.

Chaudhuri, Tushar (2009): *Mehrsprachigkeit und Grammatikerwerb. Die Bedeutung der mehrsprachigen Ausgangssituation für den Unterricht Deutsch als Fremdsprache in Indien*. Tübingen: Gunter Narr.

Council of Europe (2001): *Common European Framework of reference for languages: Learning, teaching, assessment.* Cambridge: Cambridge University Press.（吉島茂、大橋理枝（訳）(2004)：『外国語教育 II －外国語の学習、教授、評価のためのヨーロッパ共通参照枠』朝日出版社.）

Crookes, Graham & Schmidt, Richard (1991): Motivation: Reopening the research agenda. *Language Learning* 41 (4), 469-512.

deCharms, Richard (1968): *Personal causation*. New York: Academic Press.

deCharms, Richard (1976) : *Enhancing Motivation. Change in the Classroom*. New York: Irvington Publishers.（佐伯胖（訳）(1980)：『やる気を育てる教室』金子書房.）

Deci, Edward L. (1975) : *Intrinsic Motivation*. New York: Plenum Press.（安藤延男、石田梅男（訳）(1980)『内発的動機づけ－実験社会心理学的なアプローチ－』誠信書房.）

Deci, Edward L. (1980). *The Psychology of Self-Determination*. Lexington, MA: D. C. Heath.（石田梅男（訳）(1985)『自己決定の心理学－内発的動機づけの鍵概念をめぐって－』誠信書房.）

Deci, Edward L. & Flaste, Richard (1995): *Why We do What We Do: Understanding Self-motivation*. New York: Penguin Books.（桜井茂男（監訳）(1999)：『人を伸ばす力－内発と自律のすすめ－』新曜社.）

Deci, Edward L. & Ryan, Richard M. (1985): *Intrinsic motivation and self-determination in human behavior*. New York: Plenum Press.

Deci, Edward L. & Ryan, Richard M. (Eds.) (2002): *Handbook of self-determination research*. Rochester, NY: University of Rochester Press.

Dörnyei, Zoltán (1990): Conceptualizing motivation in foreign language learning. *Language Learning* 40 (1), 45-78.

Dörnyei, Zoltán (1998): Motivation in second and foreign language learning. *Language Teaching* 31, 117-135.

Dörnyei, Zoltán (2001a): *Teaching and researching motivation*. Harlow: Longman.

Dörnyei, Zoltán (2001b): *Motivational Strategies in the Language Classroom*. Cambridge: Cambridge University Press.

Dörnyei, Zoltán (2005): *The psychology of the language learner: Individual differences in second language acquisition*. Mahwah, N.J.: Lawrence Erlbaum Associates.

Dörnyei, Zoltán (2009): The L2 motivational self system. In: Dörnyei, Zoltán & Ema, Ushioda (Eds.): *Motivation, language identity and the L2 self.* Bristol, UK, Buffalo, NY: Multilingual Matters Ltd. (Second language acquisition), 9-42.

Dörnyei, Zoltán (2013): Communicative Language Teaching in the twenty-first century: the 'Principled Communicative Approach'. In: Arnold, Jane & Murphey, Tim (Eds.): *Meaningful action: Earl Stevick's influence on language teaching*. Cambrige: Cambridge University Press, 161-171.

Edmondson, Willis & House, Juliane (2000): *Einführung in die Sprachlehrforschung.* (2.Aufl.) Tübingen: A. Franke Verlag.

Ende, Karin & Mohr, Imke (2015): *Fachbegriffe für DaF-Lehrkräfte*. München: Klett-Langenscheidt.

Fujiwara, Mieko (2016a): Entwicklung japanischer DaF-Lehrwerke mit kommunikativer Orientierung von 1990 bis zur Gegenwart - Analyse von drei Lehrwerken. *Sprache und Kultur* 20, 21-38.

Fujiwara, Mieko (2016b): Studentische Evaluation der kommunikativen Konzeption eines japanischen DaF-Lehrwerks und mögliche Einflussgrößen. *Informationen Deutsch als Fremdsprache* 43 (5), 516-536.

Fujiwara, Mieko (2019): Englischlernerfahrungen und Einstellungen der Studierenden zum Deutschlernen sowie deren mögliches Selbstbild als Deutschverwendende. Asiatische Germanistentagung (mündliche Präsentation: 27.08.2019 in Sapporo).

Fujiwara, Mieko (2020): Englischlernerfahrungen und Einstellungen der Studierenden zum Deutschlernen sowie deren mögliches Selbstbild als Deutschverwendende. In: Muroi, Yoshiyuki (Hg.): Tagungsband *Einheit in der Vielfalt? Germanistik zwischen Divergenz und Konvergenz*, 909-910.

Funk, Hermann; Koenig, Michael; Scherling, Theo & Neuner, Gerhard (1994): *Sowieso. Deutsch als Fremdsprache für Jugendliche*. Berlin u.a.: Langenscheidt.

Funk, Hermann; Kuhn, Christina; Skiba, Dirk; Spaniel-Weise, Dorothea & Wicke, Rainer E. (2014): *Aufgaben, Übungen, Interaktion (Deutsch Lehren Lernen* 4), München: Klett-Langenscheidt.

Gardner, Robert C. (1985): *Social psychology and second language learning. The role of attitudes and motivation.* London: Edward Arnold.

Gardner, Robert C. (1991): Attitudes and motivation in second language learning. In: Reynolds, Allan G. (Ed.): *Bilingualism, multiculturalism, and second language learning*. London: Lawrence Erlbaum Associates, 43-63.

Gardner, Robert C. (2001): Integrative motivation and second language acquisition. In: Dörnyei, Zoltan & Schmidt, Padric C. (Eds.): *Motivation and second language acquisition*. Honolulu, HI: University of Hawai'i Press, 1-19.

Gardner, Robert C. & Lambert, Wallace E. (1959): Motivational variables in second-language acquisition. *Canadian Journal of Psychology* 13 (4), 266-272.

Grein, Marion (2013): Lernbiografie als Einflussgröße für Lernmethoden - die Grammatik-Übersetzungs-Methode heute. *Deutsch als Zweitsprache* 1, 5-13.

Kirk, Stanley (2010): Self-determination theory and education: An overview. *language and Culture* 14, 35-58.

Kutka, Sabine; Takaoka, Yusuke; Ishitsuka, Izumi; Oizumi, Dai & Hoshii, Makiko (2010): Was denken die japanischen Deutschlerner über Grammatik und Grammatiklernen? Eine Untersuchung an der Waseda-Universität in Tokyo. In: Hoshii, Makiko; Kimura, Christoph, Goro; Ohta, Tatsuya & Raindl, Marco (Hg.): *Grammatik lehren und lernen im Deutschunterricht in Japan - empirische Zugänge*. München: iudicium Verlag, 69-87.

Maslow, Abraham H. (1954): Motivation and Personality. New York: Haper and Row. (『人間性の心理学』小口忠彦（訳）（1971）産能短大出版部.）

Matsuura, Hiroko; Chiba, Reiko & Hilderbrandt, Paul (2001): Beliefs about learning and teaching communicative English in Japan. *JALT Journal* 23 (1), 69-89.

Morita, Masami (2009): „Das zweite Sprachenporträt" - Wie verändern sich und entwickeln sich die subjektiven Sprachlerntheorien der Lernenden? In: Guido Oebel (Hg.): *LdL (Lernen durch Lehren) goes global: Paradigmenwechsel in der Fremdsprachendidaktik unter Berücksichtigung kulturspezifischer Lerntraditionen.* Hamburg: Verlag Dr. Kovac, 67-121.

Neuner, Gerhard & Hunfeld, Hans (1993): *Methoden des fremdsprachlichen Deutschunterrichts. Eine Einführung (Fernstudieneinheit* 4). Berlin: Langenscheidt.

Neuner, Gerhard (1994): Lehrwerkforschung - Lehrwerkkritik. In: Kast, Bernd & Neuner, Gerhard (Hg.): *Zur Analyse,*

Begutachtung und Entwicklung von Lehrwerken für den fremdsprachlichen Unterricht. Berlin: Langenscheidt, 8-22.

Noels, Kimberly A. (2003): Learning Spanish as a second language: Learners' orientations and perceptions of their teachers' communication style. In: Dörnyei, Zoltán (Ed.): *Attitudes, orientations, and motivations in language learning*. Oxford: Blackwell, 97-136.

Noels, Kimberly A.; Clément, Richard & Pelletier, Luc G. (1999): Perceptions of teachers' communicative style and students' intrinsic and extrinsic motivation. *Modern Language Journal* 83 (1), 23-34.

Noels, Kimberly A.; Pelletier, Luc G.; Clément, Richard & Vallerand, Robert J. (2000): Why are you learning a second language? Motivational orientations and self-determination theory. *Language Learning* 50 (1), 57-85.

Ohki, Mitsuru (2011): Contextualiser l'apprentissage autodirigé dans l'enseignement supérieur au Japon. *Le français dans le monde - Recherches et applications (CLE international)* 50, 94-104.

Oxford, Rebecca L. (1990): *Language Learning Strategies - What every teacher should know*. Boston: Heine & Heine.

Riemer, Claudia (2003): „Englisch war für mich nur ein Teil meines Stundenplans" - Motivation zum Englischlernen in Zeiten der Globalisierung. *Zeitschrift für Interkulturellen Unterricht* 8 (2-3), 72-96.

Riemer, Claudia (2005) : L2-Motivationsforschung und Deutsch als Fremdsprache (mit exemplarischen Länderanalysen). In: Wolff, Armin; Riemer, Claudia & Neubauer, Fritz (Hg.): *Sprache lehren - Sprache lernen. Materialien Deutsch als Fremdsprache* 74, 51-71.

Riemer, Claudia (2011) : Warum Deutsch (noch) gelernt wird – Motivationsforschung und Deutsch als Fremdsprache. In: Barkowski, Hans; Demmig, Silvia; Funk, Hermann & Würz, Ulrike (Hg.): *Deutsch bewegt. Entwicklungen in der Auslandsgermanistik und Deutsch als Fremd- und Zweitsprache*. Baltmannsweiler: Schneider-Verlag Hohengehren, 327-340.

Rigby, Scott C.; Deci, Edward L.; Patrick, Brian C. & Ryan, Richard M. (1992): Beyond the intrinsic - extrinsic dichotomy self-determination. *Motivation and Emotion* 16 (3), 165-185.

Rösler, Dietmar (2012) : *Deutsch als Fremdsprache - Eine Einführung*. Stuttgart: Metzler.

Rüschoff, Bernd & Wolff, Dieter (1999): *Forum Sprache: Fremdsprachenlernen in der Wissensgesellschaft - Zum Einsatz der Neuen Technologien in Schule und Unterricht*. Ismaning: Max Hueber Verlag.

Ryan, Richard M. & Deci, Edward L. (2000): Self-determination theory and the facilitation of intrinsic motivation, social development, and well-being. *American Psychologist* 55 (1), 68-78.

Ryan, Richard M. & Connell, James P. (1989): Perceived locus of causality and internalization: Examining reasons for acting in two domains. *Journal of Personality and Social Psychology* 57 (5), 749-761.

Ryan, Richard M. & Deci, Edward L. (2002): Overview of self-determination theory: An organismic dialectical perspective. In: Deci, Edward L. & Ryan, Richard M. (Eds.), 3-33.

Schaaf, Julia C. (2018): *„Irgendwann möchte ich nach Deutschland gehen." Longitudinalstudie zur Deutschlernmotivation an der japanischen Universität*. Dissertation, Fakultät I - Geistes- und Bildungswissenschaften der Technischen Universität Berlin.

Schart, Michael (2005): Die Suche - ein Nachruf. Das „andere Lehrwerk" aus der Sicht japanischer Studierender. *Zeitschrift für Interkulturellen Fremdsprachenunterricht* 10 (2), 1-23.

Skehan, Peter (1991): Individual differences in second language learning. *Studies in Second Language Acquistion* 13 (2), 275-298.

Skinner, Ellen & Edge, Kathleen (2002): Self-Determination, Coping, and Development. In: Deci, Edward L. & Ryan, Richard M. (Eds.), 297-337.

Slivensky, Susanna (1996): *Regionale Lehrwerkforschung in Japan*. München: Iudicium Verlag.

Taguchi, Tatsuya; Magid, Michael & Papi, Mostafa (2009): The L2 Motivational Self System among Japanese, Chinese and Iranian Learners of English - A comparative Study. In: Dörnyei, Zoltan & Ushioda, Ema (Eds.): *Motivation, language identity and the L2 self*. Bristol, UK, Buffalo, NY: Multilingual Matters (Second language acquisition), 66–97.

Terada, Tetsuo & Holzer-Terada, Sigrid (2002): Der Einfluss des Lehrwerks auf die Interaktion im Unterricht. In: Nakagawa, Shinji; Slivensky, Susanna & Sugitani, Masako (Hg.): *Pädagogische Interaktion und interkulturelles Lernen im Deutschunterricht*. Innsbruck: Studien Verlag, 69-93.

Ushioda, Ema (2001): Language learning at university: Exploring the role of motivational thinking. In: Dörnyei, Zoltán & Schmidt, Padric C. (Eds.): *Motivation and second language acquisition*. Honolulu, HI: University of Hawai'i Press, 91-124.

Waychert, Carsten (2016) : Stimmen aus dem kommunikativen Deutschunterricht - Alltagstheorien von Deutschlernenden im ersten Studienjahr. *Deutschunterricht in Japan* 20, 32-53.

White, Robert W. (1959): Motivation reconsidered: The Concept of Competence. *Psychological Review* 66, 297-333.

Yashima, Tomoko; Noels, Kimberly A.; Shizuka, Tetsuhito; Takeuchi, Osamu; Yamane, Shigeru & Yoshizawa, Kiyomi (2009): The interplay of classroom anxiety, intrinsic motivation, and gender in the Japanese EFL context.『外国語教育研究』17, 41-64.

秋田喜代美（1997）：子どもへのまなざしをめぐって－教師論－. In: 鹿毛雅治、奈須正裕（編）『学ぶこと・教えること－学校教育の心理学－』金子書房, 51-73.

安藤史高、岡田涼（2006）：自律を支える人間関係. In: 中谷素之（編）『学ぶ意欲を育てる人間関係づくり－動機づけの教育心理学－』金子書房, 35-55.

市川伸一（2001）：『学ぶ意欲の心理学』PHP 研究所.

伊藤聡子、森泉哲（2015）：学習者の動機づけと英語習熟度－ L2 動機づけ自己システム理論からの検討－.『南山大学アカデミア　文学・語学偏』98, 89-112.

入江恵（2008）：英語学習動機づけ研究－ L2 セルフシステム理論とその応用－.『桜美林英語英米文学研究』4, 33-48.

上淵寿（編著）(2012)：『キーワード　動機づけ心理学』金子書房.

大木充（2014）：英語以外の外国語学習・教育アンケート調査の概要. In: 西山教行, 1-4.

大谷尚（2007）：4 ステップコーディングによる質的データ分析手法 SCAT の提案－着手しやすく小規模データにも適用可能な理論化の手続き－.『名古屋大学大学院教育発達科学研究科紀要　教育科学』54（2), 27-44.

大谷尚（2011）：SCAT: Steps for Coding and Theorization －明示的手続きで着手しやすく小規模データに適用可能な質的データ分析手法－.『感性工学』10（3), 155-160.

大谷泰照（2007）：『日本人にとって英語とは何か－異文化理解のあり方を問う－』大修館書店.

小塩真司（2004）：『SPSS と Amos による心理・調査データ解析』東京図書.

鹿毛雅治（2009）：教えることとは？学ぶこととは？－教育心理学の立場から－. 甲南大学国際言語文化センター 27 回言語教授法・カリキュラム開発研究会講演（2009 年 7 月 11 日).

梶浦直子（2017）：ドイツ語圏で出版された教科書の使用における「教えやすさ」と「学びづらさ」－教員を対象とした調査の因子分析結果－. In：藤原三枝子（編), 3-17.

熊木秀行（2016）：L2 Motivational Self System に焦点を当てた英語教授法.『国際関係研究』37（1), 73-81.

小林明子、福田倫子、向山陽子、鈴木伸子（2018）：『日本語教育に役立つ心理学入門』くろしお出版.

小柳かおる、迫田久美子（2006）：第二言語習得研究と日本語指導. In: 縫部義憲（監)、迫田久美子（編)『講座・日本語教育学　第 3 巻－言語学習の心理－』スリーエーネットワーク, 95-125.

櫻井茂男（2009）：『自ら学ぶ意欲の心理学』有斐閣.

笹島茂（2014）：日本の言語教師認知の現状. In: 笹島茂、西野孝子、江原美明、長嶺寿宣（編）『言語教師認知の動向』開拓社, 3-15.

笹島茂、サイモン・ボーグ（2009）：『言語教師認知の研究』開拓社 .

鈴木渉、Leis, Adrian、安藤明伸、板垣信哉（2010）：日本人大学生の英語学習に対する動機づけ調査－ Dörnyei の L2 motivational self system に基づいて－.『宮城教育大学国際理解教育研究センター年報』6, 34-43.

総務省統計局：e-Stat. https://www.e-stat.go.jp/（2022 年 9 月 9 日確認).

高木亜希子（2016）：質的研究入門. 全国英語教育学会第 42 回埼玉研究大会（2016 年 8 月 21 日　於：獨協大学）ワークショップ発表資料より.

竹内理（2004）：『より良い外国語学習法を求めて－外国語学習成功者の研究－』松柏社.

竹内理、水本篤（2012）：『外国語教育研究ハンドブック－研究手法のより良い理解のために－』松柏社.

西野孝子（2014）：コミュニカティブ・アプローチに関する高校教師の信条と実践. In: 笹島茂、西野孝子、江原美明、長嶺寿宣（編）『言語教師認知の動向』開拓社, 97-111.

西山教行（2014）：『新しい言語教育観に基づいた複数の外国語教育で使用できる共通言語教育枠の総合研究』（平成 23 年度－平成 26 年度　日本学術振興会科学研究費補助金　基盤研究（A）研究成果報告書　研究課題番号：

23242030).
日本独文学会（2015）：ドイツ語教育・学習者の現状に関する調査委員会（編）『ドイツ語教育・学習者の現状に関する調査報告書』.
日本独文学会ドイツ語教育部会（1999）：ドイツ語教育に関する調査研究委員会（編）『ドイツ語教育の現状と課題－アンケート結果から改善の道を探る－』.
ニ・ワヤン・プリリヤシンタ（2020）：インドネシア人日本語学習者の動機づけの変化とその要因－縦断的な調査から－.『名古屋外国語大学大学院国際コミュニケーション研究科国際コミュニケーション専攻未公刊博士論文』.
野村幸宏（2017）：アクティブな学習のための教材活用.『ドイツ語教育』21, 30-36.
林日出男（2006）：自己決定理論に基づく大学生用英語学習動機づけ尺度の作成－既存尺度との比較考察－.『日本言語テスト学会研究紀要』9, 117-128.
廣森友人（2005）：外国語学習者の動機づけを高める 3 つの要因－全体傾向と個人差の観点から－.『JACET Bulletin』41, 37-50.
廣森友人（2006）：『外国語学習者の動機づけを高める理論と実践』多賀出版.
藤澤伸介（2002）：『ごまかし勉強　上　学力低下を助長するシステム』新曜社.
藤原三枝子（2010）：大学におけるドイツ語の学習動機に関する量的研究－ドイツ語の学習理由、学習理由と授業内容への期待との関連性－.『ドイツ語教育』15, 4-19.
藤原三枝子（2015a）：大学におけるドイツ語学習者の動機づけ－ 6 言語を対象とした自己決定理論に基づく質問紙調査から－.『ドイツ語教育』19, 79-99.
藤原三枝子（2015b）：実践的授業研究：コミュニカティブな言語能力養成を目的とする授業において作業形態の変更が学習者に与える情意的・認知的影響－ペアワークからグループワークへ－.『言語と文化』19, 61-75.
藤原三枝子（編）（2017）：『日本の大学におけるコミュニカティブなドイツ語の教科書－教師・学習者・使用の実践から考える－』(日本独文学会研究叢書 125).
藤原三枝子（2017a）：コミュニカティブな教科書でドイツ語を学ぶ学習者－学習観と学習環境に対する認知を中心に－. In: 藤原三枝子（編), 53-67.
藤原三枝子（2017b）：コミュニケーション中心の教材を使う学習者の外国語学習観－質的分析手法 SCAT を用いた聴き取り調査の分析例から－.『言語と文化』21, 43-57.
藤原三枝子（2018）：初級ドイツ語学習者の文法・リーディングに関する学習観とリーディングの方略を養成するための練習問題のシークエンス案.『言語と文化』22, 109-124.
藤原三枝子（2019）：ドイツ語学習者の高等学校における英語学習経験とドイツ語学習観との関連性－前期質問紙調査の量的分析を中心に－.『言語と文化』23, 37-56.
藤原三枝子（2020）：コミュニケーション中心の初級ドイツ語授業における教師のドイツ語教育観－前期調査における学習者の学習観との比較に基づいて－.『言語と文化』24, 55-72.
藤原三枝子（2021）：日本の大学における第 2 外国語としてのドイツ語学習者の動機づけと「ドイツ語使用者としての自己イメージ」－ Dörnyei の “L2 Motivational Self System” に基づく質問紙調査による量的分析－ .『ドイツ文学』162, 87-104.
藤原三枝子、境一三、平高史也（2014）：大学におけるドイツ語学習者の動機づけアンケート調査. In: 西山教行, 12-19.
堀晋也（2014）：6 言語の学習動機の自由記述文の質的分析. 言語教育エキスポ 2014（2014 年 3 月 9 日　早稲田大学）における発表.
溝上慎一（2014）：『アクティブラーニングと教授学習パラダイムの転換』東信堂.
森朋子（2016）：協調学習　Collaborative Learning（日本独文学会ドイツ語教員養成･研修講座　2016 年 12 月 17 日　於：神戸学院大学).
森田昌美（2011）：教師の「主観的な理論」から見た文法学習－ „Start frei!“ を使用したドイツ語授業についての聴き取り調査を中心に－.『甲南大学総合研究所叢書』106, 99-119.
森田昌美（2017a）：教師のビリーフ（信念）と授業実践－コミュニカティブな教科書を使用するドイツ語教師の視点から－. In: 藤原三枝子（編), 68-86.
森田昌美（2017b）：教師のビリーフと授業実践－コミュニカティヴな教科書を使用したドイツ語授業を中心に－.『神戸学院大学共通教育研究紀要』2, 15-29.
森田昌美（2019）：ドイツ語教師のプロフェッショナリティー育成をめぐる考察－授業参観の実効性と問題点－.『教職

教育センタージャーナル』5, 19-33.
森田昌美（2020）：ドイツ語教師のプロフェッショナリティー育成をめぐる考察（2）－言語学習歴・教授歴から見た自己形成過程－.『教職教育センタージャーナル』6, 21-36.
文部科学省（2002）：『「英語が使える日本人」の育成のための戦略構想の策定について』.
文部科学省（2003）：『「英語が使える日本人」の育成のための行動計画』.
文部科学省（2008）：『小中学校学習指導要領（改訂）』.
文部科学省（2009）：『高等学校学習指導要領解説　外国語編　英語編』.
文部科学省（2017）：『小中学校学習指導要領（改訂）』.
文部科学省（2017）：『大学入学者選抜改革について　高大接続改革の実施方針等の策定について(平成29年7月13日)』.
文部科学省（2018）：『高等学校学習指導要領（改訂）』.
文部科学省（2021）：『「令和7年度大学入学者選抜に係る大学入学共通テスト実施大綱の予告」及び「令和7年度大学入学者選抜実施要項の見直しに係る予告」について（通知）』.（2021年7月30日付）
文部科学省国立教育政策研究所（2013）：『OECD生徒の学習到達度調査 Programme for International Student Assessment － 2012年調査国際結果の要約－』.
文部科学省初等中等教育局（2011）：『国際共通語としての英語力向上のための5つの提言と具体的施策』.
文部科学省初等中等教育局（2013）：『各中・高等学校の外国語教育における「CAN-DOリスト」の形での学習到達目標設定のための手引き』.
八島智子（2001）：「国際的志向性」と英語学習モティベーション－異文化間コミュニケーションの観点から－.『外国語教育研究』創刊号, 33-47.
八島智子（2019）：『外国語学習とコミュニケーションの心理』関西大学出版部.
鷲巣由美子（2017）：コミュニカティブな教科書を用いたカリキュラムの事例. In: 藤原三枝子（編), 35-52.

3章

外国語教育の目的と初級ドイツ語学習者を対象としたプロジェクト授業

はじめに[1]

日本の英語教育の方針は、文法を特化して扱うのではなく、言語活動の中で習得するように変わってきている。文法などの言語知識を積み重ねることで、言語の運用能力もつくようになるという言語習得観に代わり、言語処理、すなわち言語使用においては、教室で学習されるような宣言的・メタ言語的な文法知識が直接使われることはなく、手続き的知識が働いていると理解されるようになってきた（小柳 2020: 6-9)。もちろん、言語使用には言語知識も必要だが、コンテクストのある状況での言語使用によって、そのコンテクストで必要な文法や語彙に関する言語知識も身についていく。したがって、前後関係のない単文での文法学習では宣言的な知識がたとえ一時的に増えたとしても言語使用には繋がらない。言語使用のない宣言的知識は、おそらくは「難しかった」という記憶だけが残り早晩忘れてしまうことになるだろう。現在では、言語学習者も言語使用者として社会的に行為する存在と見なされ（CEFR)、「言語学習は言語使用である」と考えられるようになってきた（e.g. Rüschoff & Wolff 1999; 太田 2011)。

第1章で論じたように、日本の大学における「第二外国語としてのドイツ語」においても、ドイツ語の運用能力を養成する目的の教科書が出版されるようになった。しかし、こうしたドイツ語の運用能力を身につけることが、どのような上位の教育目的・目標と結びついているのか、また、学習者に「ドイツ語（外国語）を学ぶことがどのような役にたつのか」と問われたときに、グローバル化やICT（Information and Communication Technology）の発達によって、急激に変化する社会や世界の課題に対応するための教育、という大きな枠組みから答えることができるだろうか。中川（2015）は、教師自身も学習者とともに、どうしてドイツ語を学ぶのかについてつねに考える必要性について語っている。このようなドイツ語（外国語）を学ぶことの目的についてのディスカッションは、ドイツ語教育においても徐々に始まっている（e.g. Schart 2021; Schramm 2021; 太田 2011, 2021; 境 2015, 2021; 中川 2015)。

1　本章は、『言語と文化』26号（2022）に発表した論文を編集し、「初級ドイツ語学習者（A1.1）を対象とした授業例：ドイツ旅行計画プロジェクト」を補足したものである。

第3章では、まず大学における第二外国語としてのドイツ語教育の目的に関する教師の教育観および学習者の学習観を概観した後に、欧州評議会が2001年のヨーロッパ言語年に合わせて発表したCEFR（*Common European Framework of Reference for Languages: Learning, teaching, assessment*）および2020年に公式発表したその増補版（*Common European Framework of Reference for Languages: Learning, teaching, assessment. Companion volume*）で述べられている外国語使用・学習の能力について述べる。加えて、世界の教育の方向性に大きな影響を与えているOECD（Organisation for Economic Co-operation and Development）の「キー・コンピテンシー」を考察する。その後に、初級ドイツ語の授業において、学習者に言語スキルとともに、協働学習や自律性などの能力の習得を可能にする「プロジェクト授業」の理論と実践について論じる。

1　外国語教育の目的

1　ドイツ語教育の目的：ドイツ語教師の教育観と学習者の学習観

教師はドイツ語教育によってどのような能力が育成されるべきと考えているのか、また、学習者はどのような能力を身につけたいと思っているのかについて、日本独文学会が実施した調査結果を以下に概観する。筆者も実行委員の一人として参加したこの「ドイツ語教育・学習者の現状に関する調査」は、まず2012年に全国の教育機関を対象にして、その後、2014年に教師とその学習者を対象として実施され、両調査結果を統合した報告書が2015年に公開されている（日本独文学会 2015）。

教師調査（154名）で、調査対象クラスの授業でとくに重点を置いている項目（18の選択肢から複数回答可）として挙げられたのは、「文法についての知識」（64.3%）、「日常的な会話」（50.6%）、「ドイツ語圏の社会・文化に関する知識」（31.8%）であった。その一方で、日本におけるドイツ語教育で学習者に学ばせることが重要と考える項目としては（上記の質問と同じ18の選択肢について複数回答可）、「ドイツ語圏の社会・文化に関する知識」（51.3%）、「文法についての知識」（40.3%）、「日常的な会話」（40.3%）であった（日本独文学会 2015: 86-87, 101）。実際の授業ではカリキュラムなどの関係から、文法中心の授業が多い傾向が見られるが、教育の目的としては、言語知識や言語スキル以上に、いわゆるランデスクンデに見ている教師が多いことが見て取れる。

学習者（3,947名）を対象としたドイツ語学習の意義や目的についての調査結果を見ると（「特にない」を含めて選択肢10項目から複数回答可）、「教養を高め、人間的視野を広げる」がもっとも多く半数近い割合（44.8%）を占め、「外国語学習を通して異文化を理解する能力を養成する」（33.0%）が続き、「実践的な外国語能力を身につける」を重要と見なしている学習者は5人に1人程度の21.7%にとどまっている。また、最終的にどのような能力を身につけたいか（学習の到達目標）については（「特にない」を含めて選択肢10項目から複数回答可）、「旅行に役立つ程度の基本的な会話能力」が半数を超える51.7%、「教養としてドイツ語の基本的な知識」

が48.6%で半数近い学習者が身につけたい能力として考えている。「ドイツ語を使ってプライベートな交流ができる程度の能力」は16.4%にとどまり、ドイツ語を手段として他者とやり取りをする能力を想定している学習者は多くない。その一方で、「単位取得に十分な程度の力」と回答している割合は30.4%に上った。こうした回答結果を裏づけるように、授業での学習以外のドイツ語学習時間についての質問では、週当たり30分〜1時間と回答している割合が一番多く（42.4%）、まったく学習していない学生は3割近くに及んだ（29.2%）（日本独文学会 2015: 120-122）。

多くの場合、選択必修科目として1年間あるいは2年間、週1コマか2コマの授業を受け、授業以外での学習時間がほとんど期待できず、また、ドイツ語のカリキュラムが「文法」と「会話（コミュニケーション）」に分かれている状況では、学生たちが希望する「旅行に役立つ程度の基本的な会話能力」を身につけることは現実的ではないかもしれない。初修外国語としてドイツ語を学ぶ大学生が、ドイツ語学習の意義や目的として挙げている「教養を高め、人間的視野を広げる」および「外国語学習を通して異文化を理解する能力」を、言語のスキル習得とともにドイツ語教育の学習目標とする場合、この目標から出発してどのような授業を組み立てたらよいのかを考える、逆向き設計（Rückwärtsplanung; backward planning）が重要になるだろう。その際に、これまでの、何をどのように教えるのが効果的か、というもっぱら教える側からの視点ではなく、どのような授業が可能なのかを学習者とともに考えるアプローチが重要となってくる。「教えるから学びへの発想の転換こそが、教育を時代の変化に適応させる唯一の方法」（汐見 2021: 7）と筆者も考える。Bachmaier（2021）は、日本の大学でドイツ語を教える教師を対象として、ドイツ語教育の目標について、オンラインによる調査を行った。その結果、いわゆる独語独文専攻の学生に対しても第二外国語としてドイツ語を学ぶ学生に対しても、「読む能力」と「話す能力」がもっとも重要と捉えられ、その一方で、「社会的能力」および「言語仲介能力」については重要度が低い結果となった。Bachmaierは調査において、OECDが掲げる3つのキー・コンピテンシーの一つである「社会的能力」に関して、「ドイツ語の授業で、キー・コンピテンシー（主要能力）（例：社会的スキル、協働スキルなど）を積極的に育成することはどの程度重要だとあなたは個人的に考えますか？」と尋ねている。分析の結果、この項目に対しては、ドイツ語を母語とする教師と日本語を母語とする教師との間で、回答に有意差が見られたこと、とりわけDaF（Deutsh als Fremdsprache）を専攻したドイツ語母語話者とDaFを専攻していない日本語母語話者の教師の間での差が非常に大きいことが示された。ドイツ語母語話者は自由記述で、「社会的スキルは授業以外でも有益であること、授業の雰囲気を改善し学習を促進すること、言語とはコミュニケーションそのものであり、社会的な行為を行うための手段（ein soziales Vehikel）である」として評価している。その一方、社会的能力の重要度をそう高く評価していない日本語を母語とする教師は、その理由として、「社会的スキルの養成を授業に取り入れるのは難しいこと、すべての生徒がグループでの学習を好むわけではないこと」、もっとも一般的な意見としては、「社会的スキルの教育はドイツ語授業（だけ）の課題ではないこと」を挙げている。BachmaierはDaFを専攻していない日本人教師の持つこうした「主観的理論」（subjektive Theorie）には、依然として日本の伝統的な教授法の影響が残っていると分析している。

2　CEFRにおける言語能力一般に関する理解

CEFRはヨーロッパだけでなく、日本も含めた多くの国々の外国語教育に影響を与えている。欧州評議会が2001年のヨーロッパ言語年に英語とフランス語で発表して以来、日本語を含む40の言語で公表され、教科書の作成をはじめ日本の外国語教育の方針にも －多くは共通参照レベルに限定的だとしても－ かなりの影響を与えている。2020年にその増補版が公表されたが、その理念は、複言語・複文化主義であることに変わりはない。むしろ、この項目に関する尺度や能力記述文が補足されるなど、CEFRの理念をより具体的・明確に示していると言える。

CEFRにおける複言語主義とは、例えばスイスのように、複数の言語が社会の中で併存しているような客観的事実ではなく、個人の言語・文化体験に主眼が置かれている。私たちは成長過程でさまざまな言語と文化に出会う。はじめは家庭内の言語・文化体験を自らの中に取り入れていくが、社会との関わりが広がるにつれて言語・文化体験は豊かになり、アイデンティティが形成されていく。この複言語・複文化主義の核となる考え方は、私たちが社会化の中で体験する「言語や文化を完全に切り離し、心の中の別々の部屋にしまっておくわけではない。むしろそこでは新しいコミュニケーション能力が作り上げられるのであるが、その成立にはすべての言語知識と経験が寄与するし、そこでは言語同士が相互の関係を築き、また相互に作用し合っている」こと、また、対話をする相手の言語が「「未知の」言語の場合は、いくつかの既知の言語に関する知識を動員し、書かれたものであれ、話されたものであれ、そのテクストの意味を理解しようとする」という考え方である（吉島・大橋 2004: 4)。CEFRのこうした基本的な捉え方は、ヨーロッパのように多言語環境ではなくとも、私たち日本人の言語・文化体験にも当然あてはまる。

CEFRでは、コミュニケーション言語活動（kommunikative Sprachaktivitäten）を、伝統的な4技能（聞く・話す・読む・書く）モデルではなく、受容（Rezeption）・産出（Produktion）・インターアクション（Interaktion）・仲介（Mediation）の4つの柱から考えている。増補版では、コミュニケーション言語活動におけるインターアクションと仲介の重要性をより明確に認め、期待される能力について具体的に記述している。CEFRは行動中心主義を採っているが、そこでは言語使用者および学習者を、「社会的に行動する者・社会的存在（social agents）」（吉島・大橋 2004: 9）と見なしている。日常的な言語使用においては、コミュニケーションの参加者が特定のコンテクストでやり取りすること、つまりインターアクションによってともに意味を構成していくという社会構成主義の考え方が反映していると思われる。また、増補版において仲介の概念に重要な意味が与えられたことについては、AIによる機械翻訳の性能が急速に向上する中で、外国語の授業の意味をどこに見るのかという根本的な問いとも関わっている。表面的な情報を伝えるという、いわゆる機能的な言語使用は機械にとって代わられるとしても、異文化間でのコミュニケーションを考えた場合、発話意図の適切な表現には機械的な翻訳には限界がある。後に紹介するプロジェクト授業「甲南大学お食事処紹介」において、甲南大学のことをドイツに紹介（仲介）する場合には、誰に向かって仲介するのか（相手との関係性）によって、表現はおのずと異なってくる。このように、異文化間における言語的仲介は対象文化ごとに異なる可能性があり、人間の関係性が重要な意味を持つコミュニケーション場面に対応できる能力を育成することに、外国語教育の意義を見ることができるだろう。さらにコミュニケーション活動によって課題（タスク）を成功裏に遂行するために、各領域におけるストラテジー使用も重要な能力と見なされている。こうした考え方は2001年版のCEFRですでに述べられてはいるが、増補版ではCEFRの中心概念と言える行動中心主義がより具体的に示されている。

図1は、CEFRの考える一般的な言語能力（allgemeine Sprachbeherrschung）を

体系的に表している。この能力一覧は、外国語教育の目標を考える際に示唆に富んでいる。例えば、日本の大学のカリキュラムにおいて重要な役割を果たしている文法の授業は、コミュニケーション言語能力（kommunikative Sprachkompetenzen）の中の言語学的能力（linguistische Sprachkompetenzen）の養成を主眼とした教育となり、コミュニケーション能力を構成する他の多くの能力の中の一部にしかすぎない。「行動中心の考え方は〈中略〉社会的存在としての個々人が所有し、また使用する特有の才能全てを考慮することになる」（吉島・大橋 2004: 9、下線および中略は筆者による）。先に述べたように、ドイツ語学習者は「教養を高め、人間的視野を広げる」、「外国語学習を通して異文化を理解する能力を養成する」ことに、ドイツ語学習意義や目的を見ていた。こうした能力の養成を考えた場合、以下の言語能力一覧の中の一般的能力（allgemeine Kompetenzen）を構成する、４つのsavoirを理解することが重要になる。

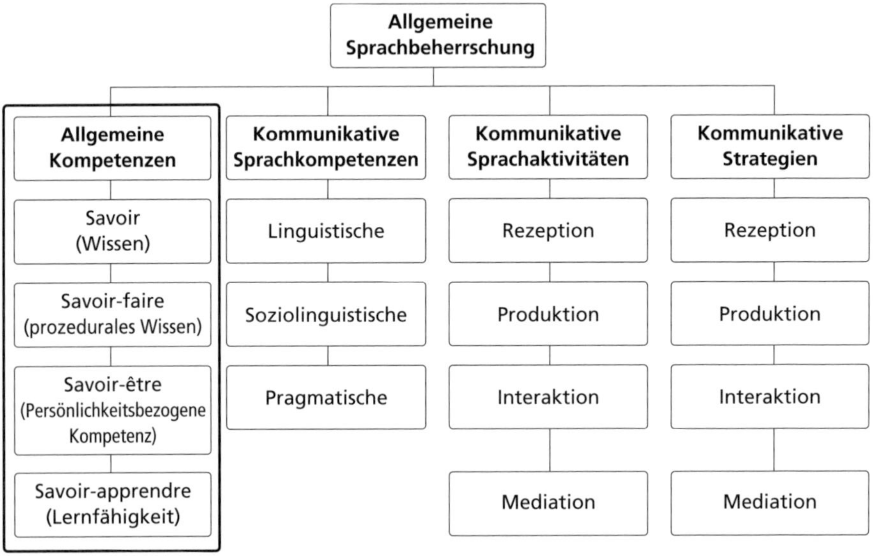

図１　一般的言語能力を構成する要素（増補版のドイツ語版：38を基に作成、四角の囲みは筆者による）

４つのsavoirとは、1）savoir: 叙述的知識、2）savoir-faire: 技能とノウハウ、3）savoir-être: 個人の性格と物事に対する姿勢・態度、4）savoir-apprendre: 学習能力

を表す（吉島・大橋 2004: 11-12)。これらのsavoirは異文化との関係についても重要である(吉島 2007: 52)。コミュニケーションは第一義的にインターアクションによって行われると考えると、異文化を背景に持つ人（同じ母語話者でも年齢や生い立ち、現在の環境の違いなどにより、大きくは「異文化を背景とした人」と見なすことができるだろう）とのインターアクションにおいては、コミュニケーションの相手の文化や社会についての（往々にしてステレオタイプ的な）知識（savoir）を土台に[1]、まずは開かれた態度としてのsavoir-êtreが大事となるが[2]、それだけでは不十分で、言語スキルをはじめとするコミュニケーションのための具体的な技能とノウハウ（savoir-faire）を身につけていなければならない。加えて、これまでの体験のうえに、さらに次の未知の言語や文化を理解し、接触方法を自律的に開拓していくsavoir-apprendre（learn to learn）により､個人の複言語･複文化能力が豊かになっていくと考えられる。外国語学習を生涯学習と捉えると、この「学びを学ぶ」力の養成は自律的学習者の育成のために重要となる。外国語教育をこのような見地から捉えることにより､日本の大学における第二外国語としてのドイツ語教育の目的も、例えば1年間の授業によって文法項目を「動詞の人称変化から接続法まで一通り教える」という言語知識・教師中心の発想ではなく、教育の大きな枠組みの中に位置づけることができる。

3　OECDのキー・コンピテンシー

上述のように、外国語教育の目的を言語知識・スキルの習得に限定せずに、教育の大きな枠組みの中で考えることが、グローバル化の急速な進展によってますます必要となってきた。文部科学省（2009）は､グローバル化と教育の関係について､「自己の能力を発揮し社会に貢献するためには、基礎的・基本的な知識・技能の習得やそれらを活用して課題を見いだし、解決するための思考力・判断力・表現力等が必要である」こと、「生涯にわたって学ぶことが求められており、学校教育にはその

1　社会文化的知識についてCEFRでは次のように述べられている：言語学習者にとって、「社会文化的知識」は重要である。なぜなら、目標言語圏についての学習者の社会的・文化的知識は、学習者にとって今まで経験によって得る機会のなかった知識である可能性が高いため、ステレオタイプなどで歪んでいる可能性がある（吉島・大橋 2004: 108)。

2　CEFRでは実存的能力（savoir-être）は文化との関連性が強いこと、複数の言語を学習し使用することによって、異文化に対する姿勢や態度を学習・習得することや変容させることができること、つまり、態度の形成は教育の対象となり得るとしている。異文化間において互いをどのように認知し関係を構築していくかは、微妙で複雑な問題を含んでいることから（吉島・大橋 2004: 12)、認知的な知識（savoir）も重要になる。

ための重要な基盤づくりの役割も期待されている」こと、同時に、「異文化を背景に持つ者や自然と共に生きることができる寛容な精神を涵養することが求められる」こと、また、こうした「精神的寛容さを培い、共通の倫理観・価値観を確認するためには、実際に異文化・文明に属する人びとと接触する機会を増やすことが重要」であると述べている。加えて、日本の教育は、各教科で何を教えるかというコンテント・ベースからコンピテンシー・ベースに変わってきた（奈須 2017）。文部科学大臣からの諮問を受けて、中央教育審議会は、平成28年（2016年）12月21日に答申「幼稚園、小学校、中学校、高等学校及び特別支援学校の学習指導要領の改善及び必要な方策等について」をとりまとめ、次の学習指導要領において育成すべき資質・能力が、以下の３つの柱に整理されている（奈須 2017: 12）：

1）何を理解しているか、何ができるか（生きて働く「知識・技能」）の習得
2）理解していること・できることをどう使うか（未来の状況にも対応できる「思考力・判断力・表現力」の育成）
3）どのように社会・世界とかかわり、よりよい人生を送るか（学びを人生や社会に生かそうとする「学びに向かう力・人間性等」の涵養）

こうした文部科学省の新しい教育の指針は、1997年にOECDが始めたプロジェクトDeSeCo（Definition and Selection of Competencies）の影響を受けていると理解できる。ここで定義されている能力の一部が、2000年度以降、3年ごとに実施されている15歳の生徒の学習到達度を測るPISA（Programme of International Student Assessment）に反映されているが、2003年、2006年調査の結果によって日本はゆとり教育から学力向上に向けての方向転換を行ったことは周知のとおりである。OECDのDeSeCoとPISAは、日本を含む多くの国・地域の教育改革に重要な影響を与えている（松下 2011: 39-40; 文部科学省 2015）。

OECDのDeSeCoは、Bachmaier（2021）が質問紙調査においてその一部をテーマ化し分析しているように、ドイツ語教育の目的を考えるうえで重要な概念と思われるので、以下に概観する。これは、アメリカの国務省に勤務する人の仕事上の成功が、選考した際の筆記試験の成績と一致しない理由を探しその結果が、OECDのDeSeCoで定義された「３つのキー・コンピテンシー」に繋がっている（汐見 2021: 58-59）。人が個人として成功し、しかも社会がよく機能するための能力を指すこの「コンピテンシーというのは、個別の知識やスキルでなく、それを支える態度

や個性、志向を含んだ能力のこと」（汐見 2021: 60）である。OECD（2005）および文部科学省（2015）を基に以下にまとめる：

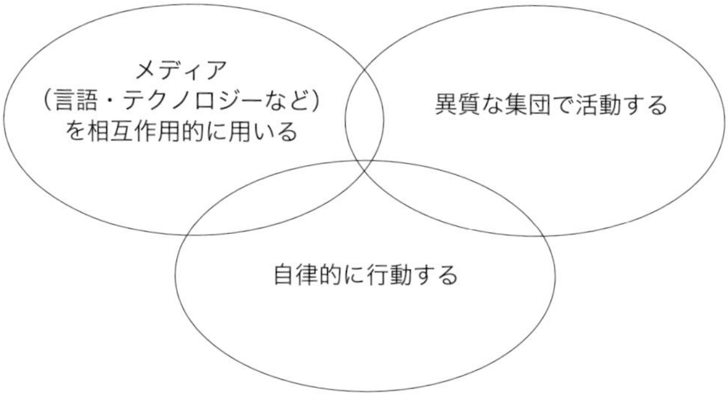

図２　OECD の３つのキー・コンピテンシー（OECD 2005 を基に作成）

上記のキー・コンピテンシーは、以下のように各３つの能力記述で具体的に説明されている。これらの能力の中心にあるのは、個人が深く考え行動することである。

1. 社会・文化的、技術的ツールを相互作用的に活用する能力
   - A　言語、シンボル、テクストを相互作用的に活用する能力
   - B　知識や情報を相互作用的に活用する能力
   - C　テクノロジーを相互作用的に活用する能力
2. 多様な社会グループにおける人間関係形成能力
   - A　他人と円滑に人間関係を構築する能力
   - B　協調する能力
   - C　利害の対立を御し、解決する能力
3. 自律的に行動する能力
   - A　大局的に行動する能力
   - B　人生設計や個人の計画を作り実行する能力
   - C　権利、利害、責任、限界、ニーズを表明する能力

深く考え行動する

図３　キー・コンピテンシーとその下位概念（OECD 2005; 文部科学省 2015: 171 を基に作成）

DeSeCo のキー・コンピテンシーを、松下（2011: 41）は、「道具を介して対象世

界と対話し、異質な他者と関わりあい、自分をより大きな時空間の中に定位しながら人生の物語を編む能力」と表しているが、これをCEFRの複言語主義やコミュニケーション言語活動の考え方も含めて外国語学習者について表してみると、「言語による受容や産出および多様なメディアを活用して異文化と対話し、異文化を背景とする人々とのインターアクションによって共に良い関係を作り、そこで得た異文化の仲介者としての経験をとおして次の新たな言語・文化に対する学習力を発達させ、将来の目標から現在の行動を自分で決める能力」と仮にしておきたいと思う。

2　ドイツ語の授業におけるプロジェクト授業

1　プロジェクト授業の定義と特徴

本章1節で述べた教育目標を外国語の授業で実現する可能性のある教育法として「プロジェクト授業」について考える。プロジェクト授業とは、その名前のように、私たちが日常生活で行っているプロジェクトをコンセプトとする授業形態である。プロジェクトにはつねに何らかの解決すべき課題（Aufgabe, task）がある。そのために手順を考え、調べたり、グループで話し合ったりしながらよいアウトカムを目指す。Schart (2010) によれば、プロジェクトという形で授業を行うという考えは、非常に長い歴史を持ち[1]、現在でも広く実施されているが、これまで統一された理論が存在していない。まさにこの言葉の持つ不確定性にもプロジェクト授業が過去数十年の多様な教授法の変遷を乗り越えて支持されてきた理由があるとしている。それでもSchart（2010: 1172）がこの教育プロジェクトでの定義として合意が得られていると述べていることを、ここでも定義として用いる。プロジェクト授業とは「制度化された教育・学習プロセスの枠組みの中で、特定の目標や成果物に向けて行われる期間が限定されている企画である。学習者の主体的な活動によって成り立つ学習プロセスであり、複雑な状況に対応するためにさまざまなスキルを統合して行動することで学びが促進される。自己責任で行った問題解決および交渉のプロセスを経験することが、教育プロジェクトの要となる。」(筆者訳)

プロジェクト授業は外国語教育のまったく新しいアプローチではなく、コミュニカティブ・異文化アプローチの発展型と考えることができる（Funk et al. 2014: 129)。この授業の特徴については、Krumm（1991）が5つの観点を提示しているが[2]、よ

1　(西)ドイツにおいて、1980年代からプロジェクト授業がテーマとなり実施されていることについてはKrumm (1991: 5）を参照。

2　Krumm (1991: 6) はプロジェクト授業の特徴として次の5つを挙げている：1）言語をコミュニカティブに使い、新しい、異質なものを発見・経験することができる具体的な目標を持つ。2）教師と生徒が共同で計画し実施するが、まず生徒が自分の言語知識で課題に取り組み、教師は言語的・専門的知識に関する助け手であり、授業では課題遂行に必要な言語的手段が提供される。3）授業に外の世界を取り入れること、または授業を外の世界に広げることで、言語と行動、言語と状況が一体であることを具体的に経験することが可能。4）多様な道具（辞書、文法書、タイプライター、PC、マイク、カメラなど）を駆使し、生徒が自律的にリサーチし行動する。5）ポスター、新聞、通信、パフォーマンスなど、教室外でも見せることができ、次の活動に繋がるようなプレゼンテーション可能な成果物があること。成果物の修正や改良によって言語学習が行われ、授業は「作業場」となる。(筆者訳)

り包括的に述べているFunk et al.（2014: 129-131）を基に以下に特徴をまとめる：

- Alltags- und Wirklichkeitsbezug：「日常・実際との関連」
  テーマと内容は、学習者にとって自分のことと感じられるもの、興味関心、年齢、出身、学校というコンテクストなどから、彼らにとって意味のあるものであること。
- Interkulturelle Orientierung：「異文化志向性」
  「異文化志向性」を持っていることは重要な特徴である。学習者は、異文化学習の原則に従って、まずは自分の知識や経験から出発して、外国語や文化を発見的に学んでいくことを可能にする。
- Ganzheitliches Lernen：「ホリスティックな学習」
  頭だけではなく心も手も使い、五感すべてを使う授業である。美術や技術の授業で学習したような職人的な技術とともに、他の科目で学んだ知識も必要となる。
- Prozessorientierung：「プロセス志向性」
  学習過程において、タスクや問題を解決するための戦略を立て、それを実践し、検証し、必要であれば修正する。個々の学習者の課題解決のプロセスを共有し、学習者は、たとえ言語の知識が限られていても、プロジェクトの枠組みの中であればコミュニケーションをとることができることに気づく。
- Produktorientierung：「成果物志向」
  プロジェクト授業の最後には発表を伴う成果物がある。学習者は自分の関心や、能力、技能に合わせて発表形態を選ぶ。成果物（壁新聞、コラージュ、ビデオなど）は、手作業による作品や芸術的な方法で作成されていることが望まれる。
- Förderung der Lernerautonomie：「学習者の自律性の促進」
  授業では、学習者が積極的に行動し自律的に作業し、自分で学習を管理することを可能として彼らの自律性を促進する必要がある。プロジェクト授業では、通常の授業でしばしば見られる時間的プレッシャーや教材をこなすというプレッシャーが軽減され、学習者は創造的かつ生産的に作業し、タスクの遂行の仕方や作業の仕方についてさまざまな方法を試す機会を得る。この時大事なのは、発見的学習である。

・Interaktionsorientierung：「インターアクション志向」
学習者と教師、学習者間の活発なインターアクションを特徴とする。ペアワークやグループワークなどの協働学習は、外国語でのコミュニケーションとともに、関係者全員のインターアクションを促進する。どの学習者もグループやクラス全体に自分の成果を提供する。成果物の作成やプレゼンテーションは目標言語で行われる。

・Öffnung nach außen：「教室の外に開かれていること」
プロジェクト授業では、学習者は教室外の実際（外国語の実際）と関係を持つ。これは、授業に国内に住むドイツ語ネイティブスピーカーやドイツ語圏のメディアを取り入れることや、学習者が学校外で（言語）経験を積む機会を得ることで実現できる。

プロジェクト授業については、その導入時から懸念や否定的な意見が教師側にあった。時間的な余裕がないというカリキュラムの観点からの指摘、外国語の授業の目的は言語知識を体系的に教えることであるという教育の目的に関わるもの、基礎レベルでは実施できないという言語能力に関するもの、プロジェクト授業で必要となる自律的な学習方法に慣れていないという学習者の態度に関するものなど、多様な視点からの懸念である（e.g. Bachmaier 2021; Krumm 1991; Lehker 2003; Schart 2003）。Krumm（1991: 6）は、外国語の授業においてプロジェクトを取り入れることの利点・必要性について、1）外国語の授業は、学習者がなぜ外国語を学び、どのような目的でどのようにその言語を使っているのかを体験できる唯一の言語使用の場であること、したがって、学習者にとって授業は「言語を使う切羽詰まった状況：kommunikativer Ernstfall」が必要である。2）教科書中心の授業では、学習者が自分の経験や知識を持ち込むことが難しいのに対し、プロジェクト授業では言語能力だけでなく、手先の器用さとか模倣などを駆使することにより、「自分でできる：können」ことを体験することが可能である。3）言語は、実際との関連によってはじめて適切に学習される。プロジェクトでそれぞれの文脈に依存した意味を理解することで、一見同じ意味を持つと思われる単語が実際は多様な意味を持つことが分かる。4）学習心理学的観点から考えて、実際に行動し左脳だけでなく右脳も使うホリスティックな学習経験によって学習効果がより高まる。5）授業に関する決定のプロセスに参加することを学ぶことは、言語学習の成功そのものに非常に重要である。自分の言語学習は自分にも責任があると分かった人だけが、学習に成功すると述べている。

このように、プロジェクトを取り入れた授業の意義は大きいことが分かるが、言語レベルが低く、自律的な取り組みに不慣れな学習者が多い基礎ドイツ語授業でプロジェクト授業を行う場合には、言語的にも方法論的にも段階的に導入していくことが重要になる。コミュニカティブ・アプローチでは、教室内での練習（Übung, exercise）はそれが自己目的ではなく、目的のタスク（Zielaufgabe）を、目標言語を使用して実行することができるという目的のために行われる。この目的を成功裏に果たすために、授業ではどのような手順でどのような練習問題やミクロ・プロジェクト（Mikroprojekt）を課したらよいのか、という逆向き設計（Rückwärtsplanung）を採り、練習問題とタスクとは有機的に繋がっている必要がある。

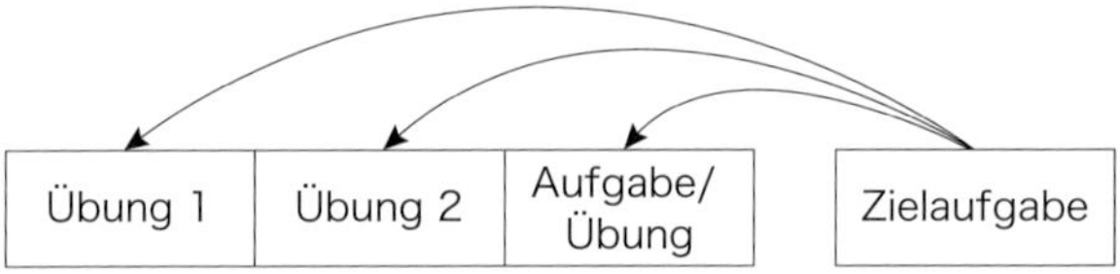

図１　逆向き設計：目的のタスクと練習問題・小タスクとの関係（Schart & Legutke（2012: 144）を基に作成）

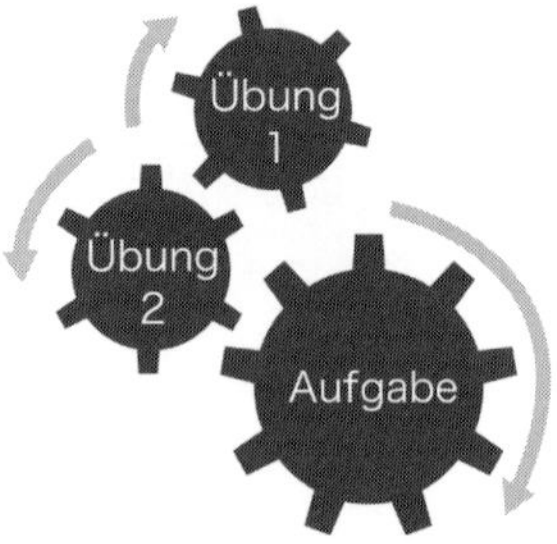

図２　練習問題と小タスクの有機的な繋がり（Funk et al.（2014: 15）を基に作成）

外国語教育における目的は、学校教育での学びが終わった後にも生涯学び続けるために学習能力の養成にも置かれている。そのためには、自分の学習を自分でマネージする自律性の養成が欠かせない。プロジェクト授業では、学習者は創造的、生産的にタスクに取り組み、やり方については自分でさまざまな方法を試すことが期待される。それにより、よい成果物が生み出されるとともに、自律性も養成されると考えられている。

しかし、プロジェクト授業に消極的な教師の懸念として、学習者が自律的な取り組みに慣れていない可能性が指摘されていた。大木（2021: 58）は、「自律学習の実施は、それまでの教育と学習に、あるいは教師と学習者に一度に急激な変化をもたらし、いきなり本格的に実施することは現実的ではない」と述べている。とりわけ外国語の基礎段階の学習者には、まずは教師が主導的な役割を果たすことが必要となる。大木（2021）によると、Holec（2007）は独立（自立）（independence）と自律（autonomy）を区別し、独立（自立）は「学習の仕方」に関する概念で、自律は養成すべき「能力」に関する概念である。そうすると、自律能力を養成するために、まずは自立して・独力で課題に取り組む方法を授業に取り入れていくという準備段階が重要な意味を持つことになる。そのための方法として、「学習を形成し、方向を決める決定のプロセスに学習者に次第に多く関与させることによって、学習者が受けている教育プログラムに対する学習者の管理責任を増やす。このようにして、学習者は（完全に自律しているわけではないが）独立した学習者（independent learner）になる」（Holec 2007: 6, 大木 2021: 59の引用より）。次の表は、授業における各項目の最終的な決定者は教師であるものの、その決定のプロセスに学習者の関与の度合いを段々と増やしていくプロセスを示している。この段階では教師が全体の管理者である。このような自律学習の形態を「指導（者）つき自律学習」（guided self-direction）と呼ぶことができる（大木 2021: 59-60）。

表１　自律的能力養成のための準備学習：独立した学習者養成

決定する項目	決定者	準備学習における「決定」への学習者の関与度				
目標の明確化と選定	教師	教/学	教/学	教/学	教/学	教/学
教材の選定	教師	教/学	教/学	教/学	教/学	教/学
学習シナリオの選定	教師	教/学	教/学	教/学	教/学	教/学
評価	教師	教/学	教/学	教/学	教/学	教/学
学習管理	教師	教/学	教/学	教/学	教/学	教/学
学習プロセスの進展	──────────────→					

教＝教師、学＝学習者、（Holec（2007: 7), 大木（2021: 59）にある引用を基に補足して作成）

2　初級ドイツ語学習者（A1.1）を対象とした授業例：ドイツ旅行計画プロジェクト

本章1節で述べたように、学習者は、「旅行に役立つ程度の基本的な会話能力」を身につけたいと思っている。また、日本の一つの大学において第二外国語としてドイツ語を学ぶ学生に対して実施したSchaaf（2018）による調査でも、「旅行動機」がドイツ語学習の大きな要因になっていた。Schaaf（2018: 118）が指摘しているように、ドイツ語圏の大学での短期・長期の留学プログラムや短期の語学講座を提供している日本の大学も多く、また、在学中に限らず大学卒業後に現地に旅行する可能性が少なくないことを考えると、ドイツ語圏への旅行を授業の中に取り入れることは学習者の関心に沿ったものと言える。

こうした背景から、以下では、筆者が2016年度から実施しているプロジェクト授業「ドイツ旅行計画」を紹介する。この授業は週1回90分の授業15回の半期科目である。このクラスの受講は、1年次前期に基礎ドイツ語科目として90分授業を週2回、15週学習していることが前提となる。2年生以上の学生の受講も可能である。参加学生は1年次前期にドイツ語を実際に使うことを目的としたコミュニカティブ・アプローチに基づく教科書を使用してドイツ語を学んでいる。

この授業では、教科書ですでに学習済みの内容で、プロジェクト遂行に必要な語彙や表現の復習や応用をクラス全体で行いながら、グループで「ドイツ旅行」を計画し、その成果を学期末にポスターと口頭で発表するものである。「ドイツ語圏への仮想旅行プロジェクト」については、Schlak（2003, 2004）による、日本の大学の

2年次のドイツ語授業で、インターネットを使用し、とりわけ、選択的読み(selektives Lesen）や包括的読み（globales Lesen）の読解ストラテジーの養成を柱とする授業についての実証的研究がある。Schlakの論文では、学生の自律性育成の観点から、実施したプロジェクト授業の検証が行われている。本プロジェクトでも、Schlakの実践と同様に、日常生活で通常行っている行為としてインターネット情報を有効に使う能力の養成も授業目標の一つとしている。また、Schaaf（2018）では、ドイツ語を使う「理想自己：Ideal L2 Self」を養成するための方法として、グループで行うドイツ旅行計画を内容とする授業を提案している。

ここで紹介する「ドイツ旅行計画プロジェクト」では、15回の授業の最終回で、グループで作成したポスターをもとにドイツ語で自分たちの旅行計画を口頭発表できることを目標とし、この目標から毎回の授業をデザインする逆向き設計で授業を構成している。授業では主に次の能力・態度の育成を目指した：1）言語産出能力（書く：簡単なドイツ語表現を用いてテクストを作成する能力、話す：簡単な表現を使い、一定の長さのテクストを口頭発表できる能力)、2）インターネットを通じて、ドイツの情報にアクセスし、その知識を活用する能力、3）ドイツ旅行のポスター作成と口頭発表に向けて、グループで活動することができる社会的能力、4）課題に向けて自分の学習をコントロールする能力、である。まとめると表1のようになる：

表2 「ドイツ旅行計画プロジェクト」の枠組み[3]

授業対象者	ドイツ語圏への旅行・留学に興味を持つ学生
期間	各年度の後期（90分授業15回）
言語レベル	A1.1（1年次生が主な対象グループ）
プロジェクトの種類	旅行計画プロジェクト
プロジェクトの目的・養成する能力	1）目標言語で書く・口頭発表する力 2）ICT活用力 3）グループで活動する能力 4）課題を自律的にこなす力

3 本枠組みの項目は、Funk et al.（2014: 137-149）に基づく。

プロジェクト授業の段階	A）授業目的の共有。練習（Übung）と課題（Aufgabe）によって目標とするプロジェクトのための語彙・表現の復習・学習 B）グループの作成 C）インターネット情報の使用方法の学習 D）基本的な表現方法の確認（Stationenlernen） E）テクストの作成と修正（個別・グループ） F）ポスターの作成（グループ） G）訪問地の観光局担当者にメールで質問（グループ） H）口頭発表の練習（個別・グループ） I）ポスターと口頭による発表とその評価
発表の形態	ポスターと口頭発表
評価	クラス内でのプレゼンテーション時の自己評価および他の参加者の内容評価（評価表に基づく）

《プロジェクトの各段階の具体的内容》

A）プロジェクトの目的の共有と関連語彙・表現の復習：

1）最初の授業で、授業の目的がグループで「ドイツ旅行」を計画すること、最終の授業で「ポスターと口頭で旅行計画を発表すること」を目標課題(Zielaufgabe)として共有。そのために授業で扱う以下の下位目標を提示(順次、授業で学習する)：

a) ドイツの主要都市が分かる

b) どの都市を訪問したいかを表現することができる

c) いつ、だれと、どれほどの期間、滞在したいかを表現できる

d) 使用する交通手段について表現できる

e) その都市で何をしたいかを、簡単な表現を使って表すことができる

f) レストランで注文・支払いができる（寸劇のミクロ・プロジェクト）

g) どのようなところに宿泊したいか表現できる（寸劇のミクロ・プロジェクト）

2）クラスの仲間を知るために、自己紹介のミクロ・プロジェクト（インターネット情報、インターネット上の無料和独辞典の紹介、教師の自己紹介例の提示）

3）ドイツの都市情報として、公的機関が提供しているドイツ地図および各都市のYouTubeによる紹介動画を大学のLMS（Learning Management System）を通じて提供

B）クループの形成：

ドイツの写真とキーワードを使って、くじ引き方式でグループを作成

C） インターネット情報の使用方法の学習（URLとQRコードを提供する）：

1） OpodoおよびLufthansaのホームページでフライトを決める方法を学ぶ

2） DB（ドイツ鉄道）のホームページを使いドイツ国内の列車の時間を検索する方法を学ぶ

3） 主要都市の観光局のホームページの見方を学ぶ

D） A）1）a）- g）で学習した項目などをStationenlernenによって確認する：

Stationenlernenでは、「特定の学習内容がいくつかの部分に分けられ、その各部分について、教師により教材が準備され、学習者は自律的にその教材に取り組む。教材は教室内あるいは教室外に、さまざまな『ステーション』に準備され、学習者は一人でもグループでも、ステーションからステーションへと移動し、そこに置かれている教材に取り組む」（Wicke 2006: 5）授業形態である。語源的には、スポーツ分野の概念で、野外運動コースなどにあるトレーニング用のサーキットにおいて、各ポイントに設置された器具を使って運動する方式のことで、ドイツでは教育改革の中で、新しい学習形態として導入された（Liederbach et al. 2007; 池田 2008: 262; 実施方法等の詳細は、池田 2008を参照）。

ドイツではまず初等教育段階で実施されてきた授業形態ではあるが、大学におけるドイツ語教育での実証的研究も報告されている（Böttcher 2012; Redmann 2005）。この授業形態の特徴および養成しようとしている能力として、Böttcher（2012）は、「学習者中心」、「左脳と右脳とを結びつける活動」、「行動中心」、「学習者の自律性」、「学習内容の透明性」を挙げている。一斉授業では教師が主導的役割を担うが、Stationenlernenでは、課題に取り組む時間や取り組む課題の順番など学習者に委ねられる部分が多いことから、Redmann（2005: 137）は、この授業形態は、真に学習者を中心とした授業の創造を可能にするとし、教師の役割を「『ステージ上の賢者』から『傍らの案内役』に転換（the transformation of the instructor's role from that of "sage on the stage" to "guide on the side"）する」と述べている。

本授業では、グループの2人以上で各テーブル（Stationen）を回ってそこに置かれている問題に取り組み、それをシートにまとめることにより、協働学習の促進とともに、最終的なグループ発表のひな型を作成することとした（写真①・②を参照）。

写真①（2019年度より）

写真②（2019年度より）

実際の課題とチェックリスト（Laufzettel）は、本論の資料に掲載

E）テクストの作成と修正（個別・グループ）：

グループで旅行行程を確認し、Stationenlernenで作成したテクストを参考に、旅行の工程を説明するテクストの作成にかかる。作成したテクストは、適宜、ドイツ人チューターのアドバイスを受けて修正し、期日までに教師に提出する。その後、教師のコメントを受けて再度修正する。

F）ポスターの作成（グループ）：

教師がA0程度のカラー用紙、カラーペン、のりとハサミ、ドイツ関連の雑誌を準備し、グループに提供する。

G）訪問地の観光局担当者にメールで質問（グループ）：

各都市の観光局のホームページにはほとんどの場合、コンタクトアドレスが提示されている。大学のPC教室を利用して、一つの訪問地の観光局の担当者に、知りたいことについて質問のメールを送る。この活動はF）のポスター作成と同時進行で行う。複数の担当者が顔写真つきでメールアドレスを提供している観光局のホームページもあり、その場合はどの担当者に質問するかを選び、その個人宛にメールを書くことによりドイツ語を使う意欲に繋がる。メールの作成については、liebe/lieberおよび締めくくりのViele/Liebe Grüßeなどの使用は教科書で学習済みであるものの、未知の相手に書くメールであるために、一斉授業で、Sehr geehrte/r Frau/Herr...; Sehr geehrte Damen und Herrn; Mit freundlichen Grüßenを予め学習する。メールには2人称のSieを使うことを確認するが、内容の言語的表現については学習者から質問がない限り、原則、教師側の修正は行わない。届いた返事は、グループ内で共有するとともに、教師にも転送する。

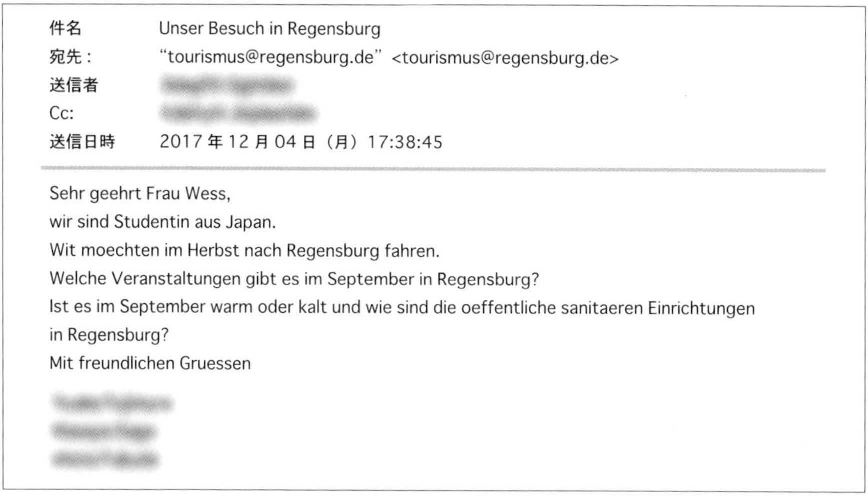
件名　Unser Besuch in Regensburg
宛先：　“tourismus@regensburg.de” <tourismus@regensburg.de>
送信者
Cc:
送信日時　2017年12月04日（月）17:38:45

Sehr geehrt Frau Wess,
wir sind Studentin aus Japan.
Wit moechten im Herbst nach Regensburg fahren.
Welche Veranstaltungen gibt es im September in Regensburg?
Ist es im September warm oder kalt und wie sind die oeffentliche sanitaeren Einrichtungen in Regensburg?
Mit freundlichen Gruessen

写真③

H）口頭発表の練習（個別・グループ）：

iPad教室を使用しているため、学習者は、iPadに入っている音声認識アプリケーションを使って、何度でも発音の練習が可能である。適宜、教師が発音指導を行う。ドイツ人チューターにアドバイスを依頼することもできる。

I）ポスターと口頭による発表およびその評価：

授業で互いのポスターと口頭発表を聞き、評価シートを使ってグループ内での自分の活動の自己評価と、他のグループの評価を行う。その後、意見交換。

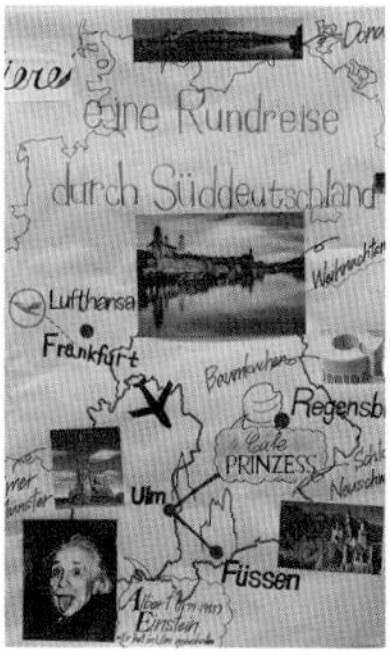

写真④

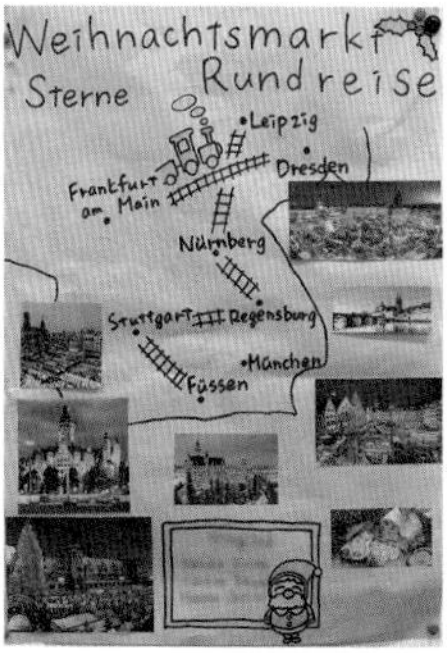

写真⑤

写真⑥

Schlak（2003, 2004）では、Wolff（1999）が提示している自律的学習が行われる授業の特徴に従って、自律性養成の観点から授業実践の検証を行っているが、本論文では、上述のFunk et al.（2014）のプロジェクト授業の特徴に従って、「ドイツ旅行計画プロジェクト」を検証する：

・Alltags- und Wirklichkeitsbezug：「日常・実際との関連」

「ドイツ旅行計画プロジェクト」は、学習者を対象とした意識調査結果に基づき構想したものである。また、日常生活で日本国内や国外の旅行を計画する場合には、インターネットを駆使し、グループで旅行を計画することが多いことから、本プロジェクトは学生の日常・実際と関連が深く、彼らにとって意味のあるものと見なすことができる。

・Interkulturelle Orientierung：「異文化志向性」

本プロジェクトでは、授業の最終回にポスターと口頭による発表を行うが、その中に、レストランでのやり取りやホテルでのやり取りを寸劇の形で取り入れている。日本のコンテクストとは異なるあり様（例えばレストランのメニューや支払いの仕方、ホテルの部屋の料金の仕組みなど）を知ることになる。「へぇーそうなんだ」という気づきに繋がり、異文化志向性という特徴を持っていると言える。

・Ganzheitliches Lernen：「ホリスティックな学習」

写真④・⑤が示すように、ポスターの作成には美術的な要素も加わる。ドイツ語にあまり自信がない学習者がポスター作成で力を発揮することもある。上述したように、レストランでのやり取り、ホテルの受付でのやり取りを寸劇で表現する部分もあり、左脳と右脳の両方を使った学習を目指している。

・Prozessorientierung：「プロセス志向性」

上述の表2とその説明で示したように、A）1）a）- g）で学習した語彙や表現をStationenlernenによって複数で確認するなど、学習プロセスを重視している。また、テクストに関しては、個人およびグループで作成した文章をドイツ語ネイティブのチューターや教師のフィードバックによって校正を重ねるプロセスを経ている。こうして、最初は難しいと感じていたドイツ語での旅行計画が最終的には容易なドイツ語を使って発表できたという学習者の体験を目指している。

・Produktorientierung：「成果物志向」

本プロジェクトでは最後の授業でポスターと口頭による発表を行う。ポスターへの力の入れ具合は、グループによりかなり差が見られるが、口頭発表が苦手な学習者がポスターの作成で力を発揮するケースも少なくない。

・Förderung der Lernerautonomie：「学習者の自律性の促進」

本プロジェクト授業は、教師の主導によって運営されてはいるものの、例えば、D）で行われるStationenlernenでは、課題にかける時間や、取り組む順番が任されている課題など、学習者が自分で決定する部分も多い。また、E）のテクストの作成では、グループに対する責任を果たすために、決められた期日までに教師に課題を提出できるように自分の学習を管理する必要がある。Bimmel & Rampillon（2000: 65-66）では、学習ストラテジーを、外国語学習と直接関わる「直接的・認知的ストラテジー」と、学習の方法（いつ・何を・どこで・どのように）や学習に伴って現れる感情、さらに学習時の社会的行動に関する「間接的学習ストラテジー」に大別しているが、プロジェク授業は、学習者の間接的学習ストラテジーの養成にも効果的だと言えるだろう。

・Interaktionsorientierung：「インターアクション志向」

本プロジェクトの成果は、最終授業で、グループで作成したポスターを使って旅行行程を全員で口頭発表することによって提示される。語彙の復習や表現の導入は教師による一斉授業で行われ、個人で練習問題に取り組む部分はあるが、そうした練習をした後に行われるレストランやホテルの受付でのやり取り（ミクロ・プロジェクト）は、ペアあるいはグループで行われる。また、表2のD）およびその具体的説明で示したStationenlernenはペアかグループで実施される。この際、教師はペアやグループを個別にサポートする役割を担う。したがって、本プロジェクトもインターアクション志向と見なすことができる。

・Öffnung nach außen：「教室の外に開かれていること」

いわゆる練習（Übung）とタスク（Aufgabe）との違いは、練習（文法問題など）が教室内だけで行われる学習になるのに対し、タスクは実生活の中で通常私たちが行っている行動（Sitz im Leben）（Funk et al. 2014: 9-26）に関係する（例えば、レストランやホテルの受付でのやり取り）。本プロジェクトの目標タスク（ドイツへの旅行を計画する）自体も、また、訪問地の観光局の担当者にメールで質問するというタスクも母語でも行う言語活動である。したがって、この授業が教室の外に開かれた特徴を持つと言える。

資料：Stationenを回るときのチェックリスト

Laufzettel　　Mit wem?　　　　　　　　Name:______________________

Stationen		Notizen, Bemerkungen, Fragen..	✔
Stationen 1	Eine Reise nach Deutschland (1–3)		
Stationen 2	Eine Reise nach Deutschland (4–6)		
Stationen 3	Eine Reise nach Deutschland (7–9)		
Stationen 4	Von Berlin nach Dresden (DB)		
Stationen 5	Restaurant & Café (Menü; Zuordnung)		
Stationen 6	Was nehmen Sie? Was bezahlen Sie? (Rollenspiel)		
Stationen 7	Musik (Was hören Sie?)		

どのStationから始めるかは自由であるが、Station1, 2, 3のどれかから始め、そこでの課題が終わってから他のStationに行くように指示する。

Station（机）1には、写真②のように、ドイツの地図（行程にマーカーで色付けされている）と、3つの封筒が準備されている。各封筒の中には、文をいくつかに切り分けたカードが入っている。学習者はペアあるいはグループで、地図の工程と封筒の表に貼ってある写真を参考に、カードの順番を考えて、その文をシートに書いていく。

Station 2, 3でも同様に課題を解き、シートに文を書きとめる。シートに書きとめた全部で9つの文・文章を、地図の工程や日付、副詞（dann, dort）を参考にしながら、順番を確定する。解答が置かれているStation（机）で確認後にペアあるいはグループで読み合わせする。発表のひな型になる文章の作成が目的である。

Station 4では、iPadあるいは自分のスマートフォンを使い、BerlinからDresdenまで電車の出発・到着時間、所要時間と料金を調べる。

Station 5では、レストランあるいはカフェのメニューにある品と写真をマッチングさせる課題に取り組む。

Station 6では、袋に入っている料理を使い、GastとKellner/inの注文と支払場面のダイアログを作り、会話をする。

Station 7は、ペーパーに印刷されているQRコードをiPadあるいは自分のスマートフォンで読み込んで、流れてくる音楽の種類を当てる課題（Hip-Hop, klassische Musik, J-Pop, Jazz...）。

解答のStationも準備する。

Station 1・2・3で使用するシート

Satz Puzzle

a. Gehen Sie mit Ihrer Partnerin / Ihrem Partner von Station zu Station und bringen Sie die Satzteile an jeder Station in die richtige Reihenfolge. Notieren Sie die Sätze hier.

①	
②	
③	
④	
⑤	
⑥	
⑦	
⑧	
⑨	

b. Bringen Sie 1 bis 9 in die richtige Reihenfolge und lesen Sie den Text laut vor.

Lösungen

- Wir fliegen im Sommer nach Deutschland und bleiben dort zwei Wochen.
- Für die Reise haben wir 3.500 Euro pro Person.
- Wir kommen am 24. August in Frankfurt an und fahren mit dem Zug nach Lübeck.
- Dort möchten wir gerne das Holstentor besuchen und in einem Luxushotel übernachten.
- Dann fahren wir mit dem Bus nach Berlin und übernachten in einer Jugendherberge. Dort möchten wir Currywurst essen.
- Am 30. August fliegen wir nach München und besuchen die Frauenkirche. Dort übernachten wir in einem Hotel.
- In München wollen wir in einem Restaurant Weißwurst essen und am 4. September mit dem Auto nach Füssen fahren.
- In Füssen besucnen wir das Schloss Neuschwanstein und danach fahren wir nach Frankfurt zurück.
- Am 7. September müssen wir mit dem Flugzeug nach Osaka zurückfahren.

3　初級ドイツ語学習者（A1.2）を対象とした授業例：ドイツの日本語学習者に向けての大学紹介

次に紹介するプロジェクト授業は、2021年前期に実施したものである。週1回90分の授業15回から構成されている。この科目の受講は、1年次に基礎ドイツ語科目として90分授業を週2回、30週学習していることが前提となる。1年次ではどの学生もコミュニカティブ・アプローチに基づく教科書を使用してドイツ語を学んでいる。ただし、授業参加者の言語レベルは多様である。

この授業では、プロジェクトに必要な語彙や表現の練習・復習を取り入れながら、各1回の授業で完結する複数のミクロ・プロジェクトを実施した後に、目標としたマクロ・プロジェクト（Zielaufgabe; Makroprojekt）にとりかかった。マクロ・プロジェクトのテーマは、「甲南大学お食事処紹介」である。成果物としてのビデオをフランクフルトの市民大学で日本語を学習している人たちに見てもらうこと、さらに、甲南大学の国際交流センターに提供し、甲南大学への留学を検討しているドイツ語圏の学生に参考にしてもらうことである。コロナ感染症の影響でZoom授業が中心となったが、受講生は原則、お互いに面識がないことから、ビデオは各自で作成することにした。学習目的は主に次の能力・態度の育成である：1）言語産出能力（書く：対象者と目的を考えてテクストを作成できる能力、話す：一定の長さのテクストを口頭発表できる能力）、2）ICTの活用能力、3）ドイツ語を母語とする人と繋がることに対するオープンな態度の育成、4）課題に向けて自分の学習をコントロールする能力。まとめると表3のようになる：

表３　「甲南大学お食事処紹介プロジェクト」の枠組み[4]

授業対象者	ドイツ語圏への旅行・留学に興味を持つ学生
期間	2021年前期（90分授業15回）
言語レベル	A1.2
プロジェクトの種類	ドイツ語圏の学生に向けて、自分の大学の紹介
プロジェクトの目的・養成する能力	1）目標言語で書く・口頭発表する力　2）ITC活用能力　3）ドイツ語圏の人と繋がる態度の育成　4）課題を自律的にこなす力

4　本枠組みの項目は、Funk et al.（2014: 137-149）に基づく。

プロジェクトの段階	A）プロジェクトの目的の共有。練習とミクロ・プロジェクトによるマクロ・プロジェクトに向けた準備 B）テクスト案の作成 C）テクストの修正と最終バージョンの作成 D）テクストの口頭発表練習。PowerPointデータの作成・修正 E）ビデオ作成（ドイツ語バージョン・日本語バージョン） F）ビデオによるプレゼンテーション視聴と評価 G）フランクフルト市民大学の日本語学習者に向けての発信 H）国際交流センターへデータ提供 I）ドイツの日本語学習者などのフィードバックを受講生へ送信
発表の形態	PowerPointにナレーションを入れたビデオ
評価	クラス内でのプレゼンテーション時の自己評価および他の参加者の内容評価（評価表に基づく）

《プロジェクトの各段階の具体的内容》

A）プロジェクトの目的の共有と関連語彙・表現の復習、ミクロ・プロジェクト：1年次で使用した教科書や副教材、Deutsche Welleのビデオ教材、インターネット上にあるドイツの実際のレストランのメニューを使い、語彙や表現を復習。学習アプリFlipgrid（双方向のビデオ）に自己紹介などを作成しアップする（ミクロ・プロジェクト）。

B）テクスト案の作成：1年次で使用した教科書や副教材で店の営業時間などについての表現復習、甲南大学のホームページ、大学内で自分で撮った写真をWordに貼りテクスト案を作成する。

C）テクストの修正と最終バージョンの作成：提出された各学習者のテクストを教師が修正。共通した不適切な表現を授業内で確認。フランクフルト市民大学の日本語学習者に原稿の修正を依頼し[5]、そのフィードバックを受けてテクストの再修正。

D）テクストの口頭発表練習。PowerPoint（PPT）データの作成・修正：教室で、iPadに入っているアプリケーションの利用、ドイツ人チューターのアドバイス、ネット上のアプリケーション等を利用して発音練習。PPTの作成。授業でPPT案の発表。自分のPPTを補足・修正。

E）ビデオ作成：授業内で、PPTにナレーションを入れてビデオ化する方法の説明

5　フランクフルト市民大学で日本語を担当している細田陽子氏には、今回の企画について大変お世話になった。

を受け、授業内でPPTにナレーションを入れ始める。自宅で完成させ、所定の期日までに教師にデータを送る。教室でナレーション入りPPTを発表し合い、補足修正後に自宅でビデオ化し、OneDriveにアップしたリンクを教師に送る。フランクフルト市民大学の日本語学習者からの要望を受けて、日本語ナレーションのビデオも作成。

F）ビデオによるプレゼンテーション視聴と評価：授業で互いのビデオを視聴し、評価シートを使って自己評価と、他の学習者のビデオの評価。意見交換。

G）フランクフルト市民大学の日本語学習者に向けての発信：プロジェクト全体の紹介ビデオの作成と、「甲南大学お食事処」のドイツ語バージョンおよび日本語バージョンのビデオ・データを教師からフランクフルト市民大学日本語教師へ送信。

H）国際交流センターへデータ提供：甲南大学国際交流センターへデータを提供し、甲南大学への留学を考えているドイツ語圏の学生への情報として利用を提案。

I）ドイツの日本語学習者などのフィードバックを受講生へ送信：フランクフルト市民大学、ダルムシュタット工科大学の日本語学習者、東洋大学のドイツ語学習者からのフィードバック[6]を甲南大学の他クラスの学生からのコメントとともに学生たちに転送。

以下は、プロジェクト全体の紹介ビデオのスライド（①）、学生たちが作成したビデオからスライド例（②～⑨）を提示している。

① プロジェクト紹介スライド

② 学生Aの1枚目スライド

③ 学生Bの1枚目スライド

6　細田陽子氏が当時日本語授業を担当していたダルムシュタット工科大学の日本語学習者さらに東洋大学社会学部の山田香織氏のクラスのドイツ語学習者からもビデオに対するコメントを頂戴した。

④ 学生Cの1枚目スライド

⑤ 学生Dの1枚目スライド

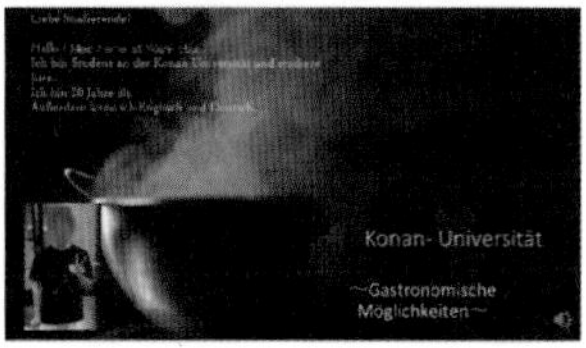

⑥ キャンパス紹介スライド例

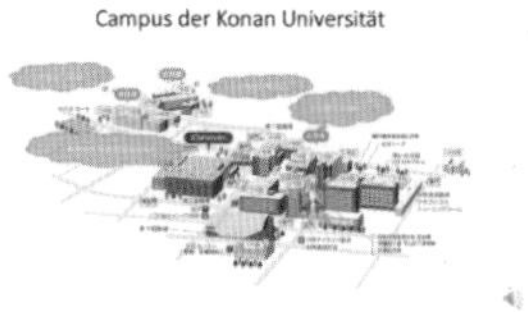

⑦ 大学内お食事処紹介例

⑧ 学食メニュー紹介例

⑨ 最後のスライド例

以下、授業に参加した学生たちが、半構造化インタビュー調査で語ってくれた内容の中で、「ドイツ語でメッセージを目標言語圏の人々に伝えること」、「他の授業参加者からの刺激」、「ICTの使用」、「ドイツ語スキルの向上」、「課題のビデオ作成に向けての方略」、「どのような授業が良いと思うか」についてまとめる（括弧内の内容は、前後関係から筆者が補足した）。

聴き取り調査の結果

「ドイツ語でメッセージを目標言語圏の人々に伝えること」

・（やりとりすることで）それ（ドイツ語）をしゃべってる人がちゃんといるっていうのが分かると、（ドイツ語を勉強することの意味が）全然違います。
・なんていうか外国の大学と間接的にではあるんですけど交流ができて、自分が実際にそういうドイツ人の方に伝わるように何か作ってみたいと思えたのは、大学に入って結構貴重な体験ができたかなと思います。
・まず、ドイツ語で話して、その反応が返ってくるっていうだけでもう十分目的が達成される感はあるんですけど、これ以上を求めるとすると、そのまま音声通話で、「ここをこうしたらいいんちゃう？」とか言ってもらえたら、もっと面白いかもしれないです。
・海外へ行ったときも言語をなんか着実に伸びたなと思う瞬間は、やっぱり、伝わらない焦りを感じたとき。〈中略〉同じ人間なのにコミュニケーションが取れないと思ったとき、焦りでなんか急激に言語が伸びる感じがしました。

「他の授業参加者からの刺激」（それぞれの途中経過を授業で共有した後）

・自分が全然考えてなかったことも、これ、やっとかないけないなという感じで参考にした部分はあります。

・あまりパワーポイントを作るのは得意じゃなかったんで、シート1枚で全部情報を書き切ってダラダラしゃべるふうにしようかと思ったんですが、割とみんながパワーポイントで枚数を使っていた。メニューの写真も1つだけじゃなく他のも使ってたんで、地図とか甲南大学がどこにあるかなど後から付け加えました。

・みんなのいろいろと見て、自分にこれが足りてないなとか、しゃべる速さはこんなもんかな、みたいに参考にしました。

「ICTの使用」

・結構みんなが当然できないといけないスキルみたいな感じで扱われてるんで、今回はコロナ禍でたまたまみんなが使うようになったんですけど、やっぱりパソコンをちゃんと使う授業っていうのは時代に合ってるかなと思うんで、すごく必要だなとは思っています。

・もともとパソコンを触るのが好きだったんで、だいたいのことはできたんですけど、パワーポイントでそういうの（ビデオ）を作るっていうのはなかなかしなかったんで、新しい体験ではありました。

「ドイツ語スキルの向上」

・一番やったのは「しゃべる」です。ひたすら同じ文章を50回ぐらいしゃべり続けました。

・やっぱりちゃんと発音を聞いて自分でも言えるかっていうのを試して、パワーポイントで音を入れるときも、途中までやって、今のたぶん間違えているなと思って、もう1回消して、もう1回入れ直して、っていうのを何回か繰り返した記憶がありますね。

・なんか結構長い文章で1分ぐらいしゃべったりするときに、割と最後の方まで行って、発音を間違えて録り直すので、めちゃくちゃ自分に腹が立ちましたね。

「課題のビデオ作成に向けての方略」

・そんなに文章は長くなかったんで、ちゃんと聞き取ってもらえるように下手なりでも聞いてもらえるようなドイツ語を話すようにっていうのは心がけたんで。

・時間をある程度決めて、そこにちゃんと自分のレベルでも発音が間に合うような文字数で抑えられたのが、良かったかなと思います。

・それ（ビデオ）がいろんな人に見てもらったじゃないですか。いろんな人に見てもらうためにやったのが、なんていうか、いいプレッシャーになったかなとは思います。人に見てもらうレベルに、何とか自分が（発音や語彙力の）足りてない状態でも、上に行こうとする感じが好きなんで。

「どのような授業が良いと思うか」

・意味がよく分かんなくても、ご飯の話とかをひたすらドイツ語で話してドイツ語で聞いてっていう環境を作る。

・1年のときからドイツの大学と交流があって、2年の中級でもまた同じ人と繋がったりしたらもっと日本とドイツの文化の感じとか、言語の自然な使い方とかも学べるんで、(交流の) 時間がもうちょっとほしいかなっていうのはありましたね。

謝辞

「お食事処紹介プロジェクト」の実施にあたり、フランクフルト市民大学の日本語教師・細田陽子氏およびその日本語学習者の皆さまに多大なご協力をいただきました。心より御礼申し上げます。

おわりに

第3章では、学生たちが漠然とドイツ語学習の意義・目的と考えている「教養を高め、人間的視野を広げる」、「外国語学習を通して異文化を理解する能力を養成する」(日本独文学会 2015) を、CEFRの4つのsavoirとOECDのキーコンピテンシーという教育の大きな枠組みから捉え、言語スキルとともに上記の能力を養成できる可能性があると筆者が考えるプロジェクト授業について具体例を示した。初級ドイツ語クラスで実施した二つの例である。双方とも最終的な成果物に向けて、とくに、言語産出能力(書くおよびある程度の長さのテクストを口頭発表する)の育成を目指した。また、ICTの活用によって授業を外の世界に向けて開かれたものにすることを試み、1例目ではStationenlernenを取り入れることなどで授業内での学習者間の協働学習の促進を図り、2例目では、ドイツの日本語学習者との協働の可能性も模索した。プロジェクト授業は、他者との繋がりを構築するプロセスを特徴とする。学習者も社会的に行動する存在であるという考え方はCEFRの行動中心主義に通じる。

第2章8節で示したように、たとえ、ドイツ語の運用力を養成するコミュニカティブ・アプローチの教科書でドイツ語を学習しても、ドイツ語を使う自分をなかなかイメージできない。また、ドイツ語圏への憧れや興味は、それだけではドイツ語でコミュニケーションする意欲に直接的な影響を与えないことも示されている(藤原 2021; 山田 2022)。「お食事処紹介プロジェクト」の聴き取り調査で学生が述べているように、ドイツ語で他者とやりとりする「切羽詰まった状況」が言語の習得を促進し、目標言語を話す他者と繋がる本物の体験が、外国語学習の意味に気づくきっかけとなる。このプロジェクトは、学生たちがもっぱらサービスを受ける側にある大学の国際交流に積極的に関わる可能性を模索して計画した。「受動的で、食べ物をスプーンで口まで持ってきてもらう(spoon-fed)ことに慣れている言語学習者が少なくない」(Oxford 1990: 20)。これからの世界を生きていくキーワードの一つである自律性の養成は、OECDのキー・コンピテンシーの一つでもあり、また、CEFRのsavoir-apprendreにも通じる。外国語を生涯学習の視点から捉えると、学習者が自分なりの学びのストラテジーを身につけていくことが、目指すべき教育目標となる。これは、「ドイツ語をやって何の役にたつのか？」という問いに対する、教師側の答えの一つになるのではないだろうか。

参考文献

Bachmaier, Elvira (2021): Was sollen die Studierenden im Grundstudium lernen? - Subjektive Theorien zu Unterrichtszielen von Deutschlehrenden an japanischen Universitäten, *Deutschunterricht in Japan* 25, 45-63.

Bimmel, Peter & Rampillon, Ute (2000): *Lernerautonomie und Lernstrategien: Fernstudieneinheit* 23. Berlin u.a.: Langenscheidt.

Böttcher, Eleonore (2012): Lernen an Stationen im DaF-Unterricht an der Universität: Zirkeltraining für das Gehirn - eine alterntive Arbeitsform. *Aspetti della didattica e dell'apprendimento delle lingue straniere* 2, 11-27.

Council of Europe (2001): *Common European Framework of reference for languages: Learning, teaching, assessment.* Cambridge: Cambridge University Press. (吉島茂、大橋理枝（訳）(2004)：『外国語教育 II －外国語の学習、教授、評価のためのヨーロッパ共通参照枠』朝日出版社.)

Council of Europe (2020): *Common European Framework of Reference for Languages: Learning, teaching, assessment. Companion volume.* Strasbourg: Council of Europe Publishing. (Quetz, Jürgen & Camerer, Rudi: *Gemeinsamer Europäischer Referenzrahmen für Sprachen: lernen, lehren, beurteilen. Begleitband.* Stuttgart: Ernst Klett Verlag.)

Funk, Hermann; Kuhn, Christina; Skiba, Dirk; Spaniel-Weise, Dorothea & Wicke, Rainer E. (2014): *Aufgaben, Übungen, Interaktion* (*Deutsch Lehren Lernen* 4). München: Klett-Langenscheidt.

Holec, Henri (2007): Autonomy in language learning: a pedagogical revising of a pedagogical approach.

Krumm, Hans-Jürgen (1991): Unterrichtsprojekte - Praktisches Lernen im Deutschunterricht. *Fremdsprache Deutsch* 4, 4-8.

Lehker, Marianne (2003): Projektarbeit im DaF-Unterricht. *Informationen Deutsch als Fremdsprache* 30 (6), 562-575.

Liederbach, Hans P., Sachse-Toussaint, Rita, 池田遊魚、竹田和子、内藤文子、藤原三枝子 (2007): Stationenlernen. 日本独文学会秋季研究発表会（2007 年 10 月 7 日 於：大阪市立大学）ポスター発表資料.

OECD (2005): *The Definition and Selection of Key Competencies: Executive Summary.* https://www.oecd.org/pisa/35070367.pdf（2022 年 9 月 7 日確認）.

Oxford, Rebecca L. (1990): *Language Learning Strategies: What every teacher should know.* Boston: Heinle & Heinle Publishers.

Redmann, Jennifer (2005): Stationenlernen: A Student-Centered Approach to Working with Foreign Language Texts. *Die Unterrichtspraxis* 38 (2), 135-142.

Rüschoff, Bernd & Wolff, Dieter (1999): *Forum Sprache: Fremdsprachenlernen in der Wissensgesellschaft: Zum Einsatz der Neuen Technologien in Schule und Unterricht.* Ismaning: Max Hueber Verlag.

Schaaf, Julia C. (2018): *„Irgendwann möchte ich nach Deutschland gehen." Longitudinalstudie zur Deutschlernmotivation an der japanischen Universität.* Dissertation, Fakultät I – Geistes- und Bildungswissenschaften der Technischen Universität Berlin.

Schart, Michael (2003): Was ist das eigentlich: Projektunterricht? - Ein fiktives Gespräch über eine vage Idee. *Informationen Deutsch als Fremdsprache* 30 (6), 576-593.

Schart, Michael (2010): Projektorientierung. In: Krumm, Hans-Jürgen; Fandrych, Christian & Riemer, Britta (Hg.): *Deutsch als Fremd- und Zweitsprache: ein Internationales Handbuch*, 2. Halbband. Berlin/New York: Walter de Gruyter GmbH & Co. KG., 1172-1176.

Schart, Michael (2021): Kreativität, kritisches Denken, Kollaboration: Zur Bedeutung von Schlüsselkompetenzen im universitären Deutschunterricht. *Neue Beiträge zur Germanistik* 162, 67-86.

Schart, Michael & Legutke, Michael (2012): *Lehrkompetenz und Unterrichtsgestaltung* (*Deutsch Lehren Lernen* 1). München: Klett-Langenscheidt.

Schlak, Torsten (2003): Autonomes Lernen im Rahmen einer virtuellen Deutschlandreise. *Informationen Deutsch als Fremdsprache* 30 (6), 594-607.

Schlak, Torsten (2004): ドイツ語圏仮想旅行プロジェクトによる自律的学習. In: 板山真由美、森田昌美（編）『学習者中心の外国語教育をめざして－流通科学大学ドイツ語教授法ワークショップ論文集－』三修社 , 223-238.

Schramm, Karen (2021): Welche neuen Wege weist der Begleitband des GeR für den DaF-Unterricht? *Neue Beiträge zur Germanistik* 162, 9-24.

Wicke, Rainer E. (2006): Stationenlernen - Was ist das eigentlich? *Fremdsprache Deutsch* 35, 5-13.
Wolff, Dieter (1999): Zu den Beziehungen zwischen Theorie und Praxis in der Entwicklung von Lernerautonomie. In: Edelhoff, Christoph & Weskamp, Ralf (Hg.): *Autonomes Fremdsprachenlernen*. Ismaning: Hueber, 37-49.
池田遊魚（2008）: Stationenlernen －自律的学習を促すドイツ語授業の実験的試みとして－.『関西外国語大学研究論集』88, 261-279.
大木充（2021）：CEFR における自律学習の役割とアンリ・オレックの自律学習. In: 西山教行、大木充（編）『CEFR の理念と現実. 現・実・編　教育現場へのインパクト』くろしお出版 , 33-66.
太田達也（2011）：大学の外国語教育は何を目指すべきか.『アカデミア文学・語学編』89, 331-358.
太田達也（2021）：市民性形成を視野に入れたドイツ語教育.『ドイツ文学研究』53, 55-59.
小柳かおる（2020）:『第二言語習得について日本語教師が知っておくべきこと』くろしお出版.
境一三（2015）：人材育成とドイツ語教育－コンピテンシーをキーワードに考える－.『ドイツ語教育』19, 36-38.
境一三（2021）：やさしい日本語と機械翻訳による言語意識の向上について.『ドイツ文学』162, 147-160.
汐見稔幸（2021）:『教えるから学びへ－教師にとって一番大切なこと－』河出新書.
中川慎二（2015）：人材育成とドイツ語教育－「なんでドイツ語やるの？」－.『ドイツ語教育』19, 42-45.
中央教育審議会（2016）：幼稚園、小学校、中学校、高等学校及び特別支援学校の学習指導要領の改善及び必要な方策等について. https://www.mext.go.jp/b_menu/shingi/chukyo/chukyo0/toushin/__icsFiles/afieldfile/2017/01/10/1380902_0.pdf（2022 年 9 月 14 日確認）
奈須正裕（2017）:『教科の本質を見据えたコンピテンシー・ベイスの授業づくりガイドブック』明治図書.
日本独文学会（2015）：ドイツ語教育・学習者の現状に関する調査委員会（編）『ドイツ語教育・学習者の現状に関する調査報告書』.
藤原三枝子（2021）：日本の大学における第 2 外国語としてのドイツ語学習者の動機づけと「ドイツ語使用者としての自己イメージ」－ Dörnyei の “L2 Motivational Self System” に基づく質問紙調査による量的分析－.『ドイツ文学』162, 87-104.
藤原三枝子（2022）：外国語教育の目的から考えるプロジェクト授業 .『言語と文化』26, 77-97.
松下佳代（2011）：〈新しい能力〉による教育の変容－ DeSeCo キー・コンピテンシーと PISA リテラシーの検討－.『日本労働研究雑誌』53（11）, 39-49.
文部科学省（2009）:国際教育交流政策懇談会（第 1 回）資料「グローバル化と教育に関して議論していただきたい論点例」https://www.mext.go.jp/b_menu/shingi/chousa/ kokusai/004/gijiroku/attach/1247196.htm（2022 年 9 月 7 日確認）
文部科学省教育課程企画特別部会（2015）：論点整理補足資料. https://www.mext.go.jp/component/b_menu/shingi/toushin/__icsFiles/afieldfile/2015/09/24/1361110_2_4.pdf（2021年 12 月 12 日確認）
山田真実（2022）：日本の大学におけるドイツ語学習者の „Willingness to Communicate“ への状況要因と個人差要因の影響.『ドイツ語教育』26, 65-85.
吉島茂（2007）:ヨーロッパの外国語教育を支える考え方－複言語・複文化主義、行動主義、4 つの Savoir、部分的能力、European Language Portfolio（can do statement）－.『英語展望』114, 49-54.

4章

ドイツ・ベルリン州にみる言語教育

はじめに

第4章は、著者が2003年度、2012年度、2021年度に各半年間のベルリンでの在外研究期間中にテーマとした２つの研究課題を中心としている。本章２節で扱う「複言語・複文化主義とベルリン州立ヨーロッパ学校の教育－お互いから・お互いのために・お互いに学び合う－」は、ドイツ語ともう一つの言語（対象となる言語は全部で９種類）で教育を行う、いわゆるバイリンガル学校をテーマとしている。ドイツ語と対象言語で実施される科目の授業時間数は半々、ドイツ語ともう一つの言語を第一言語とする児童・生徒の数も原則同数とすることで、彼らは２つの言語・文化を、お互いから、お互いに学び合うことをコンセプトとしている。ドイツ語とイタリア語を授業言語とするフィノー基礎学校のMonika Nörenberg氏およびドイツ語とフランス語を授業言語とするメルキッシュ基礎学校のBirgit Schumacher氏の授業参観と、筆者が授業内で行った講演および各種行事の参加などによって、双方向バイリンガル教育の充実を体験する機会を得た。ベルリン州立ヨーロッパ学校で学ぶ児童・生徒の異文化能力の高さ、もう一つの言語（英語）を学習する能力の高さは、公的な大規模調査によっても検証されている。この論文は、2016年12月8日に南山大学地域研究センターで行った講演およびその報告書（2017）「複言語・複文化とベルリン州立ヨーロッパ学校－一緒に・お互いから・お互いのために学ぶ－」に基づいて、『ことばを教える・ことばを学ぶ』（泉水浩隆編 2018）に発表した論文「複言語・複文化主義とベルリン州立ヨーロッパ学校の教育－お互いから・お互いのために・お互いに学び合う－」を出版社の了解を得て、編集の上、掲載したものである。

3節で扱う「ベルリン州Willkommensklasseにみる難民児童・生徒の教育」は、2018年5月および2021年10月に、Julia Schaaf氏が担当するWillkommensklasseの授業参観と氏との意見交換、ベルリン州教育・青少年・家族省（Senatsverwaltung für Bildung, Jugend und Familie）のWillkommensklasse担当者から頂戴した豊富な資料に基づいている。

1節で述べるように、ベルリンには多くの外国籍の人々、移民を背景とする人々が暮らしている。この多民族・多言語・多文化都市ベルリンで行われている言語教育は、すべてがうまく機能しているわけではないだろうが、今後、ますます外国籍の人との共生が必要となる日本において、言語・文化教育に重要な示唆を与えてくれると考えている。

上述のように、4章は、ベルリンの友人たちとの長年にわたる交流と意見交換によって生まれた。この場を借りて、友人たちに心から感謝したい。

1　多民族・多言語・多文化共生都市ベルリン

ドイツと聞くと、ベルリンの壁を連想する若者が少なくない。筆者が2007年11月に、合計949名の中学生・高校生を対象として行った「ドイツのイメージ」調査（藤原 2009）では、ドイツと聞いて頭に思い浮かぶことをいくつでも自由に書いてもらったが、どの学年でも、以下の表1のように「ベルリンの壁」を挙げた学生が少なくない。949名中237名、21%余りに上る。中学3年生では32%ほどの学生が「ベルリンの壁」をドイツのイメージとして挙げているのは、おそらく、歴史の授業の影響によるものと考えられる。

表1　分野別回答件数

	中学1年	中学2年	中学3年	高校1年	高校2年	高校3年
参加人数	171	121	151	196	145	165
ベルリンの壁	41（24%）	34（28%）	48（32%）	51（26%）	37（26%）	26（16%）

分野別回答件数から「ベルリンの壁」の回答のみを抜粋　藤原（2009: 46）

ただ、ドイツが第二次世界大戦に敗れ、東西ドイツに分断されたことはよく知っていても、ベルリンも東西に分断され、西ベルリンは周りをドイツ民主共和国（東ドイツ）に囲まれ島のように存在したこと、ベルリンは戦後、1949年から1990年までアメリカ、フランス、イギリス、ソ連の4つの戦勝国によって統治されていたことなどを知らない学生も少なくない。ベルリンでは、西ベルリン時代のベルリン封鎖（1948年6月～1949年5月）のときのアメリカ軍・イギリス軍による食料や物資の空輸作戦（Berliner Luftbrücke）により、ベルリン市民の生活と人々の自由が守られたこと、子供たちに向けてチョコレートやキャンディーをハンカチで作った小さなパラシュートで飛行機の窓から落としたRosinenbomber作戦など、今は使われていないテンペルホーフ空港の横にある空輸作戦の記念碑とともに、人々の記憶に深く刻まれている。ベルリンの壁の建設が始まった1961年8月13日から22か月が過ぎた1963年6月26日に、アメリカ合衆国大統領のジョン・F・ケネディが、ベルリンでの演説で語った“Ich bin ein Berliner.”は、東ドイツの中に島のように存在する西ベルリンの人々が、ベルリン封鎖や壁の建設によってつねに自由を奪われる危険にさらされていたことを考えると、市民に大きな勇気を与えたことは想像するに難くない。ベルリンが自由を尊び、外に開かれた都市であることは、戦後にベルリンが通ったこうした歴史にも裏打ちされていると言えよう。

ベルリンに住む外国籍の人、移民を背景とする人の割合は高い。街で耳にする言語は非常に多様であると同時に、流暢にドイツ語を話す人々の外見はゲルマン系でないことも多い。表2が示すように、2021年9月末時点でドイツの総人口に占める外国籍の人の割合は13%である。2020年6月末時点での日本の総人口(126,226,568)に占める外国籍の人々(2,885,904)の割合は2.4%で、日本と比較すると、その割合はかなり高い(総務省統計局2021年, 2022年)。

表2　ドイツ総人口：ドイツ国籍と外国籍別

合計人数	ドイツ国籍	外国籍
83,222,442	72,435,267	10,787,175
	87.0%	13.0%

Statistisches Bundesamt(2022)を基に作成

ベルリンの外国籍の人の割合は、このドイツ全体の数値に比べてさらに高い。以下の表3は、1995年末〜5年ごとの数値および2021年末のベルリンの人口推移を、表2と同様に、ドイツ国籍と外国籍とに分けて示したものである。ベルリンの総人口は1995年末に比較して、2021年末は増加しているが、ドイツ国籍者数は減少している。その一方で、外国籍の人数は2倍近い(1.86)数値を示している。このように、ベルリンの総人口に対する外国籍の人の割合は、1995年末時点で12.6%であったが、2021年末では21.5%に迫る。

表3　ベルリンの人口推移：ドイツ国籍と外国籍別

集計日	合計	ドイツ国籍	外国籍
1995/12/31	3,446,039	3,010,341	435,698
2000/12/31	3,331,232	2,896,115	435,117
2005/12/31	3,339,436	2,878,881	460,555
2010/12/31	3,387,562	2,929,756	457,806
2015/12/31	3,610,156	2,989,081	621,075
2020/12/31	3,769,962	2,980,886	789,076
2021/12/31	3,775,480	2,964,146	811,334

Amt für Statistik Berlin-Brandenburg(2022)より

ただし、詳しく見ると地区（Bezirk）によりかなりの差がある。Mitte地区が34.8%であるのに対し、Treptow-Köpenick地区は12.1%である。

Amt für Statistik Berlin-Brandenburgが公表したデータによると、2020末年にベルリンで暮らす外国籍の人々の出身国は、上位10か国がトルコ（98,437）、ポーランド（55,996）、シリア（41,418）、イタリア（32,186）、ブルガリア（31,738）、ロシア（27,334）、ルーマニア（25,719）、アメリカ合衆国（20,993）、ベトナム（20,439）、セルビア（20,272）であった。以降、フランス、英国、スペイン、インド、ギリシャ、アフガニスタンと続く。また、ベルリンで暮らす人々の国籍は190以上に上り、市民の平均年齢は42.7歳と若く、ベルリンは世界に開かれた活気ある都市と言える（Berlin Partner Business Location Center）。

さらに、移民を背景とする人[1]の割合は、以下の表4のように、ベルリン総人口の36.6%に上る。

表4　移民を背景とする人の割合

総人口	%	移民を背景とする人	
		人数	%
3,775,480	100	1,381,306	36.6

Amt für Statistik Berlin Brandenburg（2022）より

2009年末時点で移民を背景とする人の割合が25%（Tagesspiegel 2020年2月27日付）、2013年末は28.4%（Berliner Morgenpost 2013年12月31日付）、2021年末で36.6%であったことを考えると、毎年、平均1%程度増加を続けてきたことになる。

Ich bin Berliner / Berlinerin. と人が述べるときに、国籍や民族にとらわれず、オープンで自由な心を持ち、柔軟性があり文化の多様性を楽しむという気概を感じる。東西に分断され、西ベルリンは東ドイツに囲まれ、しかも壁によって孤立させられた島のような存在であった歴史を乗り越えたベルリンだからこそ、自由であること、オープンであることの尊さを知っていると感じる。

1 「移民を背景とする人」とは、自分自身あるいは少なくとも両親のどちらかが、生まれたときにドイツ国籍を有していない人を指す（Statistisches Bundesamt 2017a: 20）。

2　複言語・複文化主義とベルリン州立ヨーロッパ学校の教育
－お互いから・お互いのために・お互いに学び合う－

1　はじめに

「グローバル人材育成」という教育目標はすっかり使い古された標語となった。政財界が主導したと思われるこの方向性は、文部科学省の教育政策と相まって、日本社会に「英語さえできればよい」という短絡的な考えを助長させたように思う。こうした傾向が日本でとくに著しいことは大谷（2007）が指摘しているが、日本の大学生はいわゆる大国の言語、民族言語的バイタリティー（ethnolinguistic vitality）の強い言語[1]を学習することが望ましいと考える傾向が強いようだ。英語は国際語や世界共通語として身につけるべきものであり、中国語はその社会や文化に関心があろうとなかろうと将来の仕事に備えて学習した方がよい、と述べる学生が少なくない。こうした傾向は、例えば、2012年度に17,000人余りの日本の大学生が参加した外国語（ドイツ語、フランス語、中国語、韓国・朝鮮語、ロシア語、スペイン語および英語も部分的に含む）の学習動機や学習観の調査結果にも如実に表れている（西山 2014）。日本の大学生は、損か得かという功利的な視点から外国語を学習（選択）する傾向がうかがえる。このような傾向の背景には、日本の言語教育政策が大きく作用していると考えられる。その一方で、第3章1節で述べたように、異文化の理解にドイツ語学習の意義を見ている学生たちが多い。今後、日本人が国外で生活する機会も、日本にいても異文化を背景とする人々と接する機会も増えることが予想される。その意味でも、言語のスキルの習得とともに異文化能力の養成を明確な教育目標とし、それを実践している海外の制度を知る意味は大いにあると考える。

本論文は、欧州評議会の『ヨーロッパ言語共通参照枠：学習、教授、評価』

1　八島（2004: 64）は、Giles, Bourhis & Taylor（1977）に基づき、「民族言語的バイタリティー」とは、ある状況である特定の言語を学習することの持つ意味を考える際に有用な社会心理学的概念とし、1. その言語の社会的地位（the social status of the language）が高い、2. その言語話者の分布（the demographic distribution of its speakers）が広い、3. 制度上の支援体制（its institutional support）がある（例えば、英語が学校教育では必須科目である等）ことにより規定される概念と述べている。この意味で、英語は世界の言語の中でもっとも民族言語的バイタリティーが強く、国際語や公用語としても扱われる。中国語も人口規模や近年の経済的成長により、言語的バイタリティーが強くなってきた言語と考えられるだろう。しかし、八島によると、本来は一つの国の中の異言語・民族間の力関係を表す概念である。

（*Common European Framework of Reference for Languages: Learning, teaching, assessment:* CEFR）に述べられている「複言語・複文化」の理念を実現していると思われる「ベルリン州立ヨーロッパ学校」（Staatliche Europa-Schule Berlin）をテーマとし、その30年にわたる教育の概要を示すことを目的とする。その際、CEFRの成立と欧州連合（European Union：EU）の中心的理念を振り返るとともに、ベルリン州立ヨーロッパ学校の創設と発展を可能としているベルリンという都市の独自性も考察していく。

2　CEFRの複言語・複文化主義と日本の外国語教育への影響

第二次世界大戦終結後、ヨーロッパ統合の動きへの大きな第一歩は、欧州評議会の設立と言えるだろう。欧州評議会は、フランス、イタリア、英国、ベルギー、オランダ、スウェーデン、デンマーク、ノルウェー、アイルランド、ルクセンブルクの10か国を原加盟国として1949年にフランスのストラスブールに設立された機関であるが、現在の加盟国は、EUの全加盟国、旧ユーゴ諸国、ウクライナ、トルコを含む全46か国である[2]。「人権、民主主義、法の支配の分野で国際社会の基準策定を主導する汎欧州の国際機関」[3]として設立され、ヨーロッパの基本的価値を守ることを目的としている。欧州評議会が日本の外国語教育関連で広く知られるようになったのは、2001年の「欧州言語年」（European Year of Languages）に欧州評議会言語政策部門（Council of Europe, Language Policy Unit）によって現在の形のCEFR が発表され、その世界的な普及によってであろう。2001年の英語・フランス語での発表以来、40言語で公表されている[4]。日本語への翻訳はすでに2004年に吉島茂・大橋理枝（訳・編）により『外国語の学習、教授、評価のためのヨーロッパ共通参照枠』（朝日出版社）として出版された。

欧州評議会は、国家間の協力によって主に人権擁護や文化の分野で活動し、国を超えた政治的な拘束力を持つ制度ではなかった。現在のEU につながる統合のプロ

2　ロシアは、1996年に加盟したが、ウクライナ侵攻により、2022年3月16日に除名された。

3　外務省公式ホームページ（http://www.mofa.go.jp/mofaj/area/ce/gaiyo.html）（2022年9月14日確認）。

4　欧州評議会の関連公式サイトによると、その言語は、アラビア語、アルバニア語、アルメニア語、バスク語、ブルガリア語、カタロニア語、中国語、クロアチア語、チェコ語、デンマーク語、オランダ語、英語、エスペラント語、エストニア語、フィンランド語、フランス語、フリウリ語、ガリーシア語、グルジア語、ドイツ語、ギリシャ語、ヘブライ語、ハンガリー語、イタリア語、日本語、韓国語、リトアニア語、マケドニア語、モルドバ語、ノルウェー語、ポーランド語、ポルトガル語、ロシア語、セルビア語、スロバキア語、スロベニア語、スペイン語、スウェーデン語、トルコ語、ウクライナ語である。（http://www.coe.int/t/dg4/linguistic/cadre1_en.asp）（2017年8月23日確認）

セスは、1951年にヨーロッパの石炭・鉄鋼生産を共同で管理する目的の「パリ条約」がフランス・西ドイツ・イタリア・ベルギー・オランダ・ルクセンブルクの6か国によって調印され、1952年に「欧州石炭鉄鋼共同体」(ECSC) が成立したことに始まる。この6か国が経済的統合を進める目的で「ローマ条約」に調印 (1957年) したことで1958年に設立された「欧州経済共同体」(EEC)、「欧州原子力共同体」(EURATOM) と、すでに存在していた「欧州石炭鉄鋼共同体」の3共同体が1967年発効の「ブリュッセル条約」により「欧州共同体」(EC) として統合され、現在のEUの基盤となる。その後、「マーストリヒト条約」の発効 (1993年) によってECはEUへと発展していく。こうして、ヨーロッパの統合の歴史はECSC成立で始まり、2020年のイギリス離脱を経て、EUは、現在27か国を加盟国とする統合体へと拡大してきた。

EUは、多様な言語と文化を同じように尊重することで成立可能とする「多様性の中の統合」(United in diversity) を理念とするが、これがEUの理念として掲げられたのは2000年である[5]。しかし、多様な言語・文化を尊重するこの姿勢は、統合のプロセスの中でかなり以前から表明されている。その歴史は、1958年の欧州経済共同体の理事会規則第1号にまでさかのぼる。同規則は、加盟6か国のすべての公用語を諸機関の公用語とすると定め、当初はオランダ語、フランス語、ドイツ語、イタリア語の4言語が公用語となった。現在、EUの公用語は24言語である。話者人口の規模などによる公用語間の差別はなく、原則的にすべて等しく扱われるとされている[6]。EUの拡大とともに、この理念に基づいた教育や文化に関する指針が明瞭になっていく。マーストリヒト条約の126条、128条は教育と文化に関わる施策を規定しているが、126条(アムステルダム条約149条)では、例えば、共通の「ヨーロッパ的次元」(European Dimension) を置くこと、128条 (アムステルダム条約151条) では、文化的多様性を尊重するとともに欧州共通の文化遺産を大事にすること[7]など、EUの基本姿勢が明示されている (詳しくは正躰 2003: 433-434)。この「多様性の中の統合」の理念は、ローマ条約調印からちょうど50周年となった2007年

5　EU 公式サイトより (EU の公式サイトは 24 言語で表示可能)。The EU motto (https://european-union.europa.eu/principles-countries-history/symbols/eu-motto_en (2022 年 9 月 14 日確認)。

6　駐日欧州連合公式サイトより (http://eumag.jp/question/f0712/ (2022 年 9 月 14 日確認)。

7　EU の文化に関わる施策について以下のように定められている。“1. The Community shall contribute to the flowering of the cultures of the Member States, while respecting their national and regional diversity and at the same time bringing the common cultural heritage to the fore.” (1. 共同体は、加盟国の国内および地域的多様性を尊重し、同時に共通の文化的遺産を全面にもたらしながら、各国の文化の繁栄に寄与すべきである。(筆者訳。第 151 条：1、文化)

3月の「ベルリン宣言」でも表明され、EUには独自の共存と協働のあり方が存在し、加盟国のアイデンティティや多様な伝統を堅持して、開かれた国境と多種多様な言語、文化、地域がEUを豊かにしていくと述べられている[8]。また、政策執行機関である欧州委員会は、学校教育と職業教育に関する1995年の白書『教育と学習』(欧州委員会教育白書　ドイツ語版: 62-64)の中で、5つの教育目標の一つとして、「誰もが三つの域内言語をマスターする」ことを掲げ、母語の他に2つの域内言語の習得を奨励している。複数外国語の能力により、域内での職業的ならびに個人的な可能性が拡大すること、言語は人を繋ぐ架け橋であり、言語をマスターすることにより多様な文化を持つヨーロッパへの帰属意識を高めると同時にEU市民の相互理解に繋がること、このために早期に外国語学習を始める必要があること、この可能性がEU市民みなに与えられるべきこと、さらに、初等教育段階で学習した外国語を中等教育段階では多様な科目において授業言語として使用することなどを提言している。

欧州評議会とEUは別組織であるが、EU加盟国はEUへの加盟以前に欧州評議会のメンバーとなっており、とりわけ教育や文化関連分野においては関係が深い。実際、2001年の欧州言語年は、EUが欧州評議会と協力して実施している(欧州議会および欧州理事会の2001年欧州言語年に関する2000年7月17日の決議 Nr.1934/2000/EG)。欧州議会と理事会の2000年7月17日の決議には、以下のような欧州言語年の目標が掲げられている。

・EUの多様な言語・文化は資産であり、同等の価値を持つという意識を深めること
・言語的多様性を促進すること
・多言語を使えることは自分に利益をもたらすことをできるだけ多くの人に理解してもらうこと
・どのような人に対しても、言語知識を生涯にわたり習得することを奨励すること
・言語の授業と外国語学習のための情報を収集し広めること(筆者抄訳)

8　駐日欧州連合代表部ホームページによる。(2007年10月1日確認)

上記の目標は、1995年の教育白書『教育と学習』を背景としていることも述べられている。この欧州言語年に出版されたCEFRは、ヨーロッパにおける長年の研究成果に基づくものであるが、本文には、1991年にスイスのRüschlikonにおいてスイス連邦政府主導で実施されたシンポジウム“Transparency and Coherence in Language Learning in Europe: Objectives, Evaluation, Certification”の内容が紹介されている：

> 1. 加盟国が言語学習と教育を更に強化する必要性は、より活発な移動、より効果的な国際間コミュニケーションの観点から明らかである。それはアイデンティティーと文化的多様性の尊重、情報のより軽便な入手〈中略〉より深い相互理解に対する関心とも結びついている〈中略〉3. ヨーロッパ共通参照枠組みを全てのレベルでの言語学習・教育用に作ることが望ましい。それは〈中略〉学習者、教師、授業コース設計者、教育官庁を援助し、その仕事の位置づけを行い、調整する。（吉島・大橋 2004: 5より抜粋。中略は筆者による。）

このシンポジウムでの上記の構想が、CEFRとして具体化されたと思われる。

CEFRは、複言語・複文化主義のアプローチを採っているが、CEFRにおける複言語主義とは、複数の言語の知識や社会の中で異種の言語が共存していることではなく、次のような事実だと述べている。

> 〈前略〉個々人の言語体験は、その文化的背景の中で広がる。家庭内の言語から社会全般での言語、それから（学校や大学で学ぶ場合でも、直接的習得にしろ）他の民族の言語へと広がって行くのである。しかしその際、その言語や文化を完全に切り離し、心の中の別々の部屋にしまっておくわけではない。むしろそこでは新しいコミュニケーション能力が作り上げられるのであるが、その成立には全ての言語知識と経験が寄与するし、そこでは言語同士が相互の関係を築き、また相互に作用し合っているのである。〈中略〉例えば、対話の当事者たちは会話の途中で言葉を別の言語に変えることもあるし、方言を使い出すこともある。互いに、自己をある言語で表現し、また別の言語を理解することができる能力を利用するのである。さらに、「未知の」言語の場合は、いくつかの既知の言語に関す

る知識を動員し、書かれたものであれ、話されたものであれ、そのテクストの意味を理解しようとする。（吉島・大橋 2004: 4より抜粋。前略、中略は筆者による。）

複言語のこうした理解は、ヨーロッパに限定されるものではなく、日本における外国語教育の目的や意義を考える際にも示唆に富む理念である。

CEFRは発表から今日に至るまで、日本の外国語教育関連でも多くの関心を集めている。とりわけ近年、CEFRについて言及される機会が非常に多くなってきたが、その際にはA1～C2の6段階の言語レベルに関する「共通参照レベル」が取り上げられることが一般的である。これがCEFRのすべてであると思っている外国語関係者も多いのではないかと感じることさえある。確かに、言語レベルと、そのコミュニケーション行為及び言語能力の記述による共通参照レベル表によって、言語使用者としての熟達度に関する共通の指標が与えられ、can-doの形で、到達度（できること）に関しての客観的な比較が可能になったことの意味は非常に大きい。日本の英語教育政策に対するCEFRの影響については、第2章3節で記述しているのでそちらを参照していただきたいが、CEFRの影響は－限定的ではあるが－明らかである。ただ、日本の外国語教育でこの共通参照レベルが語られるときには、英語教育に限定されることが多い。いずれにしても日本においては、個人の中に培われる複数の言語・文化体験とその意義というCEFRの中核にある複言語・複文化の考えについては、まだ十分に理解されていないように思われる。

3　ベルリン州立ヨーロッパ学校（Staatliche Europa-Schule Berlin: SESB）

3.1　ベルリン州立ヨーロッパ学校の成立と発展

本章1節で述べたように、外国籍の人や移民を背景に持つ人の割合が高いベルリンには、早くからそうした児童・生徒のための学校設立を望む声が多かった。すでに1987年に、ベルリン州政府と多様な関連機関の代表者が集まり、ヨーロッパ志向（europäisch orientiert）の学校設立について検討された（Abgeordnetenhaus Berlin 2010）。これは、各国の教育システムの中に共通の「ヨーロッパ的次元」を取り入れることに関する原則を示した1988年のEU理事会やドイツの常設文部大臣会議の1978年および1990年の決議「授業におけるヨーロッパ」（Europa im Unterricht）で、ヨーロッパに共に帰属する者としての意識を学校で育成するべきであるとしたことと合致している（詳しくは天野 1997: 75-95）。1990年のドイツ再統一後ほどなく1992/93年度にベルリン州立ヨーロッパ学校（Staatliche Europa-Schule Berlin、以下、SESB）が設立されたことは、外国籍や移民を背景とする児童・生徒の関係者にとって大きな喜びであったと思われる。SESBは、1992/93年度にまず「試行的学校」（Schulversuch）として開校されたが、設立後18年が過ぎた2010年4月22日の州議会で、試行的な位置づけを終了し、「特別な教育的特徴を持つ学校」（Schule besonderer pädagogischer Prägung）として法的に認める決議がなされている（Abgeordnetenhaus Berlin 2010）。

SESBは、ドイツ語と、パートナー言語（Partnersprache）と呼ばれるもう一つの言語の2言語で授業が行われる双方向のイマージョン（Two-way-immersion Program）を特徴としている（Sukopp 2004: 4）。2言語とも卒業までに同じ程度に高いレベル（中等教育修了資格の場合はCEFRのB2、アビトゥアの場合はC2）の習得を目指すいわゆる「バイリンガル学校」[9]である。第二次世界大戦の敗戦後、ベルリンが長期間にわたりアメリカ・フランス・イギリス・ソ連の戦勝4か国に統治されていたという事情から、最初に開校されたのは、英語、フランス語、ロシア語をパートナー言語とする学校であった。現在、パートナー言語は、英語、フランス語、ロシア語、スペイン語、イタリア語、ギリシャ語、ポーランド語、ポルトガル語、トルコ語の9つの言語に拡大し、2014/15年度で初等教育段階17校の生徒数は4,601人、中等教育段階14校の生徒数は2,285人、合計31校で6,886人がSESBで学んだ（Möller et al. 2017: 18）。図1は1993/94年度から2014/15年度までの生徒数の推移を示している。

SESBはパートナー言語によって学校の設立年は異なる。以下では、Abgeordnetenhaus Berlin（2010）、Möller et al.（2017）、ベルリン州教育・青少年・家族省（以下、教育省）の公式情報を基にまとめる。SESBは、1992年度に「ドイツ語と英語」のコンビネーションで、就学前クラス（Vorklasse）から始まった。その翌年の1993年4月16日にベルリン州議会でSESBが正式に承認され、上述のベルリンの歴史的背景から、1993/94年度にまず「ドイツ語・英語」、「ドイツ語・フランス

9　本論文では「学校」と訳しているが、SESBは通常、単独の学校として存在しているのではなく、すでにある普通学校に併設する形で設けられたコースである。

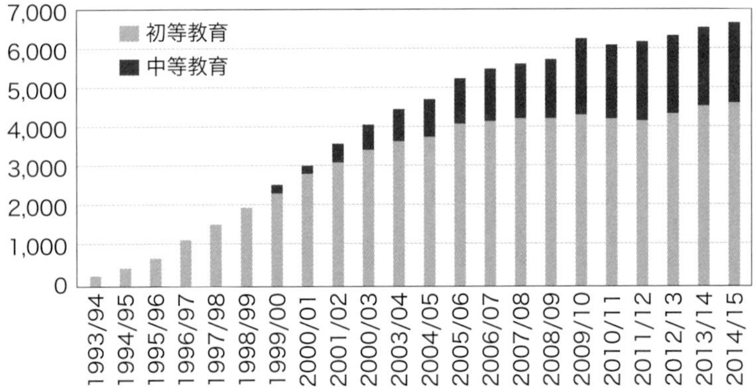

図1　SESBの生徒数の推移（1993/94-2014/2015）（Möller et al. 2017: 19を基に作成）

語」、「ドイツ語・ロシア語」の3種類のコンビネーションで各2校の6年制の基礎学校（Grundschule、日本の小学校にあたる）が発足した[10]。その後、1994/95年度に「ドイツ語・スペイン語」、「ドイツ語・イタリア語」、1996/97年度に「ドイツ語・トルコ語」、「ドイツ語・ギリシャ語」、1997/98年度に「ドイツ語・ポルトガル語」、さらに1998/99年度に「ドイツ語・ポーランド語」のコンビネーションが加わり、1999/2000年度には、全部で9つのパートナー言語で学校数は14校へと拡大した。2017年末時点で、基礎学校は17校、中等教育段階では14校に増え、どの言語コンビネーションでも中等教育段階でバイリンガル教育を継続して受けることができる。2017/18年度段階で英語をパートナー言語とするSESBでは、基礎学校、中等教育段階の学校がともに2校、フランス語では基礎学校4校、中等教育段階が2校、ギリシャ語は基礎学校、中等教育段階ともに2校、イタリア語も基礎学校、中等教育段階ともに2校、ポーランド語、ポルトガル語、トルコ語は各1校ずつ、ロシア語は基礎学校2校と中等教育段階が1校、スペイン語は基礎学校、中等教育段階ともに2校が存在する。語種により、入学希望者数には大きな開きがあ

10　ドイツ連邦共和国は各州が教育政策に関して大幅な決定権を持っている（文化高権〔Kulturhoheit〕）。初等教育にあたる基礎学校（Grundschule）の学修年数にも違いがあり、16州中ほとんどの州が4年間であるのに対し、Berlin-Brandenburg州は6年間である。ただ、連邦内である程度の統一性を確保するために各州の文部大臣からなる常設文部大臣会議（Ständige Konferenz der Kultusminister der Länder in der Bundesrepublik Deutschland）が重要項目の調整を行っている。

り、とりわけ英語、フランス語、スペイン語をパートナー言語とする学校の人気が高い。ベルリン州教育省報道によると、2018/19年度にスペイン語をパートナー言語とする基礎学校の開校が決まっており、SESBは全部で32校に増えることになる。

3.2 ベルリン州立ヨーロッパ学校の特徴

筆者は2003年10月にドイツ語とフランス語で授業を行うメルキッシュ・ヨーロッパ学校の1年生の（フランス語を母語とする児童を対象とした）ドイツ語授業および午後の活動であるjournée atelier、同年11月にはドイツ語とイタリア語を授業言語とするフィノウ・ヨーロッパ学校の2年生の（イタリア語を母語とする児童を対象とした）ドイツ語授業と5年生のイタリア語で行われた地理ならびに（ドイツ語を母語とする児童を対象とした）イタリア語の授業および午後の活動を参観した。中等教育については、2004年3月にドイツ語とトルコ語で授業を行うカール・フォン・オシツキー総合制学校の9年生の地理の授業で「日本事情」に関する講義を行い、その後生徒たちと意見交換をする機会を得た。さらに2012年12月に再度、フィノウ・ヨーロッパ学校の2年生、2013年2月にメルキッシュ・ヨーロッパ学校の5年生の授業で「日本の教育」に関する授業を行った。これらの活動と関係諸機関から収集した資料（Senatsverwaltung 2012; Sukopp 2004など）をもとに、SESBの特徴を以下のようにまとめる[11]。

- 1992/93年度に試行的に設立された学校であるが、2010年に試行的な位置づけを終了し、「特別な教育的特徴を持つ学校」として法的に認められた。
- SESBは、通常、初等教育でも中等教育でもすでに存在している普通学校の中に併設される。
- ベルリン州立学校であるから授業料は無料である。
- 教育目標はバイリンガル教育と同時に、文化的能力、異文化間で行動する能力の養成である。
- 10学年修了によって中等教育修了（Mittlerer Schulabschuss: MSA）、12学年あるいは13学年修了によりアビトゥア（Abitur〔高校卒業資格＝大学入学資格〕）を得ることができる。

11 SESBについては、天野（1997）、安井（2003）、藤原（2005）でその特徴が紹介されている。

・SESBの修了によって、言語能力証明も得ることができる。中等教育修了の場合にはCEFRのB2、アビトゥア取得によりC2の能力が証明される。
・授業はドイツ語とパートナー言語の2言語で行われる双方向的イマージョンプログラムである。ドイツ語とパートナー言語の授業は、どの言語を母語とするかによって2つのグループに分かれての授業となるが、他の科目は定められた言語によって、母語にかかわらず児童・生徒たちは一緒に授業を受ける。
・9学年からはドイツ語･パートナー言語の授業が母語によって分けずに行われる。
・ドイツ語とパートナー言語は教育において同等の価値を持ち、授業言語は各言語50%ずつで行われる。
・言語と授業科目は、表1のように割り振られている。

表1　授業言語と科目

言語	初等教育（基礎学校）	中等教育
ドイツ語	第一言語（あるいはパートナー言語） 数学	第一言語（あるいはパートナー言語） 数学 物理 化学
パートナー言語	第一言語（あるいはパートナー言語） 事実授業（Sachunterricht） 歴史 政治教育（Politische Bildung） 地理	第一言語（あるいはパートナー言語） 歴史 社会 地理 生物 政治学
ドイツ語か パートナー言語 （バランスを考えて実施）	自然科学科目 音楽 芸術 体育	倫理 音楽 芸術 体育

（Senatsverwaltung für Bildung, Jugend und Wissenschaft 2012を基に、一部補足し作成）

・ベルリン州のカリキュラムとともに、社会学および自然科学の科目についてはパートナー言語の国のカリキュラムも考慮される。
・2017年8月段階で、ドイツ語と9種類のパートナー言語の学校がある。パートナー言語は、英語、フランス語、イタリア語、ロシア語、ポーランド語、ギリシャ語、スペイン語、ポルトガル語、トルコ語である。

・第二外国語（英語あるいはフランス語）は5年生から導入される。
・１クラスの人数は多い場合は30名ほどであるが、理想的にはクラスの半数はドイツ語を母語とする生徒、半数はパートナー言語を母語とする生徒で構成される。
・担任はドイツ語を母語とする教師とパートナー言語を母語とする教師の２名体制となる。「一人一言語」（one-person-one-language）の原則が守られ、教師はたとえパートナー言語の能力があっても自分の母語とする言語のみを使用する。
・ドイツ語およびパートナー言語は、授業言語であるだけでなく授業外の活動における出会いの言語（Begegungssprache）としても用いられる。ドイツではまだ半日制の学校も多いが、SESBは朝から夕方までの全日制の学校である。基礎学校では、午後はおもに教育担当者（Erzieher/in）が児童の世話に当たる。原則、これもドイツ語を母語とする者とパートナー言語を母語とする者の２名体制である。午後の活動は、給食の後、宿題、児童・生徒の興味をひくようなさまざまなアクティビティー（ゲーム、クッキング、コンピューター、工作など）など多岐にわたる。16時ごろ、各家庭から迎えがあるまで子供たちは２言語環境で過ごす。
・以前は就学前クラス（Vorklasse）に通うことを義務づけ、早期に２言語環境での教育を行っていたが、就学前クラスがなくなったことから、その役目は徐々にいわゆる保育園にあたるKindertagesstätte（Kita）が担う。

3.3　ベルリン州立ヨーロッパ学校の異文化理解教育

SESBは、さまざまな国籍・文化的背景を持つ生徒たちが彼らの第一言語とパートナー言語の２言語で授業を受けるだけでなく、当該言語の話される国や地域の生活や文化、思考方法、習慣などを学習・体験する場として位置づけられている。さらに、語種を超えたSESB全体での活動も頻繁に実施される。例えば2003/04年度に5年生・6年生を対象に実施された„Andere Länder – andere Sitten? Redewendungen in 10 Sprachen“（違った国－違った習慣？ 10言語でのことわざ）では、ドイツ語とパートナー言語合わせて10言語について動物・昆虫関連のことわざが集められた。SESBの14の基礎学校が参加し、その成果は2004年の「ヨーロッパ週間」で展示され、このテーマで2005年のSESBのカレンダーが作成されている（Fischer & Schumacher 2005）。毎年5月の「ヨーロッパの日」に、“Grand Prix de la Petite Chanson”が開催され、各学校がパートナー言語で歌やダンス、演劇などを披露する。また、2016年3月には「女子サッカートーナメント」が開催された。このように語種を超えた活動も重視されていることは、SESBが2言語の出会いの学校（bilinguale Begegnungsschule）としてだけでなく、文化横断的な出会いの学校（kulturübergreifende Begegnungsschule）としても紹介されることに表れている。

授業では当該言語文化に特徴的な内容として、文学、芸術、あるいは年中行事や日常生活がテーマとして扱われる。パートナー言語の文化を自分の出身言語・文化と同等に価値あるものと位置づけ尊重する態度の養成がつねに目指されている。SESBの教育目標がバイリンガル教育だけでなく異文化間教育でもあることは、そのモットーである「お互いから、お互いのために、お互いに学び合う」（voneinander – füreinander – miteinander lernen）にも表現されていると言えよう。SESBはバイリンガル教育の学校として注目されることが多いが、ヨーロッパ的次元での異文化間交流の場としても位置づけられる。常設文部大臣会議の2008年5月の文書「学校教育におけるヨーロッパの形成」（Europabildung in der Schule）に対応する形で、SESBがどのようにそれを実現しているかについてメルキッシュ・ヨーロッパ学校を例として示した報告書に詳しく述べられているが（Schumacher 2009）、パートナー言語の国の学校との交流やそれ以外の言語圏の学校との交流など多彩な活動が行われている。筆者が体験した午後の活動Journée atelierは、ドイツ語を母語とする教育担当者とフランス語を母語とする担当者の双方の指導のもとに、例えば、コンピューター、料理、仮面作り、ハロウィンの飾りつけ、ゲームなどさまざまな活動をとおして、生徒たちが言語的にも文化的にも直接触れ合う場であった。このように、多様な国や地域を出自とする生徒同士の自然な交流や自分の母語あるいはパートナー言語を話す先生方との交流によって、生徒たちは高度な言語能力を身につけ

Andere Länder andere Sitten

女子サッカートーナメント
（メルキッシュ・ヨーロッパ学校ホームページより）

ると同時に自分とは異なった行動様式や思考のパターンを自然な形で受け入れる異文化能力も培っていくことが目指されている。

2003年10月および2013年2月に訪問した上述のメルキッシュ・ヨーロッパ学校は、ベルリン州ライニッケンドルフ地区にある。ここは以前フランス占領地区であり、そのためフランス語を授業言語とする学校もあったことからSESBの中でも最初にフランス語をパートナー言語とする学校がつくられた。歴史的な経緯からもこの学校に通う児童・生徒の両親や祖父母の出身国は非常に多様で、フランスの他、アフガニスタン、アルジェリア、アンゴラ、ベルギー、ボリビア、ブルガリア、ブルキナファソ、中国、ドイツ、ガボン、イギリス、ギニア、イラン、カメルーン、カナダ、コンゴなど、学校のホームページでは35以上の国名が掲載されている。2003年の1回目の訪問の際に、午後のプログラムを案内してくれたチュニジア出身の5年生の女子生徒は、当時、7年前からドイツに滞在し、家庭ではチュニジアの現地語を話し、学校ではフランス語とドイツ語を授業の言語として使い、さらに英語を学習している。したがって、彼女は日常生活の中で4つの言語文化と関わっていることになる。

（メルキッシュ・ヨーロッパ学校ホームページより）

3.4　ベルリン州立ヨーロッパ学校の生徒たちの言語体験

SESBの生徒たちが自分の言語体験を意識化してもらう目的で、2016年11月に、フランス語をパートナー言語とするメルキッシュ・ヨーロッパ学校とイタリア語をパートナー言語とするフィノウ・ヨーロッパ学校の生徒に言語ポートレート「私と私の言語」を作成してもらった。どの生徒のポートレートからも、言語体験が実に豊かであることが分かる。ある生徒は、言語が別々に存在しているのではなく、「ミックスしていると感じる」と記している。以下にいくつかのポートレートを紹介するが、生徒のコメントのドイツ語とフランス語部分に和訳を添える[12]。

12　人物を自由に描くことができる元の人間の形は、ヘッセン州小学生用の言語ポートフォリオに使用されているもので、杉谷（2007）による。

言語ポートレート：私と私の言語

<table>
<tr><td colspan="2">パートナー言語がフランス語</td></tr>
<tr><td>
</td>
<td>
</td></tr>
<tr><td>私は次のような英語を話すことができます。私はフランス語を書いているので分かるように、フランス語を話すことができます。ドイツ語も話すことができます。例えば「あなた格好いいね」。加えて、Bagante語を話すこともできます。</td>
<td>ママとはドイツ語で話し、友達とはフランス語で話します。パパとはBasa語で話します。英語はいくつかの単語ができます。</td></tr>
<tr><td colspan="2">パートナー言語がイタリア語</td></tr>
<tr><td>
</td>
<td>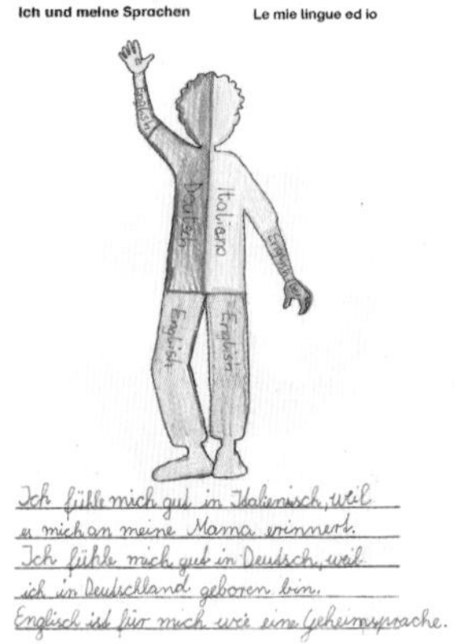
</td></tr>
<tr><td>体の中にドイツ語とイタリア語がミックスしているように感じているので、体を赤と緑にしました。耳を黄色にしたのはスペイン語が少ししかできないから、片手を青色にしたのは英語がまだほんの少ししかできないからです。</td>
<td>イタリア語はママを思い出させるので、心地よいと感じます。ドイツで生まれたのでドイツ語も心地よいです。英語は自分にとって秘密の言葉のようなものです。</td></tr>
</table>

図2　SESBの児童の言語ポートレート例

複言語・複文化能力とは「コミュニケーションのために複数の言語を用いて異文化間の交流に参加できる能力のことをいい、一人ひとりが社会的存在として複数の言語に、全て同じようにとは言わないまでも、習熟し、複数の文化での体験を有する状態をいう」（吉島・大橋 2004: 182)。生徒たちの言語・文化体験はSESBの文化横断的な活動をとおして広がり、言語使用上のスキルsavoir-faireとともに言語と文化に対する豊かな姿勢・態度savoir-êtreの育成が目指されている。

3.5 ベルリン州立ヨーロッパ学校の教育の成果

SESBは言語スキルの養成から見るとバイリンガル教育である。バイリンガリズムは一般的には2言語を同じようにうまく操る人を指していることが多い。確かに、言語知識の観点から「2言語間において等しい知識」を持っていると定義する場合もあれば、言語使用の観点から「もう一つの言語で、意味のある完全な発話ができる段階から始まる」と考える場合もある。第二言語についての完璧な知識を持つバイリンガルから、„Guten Morgen.“が言えれば最小限のバイリンガルとする考え方には大きな開きがある（詳しくはJohnson & Johnson 1999, 岡秀夫監訳41-49)。両言語とも同程度に理想的な言語知識を持ち運用ができる人は少ないだろうから、実際は「完璧な」第二言語使用者と「最小限」の第二言語使用者のどこかに位置する、ということになるのだろう。ベルリンで暮らす移民を背景に持つ児童・生徒の場合には、ドイツ語だけでなく母語の発達も遅れて、二つの言語ともに年齢相応には身につけていない状況が問題になっているが、ドイツでの生活の中で、出身言語のインプットが少なくドイツ語だけの生活・学校教育になれば自然と出身言語の能力は低下するサブトラクティブ・バイリンガル（subtractive bilingualism）になる可能性が高い。

SESBで行われている双方向的バイリンガル教育（two-way bilingual education）あるいは双方向的イマージョン（two-way immersion）は、2言語ともに均整のとれた高いレベルの習得（balanced bilingual）を目指すバイリンガル教育である。「SESBの中心的な教育目標は、教科の成績に不利益にならずに、ドイツ語とパートナー言語の堪能なバイリンガルに教育することにある。〈中略〉理想的には、両方の言語について、その言語を共通語としている国で当該言語をL1としている同年代の話し手のレベルに等しい能力に近いものである。それは日常会話の能力だけでなく、学校教育におけるアカデミックな言語能力についても同様である」（Möller et al. 2017: 95, 筆者訳)。上述のサブトラクティブ・バイリンガルに対して、ドイツ語もパートナー言語も家庭や社会で重要と認知され習得のサポートを受けることにより、双方の言語能力が発達するアディティブ・バイリンガル（additive bilingual）と呼ぶことができるだろうか。また、目指されているのは、Cummins（1980）の“Basic Interpersonal Communicative Skills”（BICS）にとどまらず、“Cognitive/Academic Language Proficiency”（CALP）ということになる（Zydatiß 1997: 68-69)。

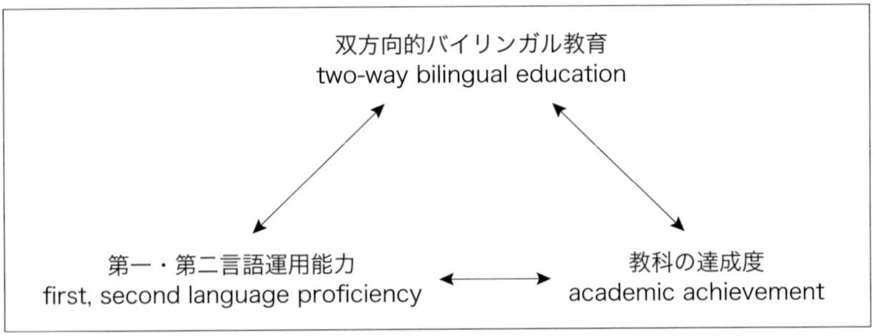

図 3　言語運用能力と教科の達成度の相互作用（Zydatiß 1997: 65 を基に一部変更し作成）

SESBにおける双方向的バイリンガル教育では、図3で示したように言語運用能力と教科の学習の達成度とが相互に関係していると仮定される。2言語使用による負担が教科の学習にどのような影響を与えるのか、言語の習得に対する影響はどうかなど、SESBの教育効果を検証する必要があった。

SESBにおいては、2つの言語についてそれぞれを母語とする生徒数を原則同じとすること[13]、また教師もそれぞれの言語を母語とする複数体制とすること、ドイツ語とパートナー言語で行われる授業時間数が原則同じであること、午後の活動においても2つの言語の使用が前提になっていることなどから、理想的な形での双方向的バイリンガル教育が実施されていると言える。こうしたSESBの教育が言語の習得の度合いや科目の学習到達度についてどの程度成功しているかについて、Peter Doyéが1996年・1997年に行った聴解力に関する定量的な調査[14]があるだけ

13　今回の調査の結果、SESB ではバイリンガル環境で育った生徒が少なくないことが分かったことから、この原則を今後見直す必要性が示された（Möller et al. 2017: 306)。

14　この調査については、安井（2003: 26-27）に概要と結果がまとめられている。パートナー言語を母語とする生徒のドイツ語聴解力の方が、ドイツ語を母語とする生徒のそれぞれのパートナー言語の聴解能力よりも高い傾向が示されたとある。

で、体系的な調査は行われてこなかった。

こうした状況の中で、EUROPA-Studieは、長年必要とされてきたSESBの教育成果についての調査である。2014年から2016年の3年間にわたる調査の分析結果の一部が*Erfolgreich integrieren – die Staatliche Europa-Schule Berlin*（Möller et al. 2017）として発表された。質問紙とテストによって、生徒たちの言語・文化的背景や学業、異文化に対する態度、文化的・社会的背景の異なる生徒間のインターアクションなどを普通学校のモノリンガルの生徒およびこれまでのベルリン州の試験や国際試験と比較した調査である。分析の結果、SESBの生徒の6人中5人が移民を背景に持つこと、多くの生徒がバイリンガルの家庭環境で成長していることが分かった（Möller et al. 2017: 306）。基礎学校4年生および15歳生徒9年生のデータを分析した結果、2言語による教育という言語的負担にもかかわらず、ドイツ語の読解力は普通学校の生徒に引けを取らないこと、数学および自然科学科目の成績も同程度であったこと、特記すべきこととしては、英語の成績が普通学校に比べて格段に良かったことが報告されている。「双方向のイマージョン教育が、さらなる外国語の習得を促進する土台となっている」（Möller et al. 2017: 307）。ベルリンの普通学校では原則3年生から英語が導入されるのに対して、SESBでは5年生から学習することを考えても、複数言語の習得が次の言語の学習にとってプラスに働くことが実証的に示されたと言える。また、SESBの生徒は社会的な平等性や多様な文化に対してよりオープンな態度を示し、マジョリティー文化への同化の考えは低い（Möller et al. 2017: 310）という結果となった。こうしたことからベルリン州教育省の当時の大臣Sandra ScheeresはSESBを「成功モデル」と語っている（Berliner Morgenpost 2016年12月1日付）。将来的にはベトナム語やアラブ語等、ヨーロッパ以外の言語をパートナー言語とする学校の設立も検討するとし、それは、多様な文化を尊重するヨーロッパの根本思想に合致するものだと述べている。

3.6　まとめにかえて

SESBの生徒の言語ポートレートを見ると、生徒一人ひとりの多様な言語・文化体験が固有のアイデンティティを形成し、豊かな複言語・複文化へと発展している様子がうかがえる。EUROPA-Studieによって、複数外国語の習得と多様な文化との関わりが、言語使用上のスキルの養成（savoir-faire）にとっても異文化に対する開かれた態度の育成（savoir-être）にとっても、また、新しい言語の学習能力（savoir-apprendre）にとってもよいことが示されたことは、日本の功利的な英語偏重の外国語教育に対して示唆するところが多い。

ヨーロッパの言語文化事情と日本のそれとは異なる、という考えをよく耳にする。確かに外国語に日常的に接する機会は日本では少ないかもしれないが、誕生から家庭内言語、学校教育での言語、社会の中での言語と、日本にいる私たちの言語・文化体験は豊かになっているはずである。日本人学生の言語ポートレートの例（図4）はそれをよく示している。今後さらに多くの人々と出会い、彼らの言語文化と接することにより、ポートレートは多彩になり、そして徐々に統合され、この学生固有のコミュニケーション能力を作り上げるのだろう。

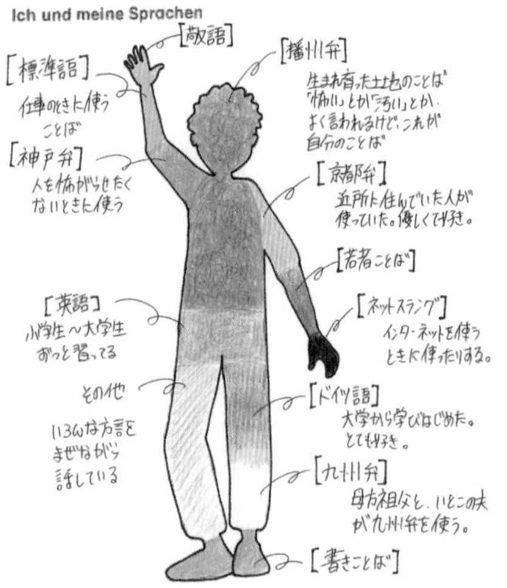

図４　日本人学生の言語ポートレート例

国の言語政策は、外国語の授業の現場にも一人ひとりの学習観にも大きな影響を与える。多くの言語・文化を体験する機会を奪ってしまうような言語政策は、結局は言語習得にも異文化に対する開かれた態度の育成にも、これからますます必要になる異文化間の問題解決能力の育成にもプラスには働かないだろう。何よりも一人ひとりの心が豊かにならない。深く長期的な視野に立った言語教育政策が望まれる。

最後に、SESBの現場の教師として、またベルリン州教育省のSESBコーディネーターとして、長年その発展に貢献してきたBirgit Schumacher氏の言葉を載せたい[15]。

Das Besondere des Modells «Staatliche Europa-Schule Berlin» (SESB) ist die Wertigkeit beider Sprachen und ihrer Kulturen, die den Unterricht inhaltlich bestimmen: die Erstsprache(n)[16] *und die Partnersprache. Beide Sprachen sind von Beginn an bis zum Abitur gleichwertig. Der Unterricht wird zu gleichen Teilen in der einen und anderen Sprache jeweils von muttersprachlichen Lehrkräften erteilt. Auf den Zeugnissen werden die mit der Sprache erworbenen Kompetenzen in allen Fächern ausgewiesen. Die Kinder und Jugendlichen entwickeln ihre Kompetenzen sowohl im sprachlichen als auch im kulturellen und interkulturellen Bereich. In den Bildern der Sprachenportfolios drücken die Schülerinnen und Schüler ihre aktuellen Einschätzungen ihrer unterschiedlichen sprachlichen und kulturellen Erfahrungen aus.*

Diese werden sich im Laufe der Zeit durch die Entwicklungen verändern. Auch das Modell der SESB entwickelt und ändert sich.

Die SESB, die es seit 25 Jahren gibt, ändert sich im Rahmen der allgemeinen Schulentwicklung und als Modell: In der Europa-Studie[17] *wurde festgestellt, dass es viele bilinguale Kinder in den Klassen gibt. Daraus ergab sich eine zukünftige Berücksichtigung bei der Aufnahme durch eine Drittelung in monolinguale Kinder mit Deutsch, monolinguale Kinder mit der nichtdeutschen Sprache und bilinguale Kinder. Die Studie wies auch nach, dass die SESB ein erfolgreiches Integrationsmodell mit „egalitären und multikulturellen Vorstellungen“*[18] *der Schülerinnen und Schüler ist.*

Die Nachfrage der Eltern ihre Kinder in eine SESB einzuschulen wächst vor allem bei den Sprachkombinationen Deutsch-Englisch, Deutsch-Französisch und Deutsch-Spanisch. Für Deutsch-Französisch gibt es bereits vier Standorte; die beiden Standorte für Deutsch-Spanisch werden 2018/2019 um einen neuen Standort erweitert; für Deutsch-Englisch wird der dritte Standort 2019/2020 an den Start gehen.

Einen wichtigen Entwicklungsbaustein in allen Standorten stellt das Programm zur Entfaltung der Europäischen Dimension dar. Die Schulen nutzen es als Instrument zur Schulentwicklung mit dem Ziel den Europagedanken zu entfalten.

Auch neue Formen der Kooperation werden in unterschiedlichsten Projekten weiter ausgebaut, wie z.B. dem deutsch-französischen Kulturfest aller deutsch-französischen Standorte oder dem "Projekt Sprachenbotschafter", bei dem am europäischen Tag der Sprachen Schülerinnen und Schüler der weiterführenden SESB-Standorte in Berliner Bibliotheken in Zusammenarbeit mit EUNIC[19] *Kurse in allen Sprachen der SESB für Grundschulkinder aus Regelschulen anbieten. Die Studie kommt zu dem Schluss, dass die SESB ein Erfolgsmodell ist, das einzigartig ist.*

Birgit Schumacher

Koordinatorin Staatliche Europa-Schule Berlin (Grundschule)

Inspektorin für die Europäischen Schulen (Kindergarten und Primarbereich)

---

15 Schumacher氏のメッセージは、2018年出版の泉水浩隆（編）『ことばを教える・ことばを学ぶ』に掲載する論文のために寄稿していただいたため、SESBに関する記述は当時のものとなる。

16 bei bilingualen Kindern（バイリンガルの生徒の場合には複数形：Erstsprachenとなる）

17 Bericht über eine dreijährige Evaluation der SESB（3年間にわたるSESBの評価についての報告書）

18 Möller et al. 2017: 310.

19 EUNIC: European Union of National Instituts of Culture（EU文化関連機関連合）

「ベルリン州立ヨーロッパ学校」（SESB）モデルの特別な点は、授業の内容を決定している第一言語とパートナー言語双方の言語と文化に対する価値づけにある。両言語ともに学校教育の最初からアビトゥアまで重要さにおいて同等に扱われ、授業の言語も同じ割合で、いずれも母語話者の教師によって教授される。成績表には、当該言語によって獲得された能力がすべての教科で証明される。児童・生徒は教育によって言語的、文化的および異文化的能力を発展させるが、彼らが言語ポートフォリオに描いた絵には、言語的・文化的な経験を自分たちがその時にどう評価しているかが表現されている。

こうした評価は、時間的なプロセスの中で、生徒らの能力が発展するにつれて変化していくのと同じように、SESBモデルも発展し変化している。

SESBは25年の歴史を経る中で、学校としての一般的な発展に伴う変化と同時にモデル校としても変化している。EUROPA-Studie（SESBの教育に関する調査）で分かったことは、多くのバイリンガルの子供たちがクラスに存在するということだ。したがって、今後は、学校への受け入れに際してはドイツ語のモノリンガルの子供とドイツ語以外の言語のモノリンガルの子供、バイリンガルの子供の3つのグループに分ける必要性が出てきた。さらにこの調査から、SESBは、生徒たちが「社会的平等と多文化の考え」を持った統合の成功モデルだということも示された。

SESBに子供を通わせたいという親の希望は、とくにドイツ語－英語、ドイツ語－フランス語、ドイツ語－スペイン語の言語コンビネーションについて大きくなっている。ドイツ語－フランス語のコンビネーションについては、すでに4つの基礎学校が存在し、ドイツ語－スペイン語のコンビネーションについては、2018/2019年度に現在の2校から3校に拡大される見込みである。ドイツ語－英語については、3校目が2019/2020年度に開校に向かう予定である。

SESBの発展の土台を支える礎石としてすべての学校で重要とされているのは、ヨーロッパ的次元を促進するためのプログラムである。これをどの学校も、ヨーロッパ的思考の進展を目指して、学校を発展させるための手段としている。

SESB間の協働関係を深めるための新しい形態も多種多様なプロジェクトによって広がりを見せている。例えば、ドイツ語－フランス語コンビネーションのすべての学校が参加する独仏文化祭や、欧州言語の日に中等教育段階の生徒たちが、普通学校の児童たちのために、SESBのすべての言語の講座をベルリンの図書館で提供する「言語大使プロジェクト」が挙げられる。これはEUNIC（EU文化関連機関連合）の協力で開催された。

こうして、EUROPA-StudieはSESBを比類なき成功モデルであると結論づけている。

ビルギット・シューマッハー
ベルリン州立ヨーロッパ学校コーディネーター（基礎学校）
「ヨーロッパ学校」審査官（幼稚園および初等教育分野）

謝辞

本論文が可能となったのは、2003年にベルリン州教育省が開催したTag der öffenen Türで知り合って以来、現在に至るまでSESBの情報や学校訪問、授業内での講演の機会を与えてくれたMonika Nörenberg氏（イタリア語をパートナー言語とするフィノウ・ヨーロッパ学校）、Birgit Schumacher氏（フランス語をパートナー言語とするメルキッシュ・ヨーロッパ学校）の両氏によるところが大きい。Schmacher氏は、ベルリン州教育省においてSESBのコーディネーター（初等教育部門）を務めるとともに、ブリュッセルを本部としEU加盟国が共同設立している「ヨーロッパ学校」（European Schools）の審査官も兼務している。SESBに関する最新の情報は氏によるところが大きい。この場を借りて両氏に心から感謝したい。

本論文を発表した2018年以降、2022年5月に、ベルリン州教育省が、*30 Jahre – Staatliche Europa-Schule Berlin*（『ベルリン州立ヨーロッパ学校30周年』）の記録集を出版した。筆者は、そこに祝辞を述べる機会を得た。2003年以来、SESBの発展を見てきた者として、この成功モデルを心から祝したい。

3　ベルリン州 Willkommensklasse にみる難民児童・生徒の教育

1　ドイツにおける難民の受入れ状況

難民の受入れに関しては、近年ではイギリスがEUを離脱する引き金になるなど、とりわけシリア内戦により2011年以降、非常に多くの人々が庇護を求めてヨーロッパを目指した。また、アフガニスタンでは民族間の内戦の長期化やアフガニスタン戦争、近年のアメリカ軍の撤退によるタリバンの支配などにより、多くの難民が欧州にも流れ込んでいる。第二次世界大戦のときのナチスによる迫害の歴史を背負うドイツは、難民の受入れにも積極的に対応している。日本経済新聞2022年3月17日付け朝刊によると、「2015年の欧州難民危機では総数600万人超のシリア難民のうち100万人以上が欧州に押し寄せた。」また、「2020年の難民認定件数でドイツが6万3456件、カナダが1万9596件に上る一方、日本は47件にとどまる。」以下のグラフは、2010年～2021年におけるドイツの難民申請件数（新規申請）を示している。とりわけ2016年はこれまでの最高の新規申請件数722,370を示し、その後ドイツの政策もあり、2017年は急激に減少しているものの、2021年には148,233件となっている。2020年はコロナ感染症の影響もあって減少したことが考えられるが、2021年は再び増加している。今後のウクライナ情勢の展開によっては新規申請件数のかなりの増加が考えられる。

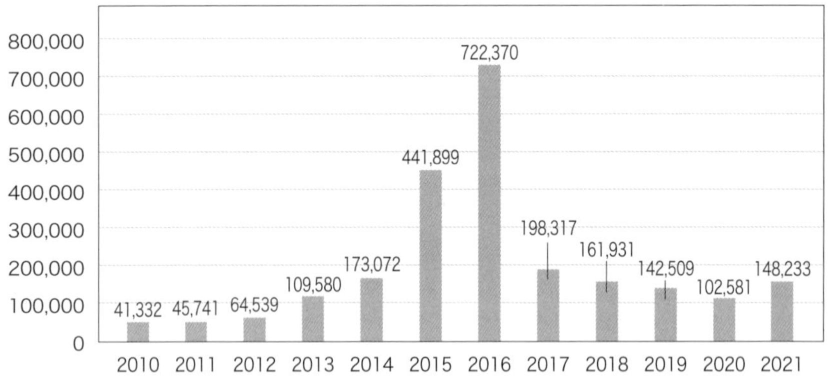

図１　ドイツの難民申請件数 2010-2021（Bundesamt für Migration und Flüchtlinge 2022 のデータを基に作成）

難民申請者の出身国の上位3か国は、2021年も2020年と同様にシリア、アフガニスタン、イラクで、この3か国が申請件数の63%余りを占めている（Bundesamt für Migration und Flüchtlinge 2022）。次の表は、OECDの加盟国の中で2020年に申請が行われた国の中で、もっとも件数が多い国3か国（アメリカ合衆国、ドイツ、フランス）の新規難民申請件数（2014年～2020年）を示したものである。

表1　新規難民申請件数（2014-2020）：アメリカ合衆国、ドイツ、フランス

国名	2014年-17年平均	2018年	2019年	2020年
アメリカ合衆国	214,572	254,300	301,070	250,940
ドイツ[1]	396,286	161,930	142,510	102,580
フランス	72,818	126,580	138,290	81,790

OECD International Migration Outlook 2021を基に作成

2014年～17年の年平均を見ると、OECD加盟国の中でドイツが最大の件数、また、2018年～2020年においてはアメリカ合衆国に次いで新規申請件数が多かった。

申請者の年齢を見ると以下のグラフのように、30歳未満で全体の77%余りを占めている。学習および就職にとって重要な時期であることから、ドイツ語の能力、とりわけ授業言語としてのドイツ語の習得が大切になる。年齢が上がるにつれて、言語習得が難しくなることから、第一言語も第二言語としてのドイツ語も十分に発達していない状況（doppelte Halbsprachigkeit）が懸念される。

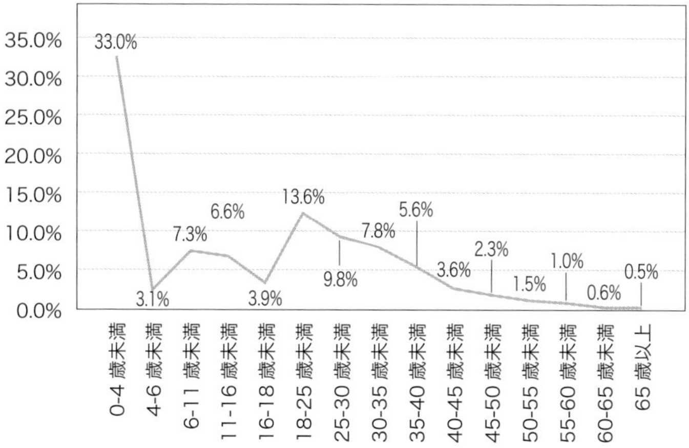

図2　2020年 ドイツの難民申請者の年齢（Bundesamt für Migration und Flüchtlinge 2020のデータを基に作成）

1　ドイツの難民申請件数（2020年）が図1と比較して1件差があるが、参照資料のとおりに表す。

2　ベルリン州 Willkommensklasseにみる難民児童・生徒の教育

上記のように、庇護を求める人が増えたドイツのベルリン州で、教育関連ではどのような対応を行っているかについて、2020年9月および11月に公表されたデータを基に以下にまとめる。これは、ベルリン州教育・青少年・家族省（以下、ベルリン州教育省）の委託を受けて、「ライプニッツ教育関連研究・情報研究所」（DIPF：Leibniz-Institut für Bildungsforschung und Bildungsinformation）が、2018年11月に開始した調査を„WiKo-Studie“としてまとめたものである（DIPF 2020a, b）。

ドイツの教育法では、難民申請（庇護申請）が認められるかどうかにかかわらず、子供たちには外国籍であっても、義務教育が課せられているため、迅速で柔軟性のある対応が求められる。新たにドイツに移り住んできた児童・生徒、若者の教育は各州の管轄となり、ベルリン州では、「ウエルカム・クラス：Willkommensklasse」でドイツ語が十分でない児童・生徒を受け入れている。移民を背景とする人々のドイツ語能力の育成に焦点をあてた取り組みは、ベルリン州ではすでに1990年代からさまざまな名称で行われてきた。2011/12年度からは「新規参入者のための学習グループ：Lerngruppen für Neuzugänge」、2012/13年度からは「ドイツ語力のない新規参入者のための学習グループ：Lerngruppen für Neuzugänge ohne Deutschkenntnisse」の名称で運営されてきたが、年々増え続ける需要に対応するために、2015/16年度から「ウエルカム・クラス：Willkommensklasse、以下WiKo」の名称で運営されている（DIPF 2020b: 1）。WiKoの目的は、可能な限り、1年以内に普通クラス（Regelklasse）に参加できるようにドイツ語能力を育成することにある。日本はほぼみなが小学校・中学校・高等学校へと進む単線型の教育システムであるが、ドイツは生徒の資質・希望や保護者の希望により、将来に向けた多様な可能性が提供されている複線型の教育システムである。加えて、文教政策は各州の管轄になるため、初等教育・中等教育段階における学校タイプも州によって異なる場合がある。ベルリン州・ブランデンブルク州では、初等教育段階である基礎学校（Grundschule）の年数が6年間となり、4年間である他の州と異なっている。両州では、現在、基幹学校（Hauptschule）、実科学校（Realschule）、総合制学校（Gesamtschule）を統合した統合中等教育学校（Integrierte Sekundarschule：以下、ISS）が設置されている。職業教育については、10学年修了後に上級校センター（Oberstufenzentrum：以下、OSZ）で、従来のデュアルシステム（Dualsystem）

を利用して学校で理論を学びながら企業などで職業訓練を受けたり、あるいは大学入学のための資格（Fachabitur, Abitur）を得るための教育を受けることができる[2]。大学などで高等教育を受けるための前提となる学校タイプは、他の州と同様に、原則ギムナジウムである。

ベルリン州に設置されているWiKoと、そこに通う生徒数をまとめたものが以下の表である。2018年11月段階でのデータであるが、327校の573クラスで、6,276人の児童・生徒が、ドイツ語力の養成を中心として学んでいる。

表2　WiKoの生徒数・クラス数・学校数（2018年11月）

学校タイプ	生徒数	クラス数	学校数
基礎学校	2,586	248	169
統合中等教育学校	1,405	126	61
ギムナジウム	768	68	38
上級校センター	1,153	97	42
特別支援学校	209	20	6
私立学校	155	14	11
合計	6,276	573	327

DIPF 2020a: 1　表1を基に作成

DIPF（2020）の調査によると、WiKoを提供している327校の約半数の学校では開講クラス数は1クラスで、2クラス開講している学校は全体の36%、3～5クラス開講が13%、6クラス開講している学校と8クラス開講している学校がそれぞれ1校であった。1クラスの平均生徒数は10.7人である。初等教育、中等教育のWiKoに通う生徒が多いが、将来ドイツで生活の基盤を得るために職業訓練機関である上級校センターに通う生徒も多い。同一クラスの中でも生徒たちの出身国が異なり、言語や文化、年齢が多様であることに加えて、学校教育歴や家庭環境もさまざまである。また、WiKoに通う生徒たちの状況は複雑で、果たして難民（庇護）申請が認められるのか、いつまで現在の宿泊所にとどまることができるのかも分からない生徒が少なくない。加えて、祖国から逃れてくるときの悲惨な体験がトラウマになっている場合や両親と離れ離れの生徒もある。こうした環境の中で生徒を受け入れ授業を提供する学校管理者の負担も教育を担う教師の負担も大きく、生徒自

2　OSZについては次のサイトに詳しい情報が掲載されている：https://www.osz-berlin.online/（2022年8月30日確認）

身も学習に集中することが難しいと推測される。しかし、後に授業参観の様子について述べるが、さまざまな理由から授業欠席の回数も多いものの、上級学年の場合にはドイツ語学習の理由を自分の将来に結びつけて考えている生徒がほとんどである。

紙面の関係上、DIPFの調査結果を詳述することは難しいことから、調査が、主要な結果としてまとめている3点を以下に提示する。

1) WiKoの土台となっている諸条件も学校での活動や授業も、調査した観点の大部分において学校間の差が大きい。これは、カリキュラムや言語評価に関する指針(頻度、手段など)、継続的な学習記録や普通クラスへの移行などについての方針が不明確であることも少なからず影響している。したがって、方向性を示し推奨するガイドラインを提供することによって、WiKoの運営や意思決定の根拠についてより高い透明性を得ることができると考えられる。

2) WiKo調査で明らかになったもう一つの重要な知見は、教師と児童・生徒の双方が直面する課題が多岐にわたる点である。とりわけクラスの児童・生徒の－教師も含め－高い入れ替わり率、児童・生徒がいつまでWiKoにとどまるのかの見通しが不透明であること、彼らのばらばらな学習状況、多様な言語的・文化的背景、年齢や出身国・地域などの課題に加え、教育支援者やソーシャルワーカー、学校心理士の人的不足、児童・生徒のトラウマ体験への対応などである。多様な観点において同質ではない児童・生徒に対応するために、人材レベル（多職種連携などチームティーチングの実施)、教材レベル（言語･能力レベルに応じた教材や教科書など)、さらに個別支援や異質性に対応できる教師の資格など、さらなる支援策が必要である。

3) 学校管理者も教師も大多数が、WiKoを受け入れに適した形態であると考えているが、その評価は観点によって異なる。例えば、ドイツ語教育、ドイツの文化的価値観や規範、行動様式に関する教育、ドイツで生活に適応するための日常知識に関する教育などは、主に肯定的に評価されているが、普通クラスへの移行に必要な科目の知識、学校生活や社会へのインテグレーション、WiKoと普通クラスの児童･生徒の交流、トラウマ体験への対応については、控え目な評価にとどまっている。

WiKoから普通クラスへの移行後に問題を抱える場合が少なくない。調査では、普通クラスに適切についていくことができる児童・生徒の割合は、移行から6か月後で33.5%、1年半後では57.5%であった。4割余りが1年半後でもクラスで要求される課題などについていくことができないことが分かった。その一方で、移行1年半後に、全体平均で13.5%の児童・生徒が成績の良いグループに属している。移行後の学習がスムーズに進むために、また、児童・生徒間の交流にとっても、WiKoと普通クラスの合同授業を促進することが一つの鍵になるだろう。以下の表3ように、22%～37%の学校で、スポーツ、音楽、美術が全時間、合同授業で行われているが、いわゆる主要科目であるドイツ語、数学、英語についてはその割合が低い。

表3　科目別のWiKoと普通クラスとの合同授業（全校、%）

科目	はい：全時間	はい：比例配分	いいえ
ドイツ語	6.6	28.0	65.4
数学	9.2	42.2	48.6
英語	9.2	34.3	56.5
スポーツ	36.8	36.4	26.9
音楽	21.8	34.6	43.6
美術	23.6	33.5	42.9

DIPF 2020a: 8　表2を基に作成

3　Willkommensklasseの授業参観

以下では、筆者が2018年5月と2021年11月に参観した授業について報告する。

1)　学校名：Max-Taut-Schule（Fischerstraße 36, 10317 Berlin）
学校タイプ：上級校センター（Oberstufenzentrum）
訪問日時：2018年5月2日　8時30分～16時
参観したクラス：WiKoのドイツ語の読み書き入門（Alphabetisierungsklasse）
担当教師：Julia Schaaf（2015年から上級校センターでWiKoを担当）
学生の年齢：18歳～20歳（参観当日は女性2名、男性3名であった。）
学生の出身国：シリア、アフガニスタン

上級校センターには16歳以上の学生が学んでいるが、参観したWiKoでは18歳

～20歳の難民の学生たちが入門ドイツ語を学んでいた。彼らは、ドイツ語の授業以外に、職業に結びつく実践的な授業も受ける。この年齢で新しい言語を習得することは実際難しい。センターで2年間学習した後に、1年間の準備コースを経て、職業訓練を始めることができるが、3年後に、実習生（Auszubildende/r）となるためには、最低でもCEFRのB2のドイツ語能力が求められる。WiKoの学生たちは、さまざまな理由から授業の欠席も多く、中等教育修了証（der Mittlere Schulabschluss）など、何らかの修了証なしに、例えば飲食関係等で働き始める若者も少なくないようである。

マックス・タウト学校

上級校センター

WiKo の教師：Julia Schaaf & Kornelia Koch-Nespital

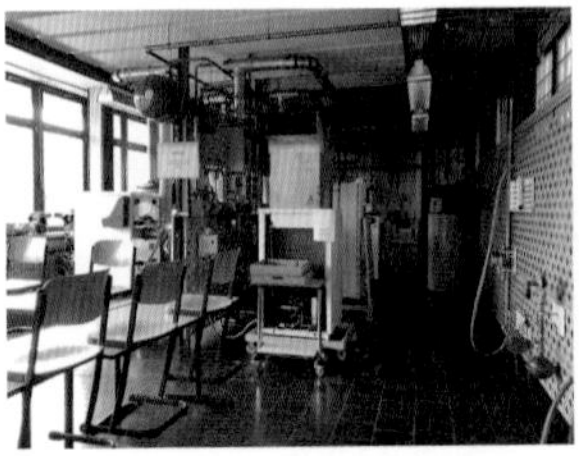

専門技術（液体ガス）の教室

専門技術（金属加工）の教室

校庭の太陽光発電

学生たちに、ドイツ語学習の目的について簡単に記述式で答えてもらった。回答を以下で紹介したい。

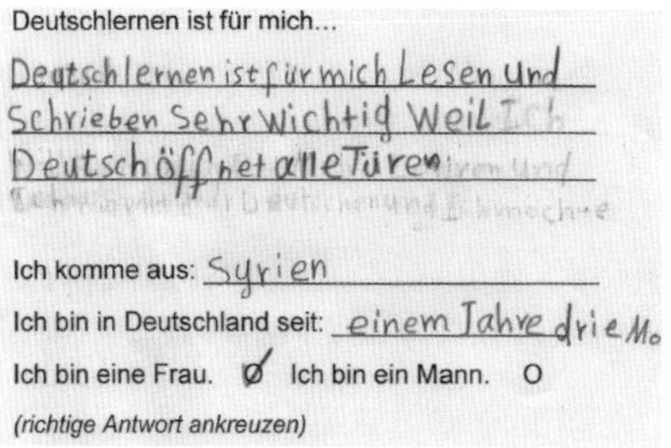

Deutschlernen ist für mich...

Deutschlernen ist für mich Lesen und Schrieben Sehr wichtig weil Ich Deutsch öffnet alle Türen

Ich komme aus: Syrien

Ich bin in Deutschland seit: einem Jahre drie Mo

Ich bin eine Frau. Ø Ich bin ein Mann. O

(richtige Antwort ankreuzen)

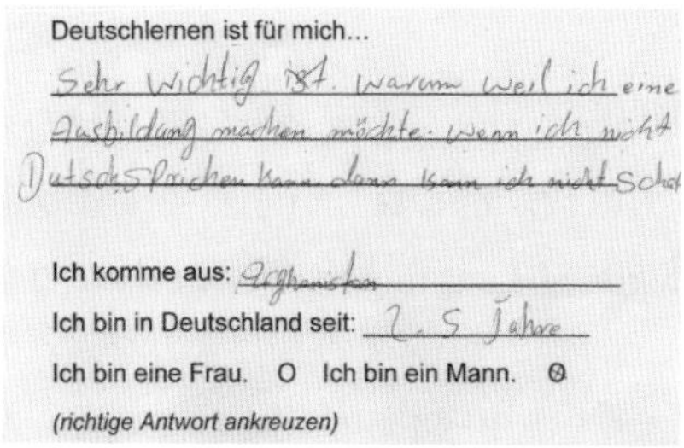

Deutschlernen ist für mich...

Sehr wichtig ist. warum weil ich eine Ausbildung machen möchte. wenn ich nicht Dutsch Sprichen kann dann kann ich nicht Schr

Ich komme aus:

Ich bin in Deutschland seit: 2. 5 Jahre

Ich bin eine Frau. O Ich bin ein Mann. ⊗

(richtige Antwort ankreuzen)

1年3か月前からドイツに滞在しているシリア出身の女性は、ドイツ語がすべてのことへのドアを開いてくれるからドイツ語の読み書きが重要だと考えている。また、アフガニスタン出身の男性は、2年半のドイツ滞在歴を持ち、職業訓練（Ausbildung）を受けたいので、ドイツ語がとても重要であること、ドイツ語を話せないと書くことができないと回答している。これらの例の他、大学で学びたいのでドイツ語が重要だと回答した、シリア出身で滞在歴1年2か月の女性もいた。滞在歴2年のアフガニスタン出身の男性は、仕事のためにドイツ語を読むこと話すことができなければならないこと、同様に滞在歴2年のシリア出身の男性は、ドイツ語の学習が仕事にとって重要であり、人々と話すために必要だと回答した。

このように上級校センターで学ぶ学生たちは、Wikoでのドイツ語能力の習得を自分の将来の仕事にとって重要と考えている。訪問したクラスで話したどの学生も朗らかで、担当教師のSchaaf氏ともよい関係を築いていることが分かった。自国を逃れてくる際の体験を乗り越えて、ドイツでしっかりとした将来を築いてほしい。

2） 学校名：Heide-Grundschule（Florian-Geyer-Straße 87, 12489 Berlin）
学校タイプ：基礎学校（Grundschule）
訪問日時：2021年11月4日　9時～12時30分
参観したクラス：WiKoの算数・図工・ドイツ語（CLIL）および普通クラス2年生のドイツ語授業
担当教師：Julia Schaaf
児童の年齢（WiKo）：6歳～9歳（8人：女性6人、男性2人）
児童の出身国（WiKo）：トルコ、シリア、ブルガリア、アフガニスタン、ルー

マニア、エジプト

WiKoでは8名のクラスを2コマ分参観した。ドイツ語での自己紹介の他、1～20の数、足し算・引き算をドイツ語で学習するCLIL（Content and Language Integrated Learning）で実践されていた。Heide-Schuleは、言語教育（読書教育）とともに、メディア教育にも力を入れており、普通クラスでもWiKoでも、授業ではスマートボードが使用されていた。参観した図工の時間では、スマートボードに提示された映像を参考にドイツ語での指示に従って、折り紙で魚を作成する内容であった。

WiKoに関する調査結果で示されたことだが、基礎学校においてもクラス内の年齢差が大きい。また、出身国が多様であることから言語や文化も異なり、児童たちの協働学習を難しくしている可能性がある。また、授業中、落ち着きのない行動をする子供がいることは、自国を逃れる際のトラウマ的体験や、いつまで現在の住まいやこの学校にいることができるか不明であること、また、必ずしも難民認定されるとは限らないなど、複雑な状況が影響していると思われる。

ハイデ基礎学校

WiKo のクラス

図工の時間で作成された魚

参観した2年生の普通クラスには、WiKoでの学習を終えて移行した児童4名も属していた。WiKoから普通クラスへの移行については、児童が十分に知識を持っている科目や、体育などドイツ語がそれほど重要ではない科目から、普通クラスに移行することが考えられる。科目の学習とドイツ語能力を勘案して、たいていの場合は、実際の年齢よりも1学年程度、下の普通クラスに行くことが多い。参観したWiKoクラスでは、授業を担当している合計4人の先生方の協議の上で、最終的に学校長の判断で普通クラスへの移行が決定される。一年程度でWiKoから普通クラスへ移ることを目標としている。授業参観した普通クラスの生徒数は16人（女性9名、男性7名）であった。通常は22人であるが、コロナの影響で欠席が多かった。韻を踏む言葉をグループワークで発表し合う授業であった。学習が困難な児童には、教育支援者（Erzieher/in）がついて学習を補助していた。普通クラスに移行した後も、児童たちには週に1時間程度の第二言語としてのドイツ語の授業が提供されている。教科としての勉強内容が複雑になる3年生以降、授業言語（CALP）[3]としてのドイツ語がどれだけ身についたかが鍵になる。

この原稿を書いている最中に、Schaaf氏から、自身のクラスにウクライナからの戦争避難民の児童を受け入れたという連絡が届いた。また、ベルリン州教育省の担当者の計らいで入れていただいた、WiKoの教師のためのメーリングリストを通じて、連日、ウクライナの児童・生徒の受け入れのためのワークショップ情報やウクライナで教職に就いていた人々の支援に関する情報が届いている。日本でもウクライナ避難民の受け入れが始まっている。今後、児童・生徒の就学や日本語教育のあり方などが具体的に検討されることを願っている。

3　Cummins（1980）は、日常の生活場面で使用する際のコンテクストの支えがある場合の生活言語能力 BICS（Basic Interpersonal Communicative Skills）と、コンテクストに依存しない抽象的な思考など学校での教科の学習に必要な学習言語能力 CALP（Cognitive/Academic Language Proficiency）を区別している。CALP は「学業の成功の中心となる個人差要因」で、「年齢が上の学習者は L1 の CALP が発達しているため、若い学習者よりも L2 の CALP をより早く習得する」（1980: 185）としているが、WiKo で学ぶ難民の青年たちは、出身国で L1 における読み書き能力を十分に身につけていない場合も多く、中等教育修了証などを得ることが簡単ではない。

おわりに

イギリスが欧州連合からの離脱を決定する引き金となった難民の増大や移民を背景にする人々との共生というテーマは、日本においてはそれほど喫緊の課題ではない、と感じる人が多いかもしれない。しかし、OECD加盟国への年間の外国人移住者を集計したOECD国際移住データベースによると、すでに2015年に「有効なビザを保有し、日本に90日以上在留の外国人」は39万人で、5年で12万人増となり、1年間に移り住んだ外国人数で日本は加盟国中4位であったとの報道があった(西日本新聞朝刊2018年5月30日付)。日本政府が外国人労働者の受け入れ拡大を決め、今後、永住や家族の呼び寄せも可能になれば、外国籍の人々との共生は日本でも重要な課題となるだろう。教育現場にも異文化を背景とした児童、生徒、学生が増えると思われる。ベルリン州と同様に、日本においても日本人の人口は減っているが、外国籍の人々の人口は増え続けている。2015年の数値と2020年の数値を比較すると、日本人の人口が178万3千人減少（1.4%減）する一方で、外国籍の人は83万5千人増加（43.6%増）している。日本の総人口に占める外国籍の人の割合は2015年の1.5%から2.2%に上昇している(総務省統計局 2022)。経済のグローバル化の進展に加えて、2022年2月に始まったロシアのウクライナ侵攻に象徴されるような難民・避難民の増大は、日本における外国籍の人々の増加傾向を今後も加速すると思われる。こうした状況を背景として、外国語教育・ドイツ語教育においては、目標言語のスキルの習得と同時に、CEFRの理念である複言語・複文化の育成を考える必要があるだろう。できるだけ早い段階から多様な言語と文化を体験し、異文化を背景とする人々との共生を自分ごとと考えることができるような言語政策が重要である。

本章の最後に、日本の松山大学で3年間、ドイツ語教師として教鞭を執った後、ベルリンのWiKoで長年、ドイツ語教育に取り組んでいるDr. Julia Schaaf氏に、日本のドイツ語教育の今後について、メッセージをお願いした。論文の中で述べたように、Schaaf氏には、2018年および2021年に、氏が教える上級校センターと基礎学校でWiKoの授業参観をさせていただいた。

Deutsch lernen in Japan – Wieso es sich auch heute lohnt!

Studierende in Japan kommen aus den verschiedensten Gründen zum Deutschlernen: Vielleicht aus historischen Gründen (die Medizin-StudentInnen[3] und die Pharmaziestudent*innen), wegen der Nähe zur englischen Sprache (die Anglist_innen), um in der Sprache zu kommunizieren oder vielleicht einmal in ein Deutschsprachiges Land zu reisen (die Soziologinnen und Soziologen) oder auch (die BWLer:innen und VWLer/innen) wegen der wirtschaftlichen Bedeutung von Deutschland in der Mitte von Europa und als bevölkerungsreichstes Land in der EU. Oder man kommt einfach so in den Deutschkurs, ohne lange darüber nachgedacht zu haben und ohne bestimmte Vorkenntnisse und Erwartungen. Was kann man heute auch davon erwarten, in einem oder zwei Jahren über die deutsche Sprache und Deutschland (bzw. die deutschsprachigen Länder – die so genannten DACHL-Länder: Deutschland, Österreich, die Schweiz und Lichtenstein) zu lernen? Was sollte man in dieser Zeit im Deutschunterricht lernen? Was wäre nachhaltig oder relevant für das spätere Leben? Im Bereich der Sprachbildung sollte, anstatt den Schwerpunkt auf die Grammatik zu setzen, ein Sprachbewusstsein gefördert werden: Was sagt man in bestimmten Situationen in der Sprache und warum? Wie könnte man japanische Wörter wie „itadakimasu" oder „natsukashii" erklären, wenn es keine direkte Übersetzung auf Deutsch dafür gibt? Oder welches Konzept steckt hinter dem deutschen Wort der Gemütlichkeit?

Aktuelles Thema im sprachlichen Bereich sind die Diskussionen um eine gendergerechte Sprache. Man spricht oder schreibt: „Liebe Bürgerinnen und Bürger / Schülerinnen und Schüler". Inzwischen hört man auch öfter „BürgerInnen / SchülerInnen" mit einer kurzen Pause vor „Innen" bei PolitikerInnen und JournalistInnen. Wenn man Männer UND Frauen meint, wird das bisher übliche generische Maskulinum weniger verwendet. Wie sieht es in der japanischen Sprache aus? Gesellschaftliche Aspekte wie die inzwischen in offiziellen Formularen üblichen Geschlechtsbezeichnungen von männlich, weiblich und divers könnten auch die Studierenden zur Diskussion anregen.

Ein ebenfalls diskussionswürdiges Thema ist das der kulturellen Aneignung: Ist es okay, sich zum Kölner Karneval als Indianer zu verkleiden? Wie ist es, wenn man sich in Japan oder Deutschland als Nicht-Japanerin einen Kimono anzieht? Im gesellschaftlichen Bereich könnte der Umgang mit Menschen, die anders sind, ein Thema für den Deutschunterricht sein. Sowohl beim Schulunterricht – Inklusion von Menschen mit und ohne Behinderung, aber auch beim Lernen von Schülerinnen und Schülern nicht deutscher Herkunftssprache in so genannten Willkommensklassen (im Land Berlin). In anderen Bundesländern heißen diese Klassen Vorbereitungsklassen, Sprachlernklassen usw., was sehr schön die Länderzuständigkeit der schulischen Bildung zeigt. Gerade dieses Thema, wie Kinder, die (noch) kein Deutsch sprechen, möglichst schnell und gut in das deutsche Bildungssystem integriert werden können, ist vor dem Hintergrund der aktuell zahlreichen Kriegsflüchtlinge aus der Ukraine eine im schulischen Kontext relevante Frage.

Wie würde man in Japan mit einer solchen Situation umgehen? Diese wenigen Fragen zeigen, dass es zahlreiche Ansatzpunkte für die Auseinandersetzung mit gesellschaftlich relevanten Aspekten gibt und der Deutschunterricht in Japan viel mehr sein kann als nur Deutschlernen.

Julia Christine Schaaf

---

3 Es werden im Folgenden verschiedene Formen geschlechtergerechter Personenbezeichnungen verwendet, um die Vielzahl an Möglichkeiten vorzustellen.

日本でドイツ語を学ぶこと－それが今でも価値がある理由とは！

日本の大学生はさまざまな理由からドイツ語を学び始めます。歴史的な理由（医学部学生や薬学部学生）や英語に近いからという理由（英語英文学専攻学生）、ドイツ語でコミュニケーションをとりたい、あるいはいつかドイツ語圏に旅行したいから（社会学専攻学生）、ヨーロッパの中心でありEUでもっとも人口の多いドイツの経済的重要性から（経営・経済学専攻学生）など。あるいは、何も考えず、何の予備知識も期待もなく、ただドイツ語講座に来る人もいるでしょう。1年や2年でドイツ語やドイツ（あるいはドイツ語圏の国、いわゆるDACHL諸国：ドイツ、オーストリア、スイス、リヒテンシュタイン）について何を学ぶことができるのでしょうか？ドイツ語の授業では何を学べばいいのでしょうか？何が持続可能で、何がその後の人生にとって重要なのでしょうか？言語教育では、文法に力点を置くのではなく、言語に対する意識を育成する必要があります。例えば、ある特定の場面でどのような言葉を使うのか、その理由は何か？日本語の「いただきます」や「なつかしい」のように、ドイツ語に直訳できない表現はどのように説明したらよいのでしょうか？あるいは、ドイツ語のGemütlichkeitに込められた概念は何なのでしょうか？

言語の分野で現在話題になっているのは、性中立的言語に関する議論です。Liebe Bürgerinnen und Bürger / Schülerinnen und Schülerと話したり、書いたりします。あるいは、政治家やジャーナリストが、“Innen”の前に短い間を置いて“BürgerInnen / SchülerInnen”と表現することもよく耳にするようになりました。男性および女性の両方を指す場合、以前は一般的だった男性名詞はあまり使われなくなりました。日本語ではどうでしょうか？また、公的な書式では、「男性、女性、多様」といった性別の表記が一般的になっているなど、社会的な観点も、学生たちに議論を促すことができるかもしれません。

同様に議論に値するテーマとしては、文化的盗用があります。ケルンのカーニバルでアメリカ・インディアンの格好をするのは良いのでしょうか？日本やドイツで、日本人ではないのに着物を着るのはどうでしょうか？社会的な面では、異なった人たちとの関わり方がドイツ語の授業のテーマになるかもしれません。学校教育の場合でも障害のある人ない人のインクルージョン、ウエルカム・クラス（ベルリン州）におけるドイツ語を出身言語としない生徒たちの学習の場合でも。ウエルカム・クラスは他の連邦州では準備クラス、言語学習クラスなどと呼ばれており、これは学校教育に関することは各州の管轄であることを非常によく表しています。ドイツ語を（まだ）話せない子供たちが、いかにして、できるだけ早くうまくドイツの教育システムに溶け込むことができるかというテーマは、現在ウクライナから大量の戦争難民が発生していることを背景に、学校の文脈では重要な問いと言えます。

日本がこのような状況になった場合、どのように対応するのでしょうか？今挙げたいくつかのテーマは、社会的に重要な観点について考えるための多くのアプローチがあること、そして日本におけるドイツ語の授業は、単にドイツ語を学ぶこと以上でありえることを示しています。

ユリア・クリスティネ・シャーフ

★本文章では、人を表す際に、さまざまな性中立的なドイツ語の表記方法があることを示すために、多様な異なる形式を使用しています。

参考文献

Abgeordnetenhaus Berlin（2019）: Drucksache 16/3575 vom 22.10.2010 „Mitteilung–zur Kenntnisnahme–Staatliche Europa-Schule Berlin–bewährten Schulversuch abschließen und Europaschulzentren schaffen!“.

Amt für Statistik Berlin-Brandenburg（2022）: Einwohnerbestand in Berlin - Grunddaten 2021, 2. Halbjahr. https://www.statistik-berlin-brandenburg.de/a-i-5-hj（2022 年 9 月 7 日確認）.

Berliner Morgenpost（31.12.2013）: So bunt sind Berlins Kieze: Migranten machen den Mauerverlauf sichtbar. https://interaktiv.morgenpost.de/migranten-in-berlin/#11/52.5000/13.3200（2022 年 9 月 8 日確認）.

Berliner Morgenpost（1.12.2016）:„Europa-Schulen sind ein Erfolgsmodell; Berlin kann Europa. Studie lobt Leistungen der bilingualen Schulen“.

Berlin Partner Business Location Center（2021）: Demografische Daten zu Berlin.

Bundesamt für Migration und Flüchtlinge Aktuelle Zahlen:

Ausgabe: Dezember 2020 https://www.bamf.de/SharedDocs/Anlagen/DE/Statistik/AsylinZahlen/aktuelle-zahlen-dezember-2020.pdf?__blob=publicationFile&v=5（2022 年 9 月 14 日確認）

Ausgabe: Januar 2022 https://www.bamf.de/SharedDocs/Anlagen/DE/Statistik/AsylinZahlen/aktuelle-zahlen-januar-2022.pdf?__blob=publicationFile&v=4（2022 年 9 月 14 日確認）

Council of Europe（2001）: *Common European Framework of Reference for Languages: Learning, teaching, assessment*. Cambridge: Cambridge University Press.（吉島茂、大橋理枝（訳）（2004）:『外国語の学習、教授、評価のためのヨーロッパ共通参照枠（外国語教育 II）』朝日出版社.）

Council of Europe Language Policy Portal: http://www.coe.int/t/dg4/linguistic/cadre1_en.asp（2017 年 8 月 23 日確認）.

Cummins, Jim（1980）: The Cross-Lingual Dimensions of Language Proficiency: Implications for Bilingual Education and the Optimal Age Issue. TESOL Quarterly 14（2）, 175-187.

Der Tagesspiegel（27.2.2020）: 35 Prozent der Berliner haben Migrationshintergrund. https://www.tagesspiegel.de/berlin/neue-zahlen-zu-bevoelkerung-in-berlin-35-prozent-der-berliner-haben-migrationshintergrund/25589402.html（2022 年 9 月 7 日確認）.

DIPF（Leibniz-Institut für Bildungsforschung und Bildungsinformation）（2020a）: Wiko-Studie – Zusammenfassung zentraler Befunde aus der wissenschaftlichen Evaluation der Berliner Willkommensklasse.

DIPF（Leibniz-Institut für Bildungsforschung und Bildungsinformation）（2020b）: WiKo-Studie – Evaluation der Willkommensklassen in Berlin. Abschlussbericht.

European Union（14.9.2000）: *Beschluss Nr. 1934/2000/EG des Europäischen Parlaments und des Rates vom 17. Juli 2000 über das Europäische Jahr der Sprachen 2001*.

European Union（1995）: *Weißbuch zur allgemeinen und beruflichen Bildung. Lehren und Lernen*.

European Union EU Motto: https://european-union.europa.eu/principles-countries-history/symbols/eu-motto_en（2022 年 9 月 14 日確認）

Finow-Grundschule（SESB）: https://www.finow-gs.de/?page_id=437（2022 年 9 月 14 日確認）

Fischer, Anne & Schumacher, Birgit（Hg.）（2005）: Andere Sprachen – andere Sitten? Redewendungen in 10 Sprachen. Berlin: Lisum.

Giles, Howard; Bourhis, Richard Y. & Taylor, Donald M.（1977）: Towards a theory of language in ethnic group relations. In: Giles, Howard（Ed.）: *Language, Ethnicity and Intergroup Relations*. London: Academic Press, 307-348.

Heide-Grundschule: https://heide-grundschule.de/（2022 年 9 月 8 日確認）.

Johnson, Keith & Johnson, Helen（1999）: *Encyclopedic Dictionary of Applied Linguistics: A Handbook for Language Teaching*. Oxford: Blackwell Publishers（岡秀夫（監訳）（2007）:『外国語教育学大辞典』大修館書店.）

Märkische Grundschule（SESB）: http://www.staatliche-europa-schule.de/seite/110835/ konzept-sesb.html（2017 年 8 月 29 日アクセス）.

Max-Taut-Schule: https://www.max-taut-schule.de/（2022 年 9 月 8 日確認）.

Möller, Jens; Hohenstein, Friederike; Fleckenstein, Johanna; Köller, Olaf & Baumert, Jürgen（Hg.）（2017）: *Erfolgreich integrieren – die Staatliche Europa-Schule Berlin*. Münster: Waxmann.

Oberstufenzentrum Berlin: https://www.osz-berlin.online/（2022 年 8 月 30 日確認）.

OECD（2022）: International Migration Outlook 2021. https://www.oecd.org/migration/international-migration-outlook-1999124x.htm（2022 年 9 月 8 日確認）.

Schumacher, Birgit（2009）: *Europabildung in der Schule. Empfehlung der Ständigen Konferenz der Länder in der Bundesrepublik Deutschland（KMK）. Umsetzung der Empfehlung der KMK in der Staatlichen Europa-Schule Berlin（SESB）Märkische Grundschule, Deutsch-Französisch.*

Senatsverwaltung für Bildung, Jugend und Familie（2022）: *30 Jahre – Staatliche Europa-Schule Berlin.*

Senatsverwaltung für Bildung, Jugend und Wissenschaft（2012）: Staatliche Europa-Schule Berlin（Informationsflyer）. https://www.berlin.de/sen/bildung/schule/besondere-schulangebote/staatliche-europaschule（2017 年 8 月 31 日確認）.

Statistisches Bundesamt（Destatis）（2017a）: *Bevölkerung mit Migrationshintergrund.*

Statistisches Bundesamt（Destatis）（2017b）: *Bevölkerung und Erwerbstätigkeit Ausländische Bevölkerung. Ergebnisse des Ausländerzentralregisters.*

Statistisches Bundesamt（Stand 4. Januar 2022）: Bevölkerung nach Nationalität und Geschlecht. https://www.destatis.de/DE/Themen/Gesellschaft-Umwelt/Bevoelkerung/Bevoelkerungsstand/Tabellen/zensus-geschlecht-staatsangehoerigkeit-2021.html（2022 年 2 月 17 日確認）.

Sukopp, Inge（2004）: *Bilinguales Lernen an der Staatlichen Europa-Schule Berlin. Konzeption Sprachen Unterricht.* Berliner Landesinstitut für Sprache und Medien（LISUM）.

Zydatiß, Wolfgang（1997）: *Umrisse eines Spracherwerbskonzeptes für den zweisprachigen Unterricht bilingualer Lerngruppen in der Berliner Grundschule: Gutachten für den Schulversuch der "Staatlichen Europa-Schule Berlin"*, Senatsverwaltung für Schule, Jugend und Sport.

天野正治（1997）：『ドイツの異文化間教育』玉川大学出版部.

大谷泰照（2007）：『日本人にとって英語とは何か－異文化理解のあり方を問う－』大修館書店.

外務省公式ホームページ：http://www.mofa.go.jp/mofaj/area/ce/gaiyo.html（2022 年 9 月 14 日確認）.

正躰朝香（2003）：参考調査 1：地域統合と国際交流－ EU を事例に－.『主要先進諸国における国際交流機関調査報告書』, 430-455.

杉谷眞佐子（2007）：Das Europäische Portofolio der Sprachen（EPS）. 日本独文学会ドイツ語教員養成・研修講座 ワークショップ資料（2007 年 10 月 13 日）.

総務省統計局（2021）：令和 2 年国勢調査　人口速報集計結果－全国・都道府県・市町村別人口及び世帯数. https://www.stat.go.jp/data/kokusei/2020/kekka/pdf/outline.pdf（2022 年 9 月 7 日確認）.

総務省統計局（2022）：令和 2 年国勢調査 －人口等基本集計結果からみる我が国の外国人人口の状況－. https://www.stat.go.jp/info/today/pdf/180.pdf（2022 年 9 月 7 日確認）.

駐日欧州連合代表部公式ホームページ：http://eumag.jp/question/f0712/（2022 年 9 月 14 日確認）.

西日本新聞（2018）：新移民時代　https:/ /www.nishinippon.eo.jp/item/n/ 420486/（2022 年 9 月 14 日確認）

西山教行（2014）：『新しい言語教育観に基づいた複数の外国語教育で使用できる共通言語教育枠の総合研究』（平成 23 年度－平成 26 年度 日本学術振興会科学研究費補助金 基盤研究（A）研究成果報告書 研究課題番号：23242030）.

日本経済新聞（2022 年 3 月 17 日朝刊）：ウクライナ難民 290 万人超　周辺国、受け入れ限界. きょうのことば：難民認定.

藤原三枝子（2005）：ドイツ語を出身言語としない子どもたち.『言語と文化』9, 97-123.

藤原三枝子（2009）：日本人中学生・高校生・大学生のドイツ像 －継続的な異文化理解能力養成のための横断的研究－.『言語と文化』13, 37-56.

藤原三枝子（2017）：複言語・複文化とベルリン州立ヨーロッパ学校－一緒に・お互いから・お互いのために学ぶ－.『ヨーロッパ言語共通参照枠の現状と今後』南山大学地域研究センター. 59-79.

藤原三枝子（2018）：複言語・複文化主義とベルリン州立ヨーロッパ学校－お互いから・お互いのために・お互いに学び合う－. In: 泉水浩隆（編）『ことばを教える・ことばを学ぶ－複言語・複文化・ヨーロッパ言語共通参照枠（CEFR）と言語教育－』行路社, 29-56.

八島智子（2004）：『外国語コミュニケーションの情意と動機－研究と教育の視点－』関西大学出版部.

安井綾（2003）：言語教育を中心とする国際化教育政策の提案－ベルリン・ヨーロッパ学校をモデルとして－.『ドイツ語教育』8, 18-34.

あとがき

日本の外国語教育においても、英語を中心に、実践的なスキルの習得を重要視するようになってきました。CEFRの行動中心主義が日本にも影響を与え、言語を使って何かできるか（can-do）を明示して、外国語教育の透明化を図る試みが進んでいるように思われます。ドイツ語教育においても、ドイツ語の運用能力の養成を目的とする教科書が作成され使用されるようになってきました。本書の中心をなしているのが、そうした教科書でドイツ語を学ぶ学習者の動機づけ・学習観です。

第2章に掲載した論文のいくつかは、大学で初修外国語として学ばれることの多いドイツ語に対する態度・学習観が、高等学校までの英語教育によって影響を受けていることを示しています。例えば、1節の6言語調査では、英語学習に対する期待や価値と、ドイツ語学習に対するそれらがかなりの相関関係にあることが分かりました。また、4節の聴き取り調査の分析では、コミュニカティブな教科書をどのように評価するかは、高等学校までの英語教育の経験から培われた外国語学習観に影響されていることも示しました。6節はまさに、英語学習経験とドイツ語学習観の関連性をテーマとしています。これまでの調査では、日本の高等学校における英語教育がまだ文法･訳読法で行われている傾向を示しましたが、学習指導要領に従って、今後、英語の運用能力の育成が目指され、言語活動中心の授業が通常の授業形態になると、第二外国語として大学でドイツ語を学習する学生たちの学習観も変わってくると思われます。学習観は、学校での長い教育によって形成されるものなので、比較的安定的で変わりにくいものと考えられていますが、5節は、伝統的な英語の授業によって、外国語学習を暗記による際限のない作業と思っていた学生の学習観の変化がテーマです。コミュニカティブなドイツ語の授業を受けることにより、そうした授業を肯定的に受け入れ、文法学習もフォーカス･オン･フォームの考え方、つまり、そのコンテクスト・言語活動に必要なものを学習するのがよいという学習観に変化しています。言語学習を生涯学習と考えると、私たちの日々のドイツ語の授業は、学生の学習観の形成にも一役買っているという意識が必要でしょう。

第2章では、質問紙調査による量的な分析を中心としていますが、動機づけの調査については、教育心理学の自己決定理論を枠組みとしました。この理論は、人は、自分の行動の原因が自分の中にあると感じられるとき、意欲的に行動するものだ、と仮定しています。そして、たとえ外から与えられた課題であったとしても、人はその課題を自分の価値とすり合わせをする統合化の傾向を持っているが、そのためには、文脈（環境）が、３つの基本的心理的欲求：有能感・自己決定（自律）・関係性への欲求を満たしている必要があると考えています。これを授業に当てはめて考えると、教師のコミュニケーション・スタイルが重要になります。学習者が教師を、評価的で管理的だと感じると、自律の感覚は低くなり意欲が低下しますが、自分の学習に対して有益な情報を与えてくれると感じると、自律性の知覚が高まり内発的動機づけが向上することが分かっています。授業で学習項目が増え、学びがスムーズに進まなくなるときこそ、学習者の自律性や挑戦心を養う機会と捉えて、「できる・できない」の評価的コメントではなく、その課題を乗り越えるための具体的方略を提示することが、意欲の維持や学習の継続にとって重要となります。

第2章8節では、コミュニカティブな教科書でドイツ語を学習しても、ドイツ語を使う自分のイメージが育成されにくいことを示しました。言語を使う切羽詰まった状況、本物の状況を授業の中に取り込むための方法として、第3章では、プロジェクト授業を紹介しました。グローバル化が進む日本の外国語学習の目的をCEFRの４つのsavoirで述べられている異文化に対する態度や姿勢ならびに学習能力の養成、OECDがキー・コンピテンシーとして挙げている、言語などのメディアを相互作用的に使い異文化の人々と共に活動し、自律的に行動する能力の育成と考えると、この授業方法が有効であることを学習者の聴き取り調査が示しています。

4章では、ベルリン州立ヨーロッパ学校と、難民の児童・生徒の教育を担っているウエルカム・クラスを紹介しました。ドイツ、とりわけベルリンは、移民を背景とする人が継続的に増えています。今後、ますますグローバル化が進み、異文化の人々との共生が求められる日本にとって、こうした教育のシステムは、有益な示唆を与えてくれると考えています。

CEFRの中心概念である複言語・複文化は、私たち一人ひとりの中に育成される言語・文化体験を言います。学校教育における外国語学習が、多様な言語と文化に出会い、自分とは異なった文化や考えを持つ人々に対するオープンな態度を育成する場となることを願っています。それは、私たち各々の人生にとって、またよく機能する社会のためにも望ましいことだと思います。

著者紹介

藤原 三枝子（ふじわら・みえこ）

甲南大学全学共通教育センター教授。1978 年南山大学文学部卒業、1981 年南山大学大学院文学研究科修士課程修了。2012 年南山大学大学院人間文化研究科博士後期課程修了。博士（言語科学）。ドイツ連邦共和国総領事館（在大阪・神戸）、ゲーテ・インスティトゥート・大阪、甲南大学国際言語文化センター専任講師・准教授・教授を経て現職。専門は、ドイツ語教育・外国語教育学。主な論文：「日本の大学における第 2 外国語としてのドイツ語学習者の動機づけと「ドイツ語使用者としての自己イメージ」－ Dörnyei の “L2 Motivational Self System” に基づく質問紙調査による量的分析－」（『ドイツ文学』162、2021)、「複言語・複文化主義とベルリン州立ヨーロッパ学校の教育」（泉水浩隆編『ことばを教える・ことばを学ぶ』行路社、2018)、「コミュニカティブな教科書でドイツ語を学ぶ学習者－学習観と学習環境に対する認知を中心に－」（藤原三枝子編『日本独文学会研究叢書』125、2017)、„Studentische Evaluation der kommunikativen Konzeption eines japanischen DaF-Lehrwerks und mögliche Einflussgrößen“（*Info DaF* 5, 2016)、教科書：*Start frei!* 1（共著、三修社、2019)、*Start frei!* 2（共著、三修社、2019)

日本《にほん》の大学《だいがく》における第二外国語《だいにがいこくご》としてのドイツ語《ご》教育《きょういく》

コミュニカティブな初級教科書《しょきゅうきょうかしょ》で学《まな》ぶ学習者《がくしゅうしゃ》の動機《どうき》づけと学習観《がくしゅうかん》を中心《ちゅうしん》として

2023 年 2 月 25 日　第 1 刷発行

著　者　　藤原 三枝子
発行者　　前田 俊秀
発行所　　株式会社 三修社
〒150-0001 東京都渋谷区神宮前 2-2-22
TEL 03-3405-4511
FAX 03-3405-4522
振替 00190-9-72758
https://www.sanshusha.co.jp
編集担当　永尾 真理
印刷・製本　日経印刷株式会社

ISBN978-4-384-06026-3 C3084

装丁　宗利 淳一
DTP　川原田 良一